本书为 2022 年度陕西省哲学社会科学研究专项"商业银行金融科技对城市全要素生产率的影响研究"（2022HZ1843）阶段性成果。

本书为 2023 年度陕西省知识产权决策咨询研究项目（YJ2023-04）的阶段性成果。

本书由榆林学院高层次人才科研启动基金资助。

经济新视野
New Economic Horizons

商业银行金融科技对
城市全要素生产率的影响研究

马芬芬　著

厦门大学出版社　国家一级出版社
XIAMEN UNIVERSITY PRESS　全国百佳图书出版单位

图书在版编目（CIP）数据

商业银行金融科技对城市全要素生产率的影响研究 / 马芬芬著. -- 厦门：厦门大学出版社，2023.6
（经济新视野）
ISBN 978-7-5615-8970-0

Ⅰ．①商… Ⅱ．①马… Ⅲ．①商业银行－金融－科学技术管理－影响－城市－全要素生产率－研究－中国
Ⅳ．①F832.33

中国版本图书馆CIP数据核字(2023)第058241号

出 版 人　郑文礼
责任编辑　潘　瑛　李瑞晶
美术编辑　李嘉彬
技术编辑　朱　楷

出版发行　厦门大学出版社
社　　址　厦门市软件园二期望海路 39 号
邮政编码　361008
总　　机　0592-2181111　0592-2181406(传真)
营销中心　0592-2184458　0592-2181365
网　　址　http://www.xmupress.com
邮　　箱　xmup@xmupress.com
印　　刷　厦门集大印刷有限公司

开本　720 mm×1 000 mm　1/16
印张　20.25
插页　2
字数　300 千字
版次　2023 年 6 月第 1 版
印次　2023 年 6 月第 1 次印刷
定价　76.00 元

厦门大学出版社
微信二维码

厦门大学出版社
微博二维码

前　言

2015 年的《政府工作报告》中首次提出"提高全要素生产率"。2017 年，党的十九大报告更进一步肯定了提高全要素生产率对经济发展转型的重要性。在此之下，各级政府开始寻找提升全要素生产率的办法。当前我国以商业银行为主体的金融系统仍旧难以有效地支持技术创新和优化信贷资源配置。但与此同时，我国金融科技迅速发展，商业银行通过将大数据、云计算、区块链、物联网和人工智能等金融科技应用于贷款发放上，提高了贷款发放技术，增加了有效金融供给。这为借助商业银行金融科技的快速发展以提升城市全要素生产率提供了契机。鉴于此，本书探讨商业银行应用金融科技对城市全要素生产率的影响及其机理。

本书首先从技术创新和资源配置效率的视角构建了商业银行金融科技影响城市全要素生产率的理论模型。其次，基于 2010—2019 年城市层面的数据、2010—2019 年的上市公司数据和 2011—2015 年的工业企业数据，实证检验了商业银行金融科技对城市全要素生产率的影响及其机制。最后，本书考察了这种影响的区域异质性、城市行政级别异质性、城市规模异质性、金融科技发展阶段异质性和城市全要素生产率异质性，探讨了数字经济发展程度和市场化程度对这种影响的调节作用，分析了这种影响的空间溢出效应。

本书的主要研究结论包括以下四个方面：(1)商业银行金融科技水平的

提高有助于提升城市全要素生产率,这一结论在经过一系列的稳健性检验和内生性问题处理后仍然稳健。(2)商业银行金融科技通过促进技术创新和提高资源配置效率,从而提升城市全要素生产率。(3)数字经济发展程度、市场化程度和城市创新能力正向调节了商业银行金融科技对城市全要素生产率的影响。(4)商业银行金融科技对城市全要素生产率存在显著的空间溢出效应。

本书的创新包括以下四个方面:(1)丰富了金融科技与城市全要素生产率关系的相关研究。已有文献主要研究了金融科技公司对城市全要素生产率的影响,鲜有文献专门研究商业银行金融科技对城市全要素生产率的影响。鉴于此,本书探讨了商业银行金融科技对城市全要素生产率的影响,从而丰富了商业银行金融科技与城市全要素生产率关系的相关研究。(2)理清了商业银行金融科技影响城市全要素生产率的机理。本文拓展了 Hsieh et al.(2009)关于资源配置效率与宏观全要素生产率的数理模型,将商业银行金融科技、技术创新、资源配置效率和城市全要素生产率纳入统一的逻辑框架,构建了商业银行金融科技影响城市全要素生产率的理论模型。(3)实证检验了商业银行金融科技对城市全要素生产率的影响及其机制,证实了商业银行金融科技通过促进技术创新和提高资源配置效率进而提高城市全要素生产率。这为理解商业银行金融科技对城市全要素生产率的影响提供了微观证据。(4)从调节性因素和空间效应的视角进一步剖析了商业银行金融科技对城市全要素生产率的作用受哪些因素的影响,深化了对二者关系的研究,为政府针对不同类型的城市制定差异化的政策提供了参考依据。

本书的具体分工如下:第一章至第八章、第十章至第十一章由马芬芬撰写,第九章由马芬芬和王婷共同撰写。这里特别向王婷同学表示感谢,她为本书的校对做出了贡献。同时,在研究工作及本书撰写的过程中我们参考了众多国内外相关文献,在此向这些文献的作者表示由衷的感谢。

　　本书是在笔者博士毕业论文的基础上扩展而成。感谢韩锦绵教授、刘慧侠教授、徐璋勇教授和关宇航副教授在开题、预答辩和毕业答辩时提出的宝贵意见。这本书的顺利出版还得力于厦门大学出版社的大力支持,感谢出版社对书稿的细致编校。由于笔者水平有限,并且时间仓促,书中所涉及的内容难免有疏漏与不够严谨之处,恳请学界同人批评指正,以待进一步的修改和完善。

目　录

第一章 绪论

第一节 选题背景与研究意义

一、选题背景

中国经济经历了 40 年的快速增长之后，当前已经进入了新常态（金碚，2018）。过去依靠增加要素投入的经济增长模式已经不可持续，亟须通过提升全要素生产率以实现经济增长模式的转变（蔡卫星，2019）。过去的经济增长主要是依靠廉价劳动力和自然资源等要素的投入驱动的，考虑到当前劳动力成本持续上升和环境恶化问题日益严重，依靠要素驱动的经济增长模式已然不可持续。可见，提高全要素生产率是驱动经济转型的核心动力。现阶段我们要把着力点放在提高全要素生产率上（陶长琪 等，2018；任保平等，2018）。在这一背景下，政府部门和学术界都在积极地寻找能有效提升全要素生产率的政策和路径。2015 年的《政府工作报告》中首次提出"提高全要素生产率"。2017 年，党的十九大报告更进一步肯定了提高全要素生产率对经济发展转型的重要性。之后，各级政府开始探索如何制定提升全要素生产率的支持政策。

金融系统发展落后是我国当前城市全要素生产率低下的重要原因。目前我国的生产率还处在较低的水平，与世界发达国家的生产率还存在较大的差距（陆剑 等，2014；杨飞 等，2018；杨汝岱，2015；王玉泽 等，2019）。2019 年中国的劳动生产率为 31503 美元/人，是日本劳动生产率的 38.82%，美国劳动生产率的 23.17%，在全球的 133 个国家和地区中排在第 86 位。①

---

① 日本生产率本部基于世界银行数据测算的结果。

企业技术创新能力不足和资源配置效率低下是我国城市全要素生产率低下的重要原因。一方面,当前我国企业技术创新能力不足。技术创新活动往往风险高、所需投资大、收益回收期长,企业的盈余难以支持自身的技术创新项目投资,因此需要持续稳定的外部融资作为支持(王玉泽 等,2019)。此外,技术创新活动是一项商业机密,企业并不愿意披露相关细节,这造成了更为严重的信息不对称问题,从而加大了技术创新项目的融资难度,抑制了企业的研发活动(陈海强 等,2015;李晓龙 等,2017)。上述原因导致我国企业技术创新能力不足。另一方面,我国资源配置效率较低。中国当前以商业银行为主体的金融系统无法有效地配置资源(林毅夫 等,2008;Mckinnon et al.,2009;刘莉亚 等,2015;简泽 等,2018)。商业银行倾向于给大型国有企业发放贷款,而中小企业由于缺乏抵押品、财务信息不透明等,面临较为严重的信贷约束(Chen et al.,2013),部分高生产率的中小企业可能因难以获得信贷而退出市场(马光荣 等,2014)。金融系统发展落后,导致资源无法有效地分配到效率最高的企业,资源错配问题产生,进而导致城市全要素生产率低下(Restuccia et al.,2008)。总之,我国金融系统发展的落后导致企业技术创新能力不足和资源配置效率低下,进而对城市全要素生产率产生负面影响。

高效低价的金融支持方式有助于提升城市全要素生产率。一方面,金融体系通过发挥其融资功能,为技术创新等投资项目融资,进而提升城市全要素生产率(Levine,1991)。另一方面,金融体系通过发挥其资源配置功能,提高城市全要素生产率(Freixas et al.,1997)。企业技术创新需要金融系统提供资金支持;资源配置效率的提升需要金融系统识别高生产率企业,并将信贷资源配置到高生产率企业。近年来我国大力推进金融市场的发展,但当前我国的金融体系仍旧是由商业银行主导的。2019 年我国社会融资规模存量为 251.31 万亿元,商业银行发放的贷款余额为 151.57 万亿元,占融资总量的比重为 60.31%[①]。可见,商业银行是为实体经济提供融资的主体。总之,在我国商业银行占据金融体系主导地位的情况下,其发展无疑是我国金融业发展的核心。提高商业银行对企业技术创新项目投资的金融支持和配置信贷资源的能力,是提升城市全要素生产率的关键手段。

当前商业银行大力推进金融科技发展,为提升城市全要素生产率提供了可能性。金融科技指的是技术带来的金融创新,这种创新能够创造新的业务模式、流程或产品,从而对金融市场、金融机构或者金融服务的提供方式产生重大影响。2013 年以蚂蚁科技集团股份有限公司为代表的金融科技公司进入金融领域。金融科技公司涉足金融领域给商业银行带来了挑战,争夺了商业银行的储蓄业务和贷款业务,推高了商业银行吸收存款的利率,增加了商业银行所要承担的风险,加剧了银行业的竞争(邱晗 等,2018;汪可等,2018;李淑萍 等,2020)。为应对金融科技公司带来的挑战,商业银行开始在金融科技方面大力投入。全国性的商业银行通过设立金融科技子公司来发展金融科技,城市商业银行和农村商业银行通过与金融科技公司合作来发展金融科技(王勋 等,2022)。2019 年 8 月,中国人民银行发布了《金融科技发展规划(2019—2021 年)》,意味着推进商业银行应用金融科技被提到了国家战略层面。同时,商业银行正逐年加大对金融科技的投入。22 家 A股上市的商业银行 2021 年的年报数据显示,它们的信息科技投入共计 1681亿元,同比增长 22.93%,其中 6 家国有大型商业银行的信息科技投入合计超过千亿元,同比增长 10% 以上。[②] 其中,国有大型商业银行和领先的股份制商业银行几乎全部完成了金融科技子公司的设立,进入了全面数字化转型发展阶段,突出地表现为应用大数据、云计算、人工智能等技术实现了商业银行业务发展的线上化、智能化、场景化以及平台化。商业银行应用金融

[①] 数据来源于中国人民银行官方网站。

[②] 数据来源于 22 家 A 股上市的商业银行 2021 年的年报,手动查询 2021 年和 2020 年 A 股 22 家上市银行财务报告中与信息科技相关的投入,并加总得出结果。

科技提高了信息搜集能力,降低了交易成本,优化了风险管理模式,增加了有效金融供给(刘志洋,2021;胡滨 等,2021)。因此,研究商业银行应用金融科技对实体经济的发展起到了何种作用具有重要的意义。

当前有关金融科技对实体经济影响的研究存在的最突出的问题是将商业银行应用金融科技和金融科技公司应用金融科技混为一谈,未对两者分别展开研究,而是笼统地研究金融科技对城市全要素生产率的影响。金融科技作为能够赋能金融机构提升服务实体经济能力的技术,需要金融机构加以应用才能发挥其作用。金融科技公司和商业银行都是金融机构,然而,金融科技公司和商业银行的服务对象不同,二者应用金融科技对城市全要素生产率的影响亦不同。金融科技公司的服务对象主要是小微企业,商业银行的服务对象主要是大企业和中小企业。因此,应当对二者加以区分,分别探讨金融科技公司应用金融科技和商业银行应用金融科技对城市全要素生产率的影响。针对这一问题,Cheng et al.(2020)根据应用主体的不同,将金融科技分为外部金融科技和商业银行金融科技。外部金融科技指的是金融科技公司对金融科技的应用,商业银行金融科技指的是商业银行对金融科技的应用。但是,这种分类方式将金融科技公司应用金融科技视作外部金融科技是不准确的。因此,本书将依据使用主体的不同将金融科技分为金融科技公司应用金融科技和商业银行应用金融科技,分别简称为"金融科技公司"和"商业银行金融科技"。之所以将金融科技公司应用金融科技简称为金融科技公司,是由于金融科技公司既是金融科技的开发者也是金融科技的应用者,金融科技公司的发展水平准确地体现了金融科技公司对金融科技的应用程度。

现有研究主要集中于探讨金融科技公司的经济后果,有关商业银行金融科技的经济后果的研究较为缺乏。微观层面上,现有研究发现金融科技公司缓解了小微企业融资约束(郭沛瑶 等,2022),提高了小微企业资本配置效率(王娟 等,2020),促进了小微企业技术创新(郭晴 等,2022),并且提高了小微企业全要素生产率(顾宁 等,2021)。宏观层面上,现有研究发现金融科技公司提高了劳动力配置效率(孙焱林 等,2022)和资源配置效率(李晓龙 等,2021),促进了城市全要素生产率提升(袁徽文,2021;惠献波,2021)。可见金融科技公司在微观上能够提升小微企业全要素生产率,在宏观上能够提升城市全要素生产率。有关商业银行金融科技经济后果的研究发现,商业银行应用金融科技提高了盈利能力和经营效率(郭丽虹 等,2021;李琴 等,2021),提高了风险管理能力(粟勤 等,2022),降低了银行业竞争程度(金洪飞 等,2020),扩大了信贷供给规模(李学峰 等,2021),并且优化了信贷供给结构(胡俊 等,2021)。商业银行金融科技提高了商业银行对大企业和中小企业的信贷供给能力,是否能促进这类企业的技术创新?商业银行金融科技提高了商业银行的信息搜寻能力,是否有助于将信贷资源配置到高生产率企业以提高资源配置效率?商业银行金融科技是否能够通过促进技术创新和提升资源配置效率进而提高城市全要素生产率?现有文献针对商业银行金融科技的经济后果的讨论仅停留在对商业银行自身的信贷规模扩大和信贷结构调整的影响上,鲜有文献考察商业银行金融科技对城市全要素生产率的影响。因此,研究二者之间的关系具有重要的理论价值。

那么,商业银行金融科技是否能够有效地提高城市全要素生产率?商业银行金融科技对城市全要素生产率的影响在不同类型的城市中是否存在异质性?商业银行金融科技影响城市全要素生产率的内在机制是什么?哪些因素会调节商业银行金融科技对城市全要素生产率的影响?商业银行金融科技对城市全要素生产率的影响是否存在空间溢出效应?对于上述一系列问题的回答将是本书的重点,这一系列问题的回答对在经济新常态下如何有效推进商业银行金融科技以促进经济提质增效具有重要的理论意义和现实意义。

二、研究意义

(一)理论意义

本书从技术创新和资源配置效率的视角出发,探讨商业银行金融科技对城市全要素生产率的影响。已有文献笼统地研究了金融科技与城市全要素生产率的关系,未将金融科技公司与商业银行金融科技加以区分,导致理论分析较为含糊。并且,由于这类研究在实证中主要采用金融科技公司发展水平来衡量金融科技,实际上研究的是金融科技公司对城市全要素生产率的影响。因此,鲜有文献专门针对商业银行金融科技,明确地研究其对城市全要素生产率的影响。有鉴于此,本书将研究商业银行金融科技对城市全要素生产率的影响。通过构建商业银行金融科技影响城市全要素生产率的数理模型,梳理清楚了商业银行金融科技对城市全要素生产率的影响,从而丰富商业银行金融科技与城市全要素生产率关系的研究。

(二)现实意义

本书在厘清商业银行金融科技影响城市全要素生产率机理的基础上,针对政府和商业银行提出了如何推进商业银行应用金融科技以提升城市全要素生产率的政策建议。我国金融科技迅速发展,商业银行通过设立金融科技子公司或者与金融科技公司合作将金融科技应用于贷款发放。在金融科技的赋能之下,商业银行信贷供给和信息搜寻能力得以增强。商业银行应用金融科技能够影响技术创新和资源配置效率,从而有利于提高城市全要素生产率。在当前城市全要素生产率亟待提升且商业银行迅速应用金融科技的现实背景下,研究如何充分发挥商业银行金融科技对城市全要素生产率的提升作用有重要的现实意义。

第二节 研究思路和研究方法

一、研究思路

本书的研究按照"文献梳理—理论分析—变量测度—实证检验—启示建议"的思路展开。首先,梳理有关商业银行金融科技经济后果和城市全要素生产率金融性影响因素的研究,并提出本书的研究问题,即商业银行金融科技是否能够提升城市全要素生产率。其次,阐述相关基础理论并梳理商业银行提高城市全要素生产率的机理,探讨商业银行金融科技提高城市全要素生产率的基本逻辑,在此基础上拓展 Hsieh et al.(2009)关于资源配置效率和宏观全要素生产率的数理模型,将商业银行金融科技、技术创新、资源配置效率和城市全要素生产率纳入统一的逻辑框架,构建商业银行金融科技影响城市全要素生产率的数理模型,最后提出相应的研究假设。再次,基于中国 2010—2019 年的城市层面数据、2010—2019 年的上市公司数据和 2011—2015 年的工业企业数据,实证检验商业银行金融科技对城市全要素生产率的影响及其机制,考察这种影响的区域异质性、城市行政级别异质性、城市规模异质性、金融科技发展阶段异质性和城市全要素生产率异质性,探讨数字经济发展程度、市场化程度和城市创新能力对这种影响的调节作用,分析这种影响存在的空间溢出效应。最后,基于本书的主要结论,为政府和商业银行提出政策建议,并提出研究不足和展望。

二、研究方法

(一)文献研究法

首先,通过梳理文献确定研究选题。通过文献梳理发现,尽管已有一些关于金融科技与城市全要素生产率关系的研究,但是现有研究大多将商业银行金融科技和金融科技公司混为一谈,鲜有研究有针对性地去探讨商业银行金融科技对城市全要素生产率的影响。其次,在商业银行金融科技影响城市全要素生产率的机理分析方面,尽管没有文献直接研究二者之间的关系,但是通过梳理商业银行金融科技经济后果与城市全要素生产率金融性影响因素的研究,可以为总结商业银行金融科技影响城市全要素生产率的机理提供思路,从而为本书的理论分析奠定基础。

(二)数理模型分析法

本书利用数理模型分析法构建商业银行金融科技影响城市全要素生产率的数理模型,采用数学公式推导变量之间的关系,能够得出可靠的结论。首先,本书在界定商业银行金融科技内涵的前提下,基于商业银行影响城市全要素生产率的基础理论,探讨商业银行金融科技影响城市全要素生产率的基本逻辑。其次,在此基础上采用数理模型分析法拓展 Hsieh et al. (2009)关于资源配置效率与宏观全要素生产率的数理模型,将商业银行金融科技、技术创新、资源配置效率和城市全要素生产率纳入统一的逻辑框架,构建商业银行金融科技影响城市全要素生产率的数理模型。

(三)归纳和演绎分析法

本书主要探讨商业银行金融科技对城市全要素生产率的影响机理。探讨这一问题既需要从事实中归纳商业银行如何应用金融科技提高贷款技术水平以影响城市全要素生产率,还需要将已有的研究结论进行演绎,从而构建商业银行金融科技影响城市全要素生产率的分析框架。具体地,本书在商业银行金融科技的发展现状部分归纳了商业银行如何将大数据、云计算、区块链、物联网和人工智能技术应用到贷款业务中,在商业银行金融科技影响城市全要素生产率的基本逻辑部分归纳了商业银行金融科技对银企信息不对称、贷款发放成本和风险管理模式的影响。

（四）实证分析法

首先,利用DEA-Malmquist指数测算城市全要素生产率,利用LP估计方法和OP估计方法测算企业全要素生产率,利用Python网络爬虫方法测算城市层面和银行层面的商业银行金融科技指数。其次,利用双向固定效应模型进行基准回归,采用工具变量法和广义矩估计法处理内生性问题,通过替换核心解释变量、替换被解释变量和更换样本进行稳健性检验,利用分组回归进行异质性检验,在回归中引入交互项进行调节效应检验。最后,采用空间计量模型检验空间溢出效应。

第三节　研究内容和研究框架

一、研究内容

第一章为导论。首先,从提升城市全要素生产率的必要性、商业银行金融科技的迅速发展和资源配置效率低下,以及促进企业全要素生产率提升的金融支持不足等方面阐述本书的选题背景,并归纳本书的研究意义。其次,阐述了本书的研究思路、方法、内容和框架。最后,提出本书的创新之处。

第二章为文献综述。首先,梳理了与本研究紧密相关的其他研究,具体包括商业银行金融科技对自身盈利能力、经营效率、风险承担、行业竞争、信贷规模和信贷结构等的影响研究。其次,梳理了金融性因素与城市全要素生产率关系的相关研究,具体包括金融发展、银行业竞争和外部金融科技对全要素生产率的影响研究。最后,对现有研究进行了述评,提出现有研究存在的空白领域,进而引出本书的研究目标。

第三章构建商业银行金融科技影响城市全要素生产率的分析框架。首先,阐述相关基础理论,并且从基础理论层面分析了商业银行支持技术创新、发挥资源配置效应和提高全要素生产率的作用机制。其次,在基础理论分析的基础上,探讨了商业银行金融科技影响企业全要素生产率、资源配置效率和城市全要素生产率的机理。最后,拓展了 Hsieh et al.(2009)关于资源配置效率与宏观全要素生产率的数理模型,将商业银行金融科技、技术创新、资源配置效率和城市全要素生产率纳入统一的逻辑框架,构建了商业银行金融科技影响城市全要素生产率的理论模型,并提出研究假设。

第四章为核心变量的测度与特征分析。首先,在现有的测度方法中选择恰当的测度方法对商业银行金融科技和全要素生产率进行测度。其次,针对这两个变量进行时间趋势变化分析,并进一步对这两个变量进行特征分析。

第五章为商业银行金融科技影响城市全要素生产率的实证研究。首先,分析商业银行金融科技的发展历程和应用现状,基于商业银行金融科技和城市全要素生产率的测度结果进行特征分析。其次,基于 2010—2019 年城市层面的数据实证检验商业银行金融科技对城市全要素生产率的影响。最后,探讨商业银行金融科技影响城市全要素生产率的区域异质性、城市行政级别异质性、城市规模异质性和金融科技发展阶段异质性。

第六章为商业银行金融科技影响城市全要素生产率的技术创新机制检验。首先,以 2010—2019 年城市层面的数据为研究样本,实证检验商业银行金融科技对技术创新的影响。其次,考察了商业银行金融科技对技术创新的影响机制。最后,分析了商业银行金融科技对技术创新的影响在不同类型的城市中存在的异质性。

第七章为商业银行金融科技影响城市全要素生产率的资源配置效率机制检验。首先,以2011—2015年城市层面的数据和工业企业数据为研究样本,实证检验商业银行金融科技对资源配置效率的影响。其次,采用企业层面的数据实证检验商业银行金融科技对资源配置效率的影响机制。最后,分析商业银行金融科技对城市全要素生产率的影响在不同类型的城市中存在的异质性。

第八章分析并检验商业银行金融科技影响城市全要素生产率的调节效应。首先,就数字经济发展程度、市场化程度和城市创新能力对商业银行金融科技影响城市全要素生产率的调节效应进行理论分析。其次,对数字经济发展程度、市场化程度和城市创新能力的调节效应进行实证检验。

第九章分析并检验商业银行金融科技影响城市全要素生产率的空间溢出效应。首先,对商业银行金融科技影响城市全要素生产率的空间溢出效应进行理论分析。其次,实证检验商业银行金融科技对城市全要素生产率的空间溢出效应。

第十章实证检验商业银行金融科技影响城市全要素生产率的微观证据。首先,以2010—2019年上市公司数据为研究样本,实证检验商业银行金融科技对企业全要素生产率的影响。其次,实证检验商业银行金融科技对企业全要素生产率的影响机制。最后,分析商业银行金融科技对企业全要素生产率的影响在不同类型的企业中存在的异质性。

第十一章为研究结论与展望。首先,总结本书的主要结论。其次,对政府和商业银行提出政策建议。最后,提出本书研究的不足之处和展望。

二、研究框架

基于以上的研究思路和研究内容得出本书的研究框架,具体如图 1-1 所示。

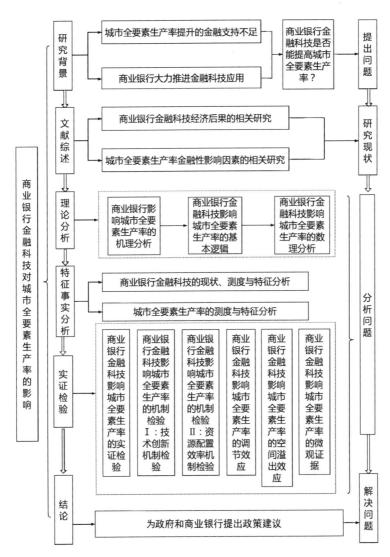

图 1-1　研究框架

第四节 创新之处

本书的创新包括以下四个方面的内容。

(1)丰富了金融科技与城市全要素生产率关系的研究。一方面,已有文献笼统地研究了金融科技与城市全要素生产率的关系,未将"金融科技公司"与"商业银行应用金融科技"加以区分,导致理论分析较为含糊。另一方面,由于这类研究在实证中主要采用金融科技公司发展水平来衡量金融科技,所以主要研究的是金融科技公司对城市全要素生产率的影响。因此,鲜有文献专门针对商业银行应用金融科技,明确地研究其对城市全要素生产率的影响。鉴于此,本书将金融科技分为"金融科技公司"和"商业银行金融科技",明确地探讨了商业银行金融科技对城市全要素生产率的影响,发现商业银行金融科技有助于提升城市全要素生产率,从而丰富了金融科技与城市全要素生产率关系的研究。

(2)理清了商业银行金融科技影响城市全要素生产率的理论机理。首先,本书在梳理商业银行如何发挥自身的融资支持、债务治理、资源配置和信号释放功能以提升城市全要素生产率的基础上,分析了商业银行金融科技通过强化上述功能提高城市全要素生产率的基本逻辑。其次,在厘清商业银行金融科技影响城市全要素生产率基本逻辑的基础上,运用数理模型分析法拓展了 Hsieh et al.(2009)关于资源配置效率与宏观全要素生产率的数理模型,将商业银行金融科技、技术创新、资源配置效率和城市全要素生产率纳入统一的逻辑框架,构建了商业银行金融科技影响城市全要素生产率的数理模型。提出商业银行金融科技通过提升技术创新能力和资源配置效率进而提高城市全要素生产率。

(3)实证检验了商业银行金融科技对城市全要素生产率的影响及其机

制。本书基于城市层面和企业层面的数据,综合运用固定效应模型、工具变量法和广义矩估计法检验商业银行金融科技对城市全要素生产率的影响及其机制,证实了商业银行金融科技通过提升技术创新能力和资源配置效率进而提高城市全要素生产率。进一步地,商业银行金融科技通过促进企业技术创新和改善资本配置效率提高企业全要素生产率,通过促进高生产率企业成长和减少高生产率企业退出以提高资源配置效率。这些实证检验结果为理解商业银行金融科技对城市全要素生产率的影响提供了微观证据。

（4）从调节性因素和空间溢出的视角进一步剖析了商业银行金融科技对城市全要素生产率的作用受哪些因素的影响,深化了对二者关系的研究。本书考察了数字经济发展程度、市场化程度和城市创新能力对二者关系的调节效应,发现数字经济发展程度、市场化程度和城市创新能力正向调节了商业银行金融科技对城市全要素生产率的影响;分析了商业银行金融科技对城市全要素生产率的影响,发现存在显著的空间溢出效应。以上发现为政府针对不同类型的城市制定差异化的政策提供了可参考的依据。

第二章　文献综述

第一节　商业银行金融科技及其经济后果的相关研究

一、商业银行金融科技应用水平的测度

(一)金融科技应用水平的测度

有关商业银行金融科技应用水平测度的研究可以分为两个阶段。第一阶段的研究依据金融功能观建立互联网金融关键词库,利用词频统计方法测度全国层面的互联网金融发展水平(沈悦 等,2015;刘忠璐,2016)。第二阶段的研究测度的是省级和城市层面的金融科技发展水平,主要包括如下三种方式:一是李春涛等(2020)将金融科技关键词与城市搭配,采用 Python 网络爬虫技术获取关键词组合的新闻搜索结果,以此测度城市层面的金融科技发展水平。二是王小燕等(2019)、盛天翔等(2020)采用各地区金融科技相关关键词的百度搜索指数来测度地区的金融科技发展程度。人们基于自身的需求在网络上搜索与关键词相关的信息,这样的互联网搜索行为传递了重要的信息,在一定程度上可以反映现状和预测趋势(Eysenbach,2009;Ripberger,2011;刘涛雄 等,2015)。三是宋敏等(2021)、方一卓等(2022)和刘长庚等(2022)利用地区的金融科技类企业数量来衡量地区金融科技发展水平。这种衡量方法暗含了一种假设,那就是地区内金融科技企业数量越多,该地区金融机构对金融科技的应用程度越高。第二阶段的这三种方法所测算的都是地区金融科技发展水平,无法更具体地反映金融科技是金融科技公司所使用的,还是商业银行所使用的。

(二)商业银行金融科技应用水平的测度

商业银行金融科技应用水平的测度主要有两种方法,这两种方法测度

的是单个商业银行的金融科技应用水平。一是金洪飞等(2020)将金融科技关键词与商业银行名称组合,采用 Python 网络爬虫技术获取关键词组合的新闻搜索结果,以测度商业银行金融科技应用水平。二是李运达等(2020)和王海军等(2022)采用商业银行对金融科技的投入来衡量商业银行金融科技应用水平。例如,李运达等(2020)采用商业银行对固定资产中的硬件及网络设备投入和无形资产的投入来衡量金融科技投入;王海军等(2022)采用商业银行对金融科技人员的投入和技术投入来衡量金融科技投入,其中金融科技人员投入采用信息技术人员占全部员工的比重衡量,技术投入采用信息技术软件投入和信息技术硬件投入在营业收入中的占比来衡量。

二、商业银行金融科技经济后果的相关研究

有关商业银行金融科技经济后果的研究,主要探讨了商业银行金融科技对自身盈利能力、经营效率、风险承担、银行业竞争、贷款规模和贷款结构等的影响。因此,此部分着重梳理商业银行金融科技对经营绩效、风险承担、银行业竞争和贷款供给四个方面的影响的研究。

(一)商业银行金融科技与经营绩效关系的相关研究

针对商业银行金融科技与经营绩效关系的研究包括两个方面:一是探讨商业银行金融科技对盈利能力的影响,二是探讨商业银行金融科技对经营效率的影响。

1.商业银行金融科技对盈利能力影响的相关研究

现有研究基本支持商业银行金融科技能够显著提高盈利能力这一观点。关于信息技术应用的经济效应的研究,Milgrom et al.(1990)最早提出了互补机制理论,认为企业投入信息技术能够发挥与决策流程和人力资本等的协同作用,从而有利于提高企业营业收入。Bömer et al.(2018)基于德

国商业银行的数据,发现商业银行与金融科技公司合作有助于增加利润,这是因为这种合作关系提高了企业对金融产品的创新能力。Chen(2020)的研究发现网上银行的建立显著提高了商业银行盈利能力。李建军等(2021)的研究发现商业银行应用金融科技提升了金融服务的包容性,提高了自身的盈利性和成长性。郭丽虹等(2021)发现商业银行金融科技提高了风险管理能力,减少了不良贷款,从而增加了利润。

也有研究认为,商业银行金融科技与盈利能力之间存在非线性关系。岳华等(2022)基于2013—2020年34家商业银行的数据,发现商业银行金融科技的初始应用阶段能够增加非利息收入和降低总成本,进而显著提高盈利能力。但随着各家商业银行同步推进金融科技的应用,出现金融产品的同质化竞争,此时金融科技发展所带来的风险也不断暴露,对盈利能力产生冲击,商业银行继续推进金融科技应用的边际影响不断减弱,直至转变为负影响。当前,我国城市商业银行和农村商业银行都处在需要加大金融科技投入以提升盈利能力的阶段,只有部分大型国有商业银行需要注意继续投入金融科技是否能有效提升盈利能力。刘孟飞等(2021)也得出类似的结论。也有研究表明,商业银行金融科技对盈利能力的提升作用需要较长的时间才能发挥出来。王海军等(2022)基于2005—2020年的上市商业银行数据,发现商业银行金融科技对业绩的影响存在滞后性,虽然在当期显著降低了商业银行业绩,但是在4～5年后对商业银行业绩产生了显著的正影响。并且,得益于金融科技的赋能,商业银行增强了风险识别能力,降低了不良贷款率,进而提升了业绩。王曼怡等(2022)基于2010—2020年51家商业银行的数据发现,短期内商业银行金融科技会使商业银行产生较大的资金投入,对其盈利能力会产生显著负面影响,但是商业银行金融科技会提高工作效率和客户满意度,从长期来看有望提高盈利能力。还有研究表明,商业银行金融科技对盈利能力的影响存在商业银行规模的异质性。张锦程(2022)基于2010—2020年105家商业银行的数据,发现商业银行金融科技显著提高了商业银行的盈利能力,并且这种提升作用在大型国有商业银行和上市商业银行中更强。

2.商业银行金融科技对经营效率影响的相关研究

有关商业银行金融科技对经营效率影响的研究存在不同的观点。

第一种观点认为,商业银行金融科技显著提高了经营效率。Shahrokhi(2008)提出商业银行将线下业务迁移到线上,会改变传统的服务模式,有利于提高经营效率。Feng et al.(2018)的研究发现商业银行金融科技能够改善决策流程和组织结构,从而提高服务效率。Wonglimpiyarat(2019)的研究认为商业银行金融科技能够起到降本增效的作用,由此提高商业银行全要素生产率。Yang et al.(2020)的研究发现商业银行金融科技降低了运营成本,提高了服务效率。Lee et al.(2021)的研究发现,商业银行通过与金融科技公司合作的方式应用金融科技,能够显著提高成本利润率。李琴等(2021)基于2008—2019年15家上市商业银行数据,发现商业银行金融科技增加了中间业务和利息收入,节约了固定资产投入,降低了资金成本,提高了经营效率。杨望等(2020)基于2013—2018年145家商业银行数据,发现金融科技赋能商业银行创新金融产品,加大了商业银行在中小企业贷款发放方面的竞争,增加了商业银行负债成本以及商业银行所需承担的风险,增加了商业银行利息收入,提高了商业银行经营效率。

第二种观点认为,商业银行金融科技对经营效率未产生显著影响。李运达等(2020)基于2007—2019年29家上市商业银行数据,发现现阶段商业银行金融科技投入对经营效率的促进作用并不显著。商业银行对金融科技进行投入的同时,还需要投入与之匹配的高技能劳动力,需要调整原有的组织架构和决策流程,才能使其互补并发挥出提高经营效率的作用。

第三种观点认为,商业银行应用金融科技降低了成本效率。刘孟飞等(2020)基于2008—2017年68家商业银行数据,发现商业银行应用金融科技需要大量的资金和人力投入,给商业银行带来了成本压力,显著降低了其成本效率。

综上所述,大部分研究支持商业银行金融科技有助于提高经营效率这一观点。

(二)商业银行金融科技与风险承担关系的相关研究

现有研究基本认可商业银行金融科技有利于提高商业银行风险管理能力,降低信贷风险,但是对商业银行金融科技与风险承担的关系存在不同的观点。

第一种观点认为,商业银行金融科技提高了风险管理能力,降低了信贷风险,进而减少了银行所需承担的风险。Lapavitsas et al.(2008)从风险的角度分析了新技术对商业银行经营的积极作用,认为商业银行新技术的应用可以使商业银行更全面地了解信贷客户,降低信贷风险。Berg et al.(2020)提出商业银行将信息技术应用到放贷业务中,能够有效地改善银企信息不对称的问题,从而减少贷款企业的道德风险和逆向选择,进而降低信贷风险。粟勤等(2022)基于117家中小商业银行的小微贷款数据,发现商业银行对智能风控系统的运用有利于降低信贷风险。鲍星等(2022)的研究发现商业银行金融科技能够有效提升商业银行内部控制水平,改善银企信息不对称的问题,降低商业银行不良贷款率,进而降低信贷风险。

第二种观点认为,商业银行应用金融科技提高了其风险管理能力,相应地增强了其风险承担意愿,进而增加了其所需承担的风险。刘孟飞(2021)的研究发现金融科技整体上提高了我国商业银行的系统性风险,即随着金融科技的高速发展,商业银行的风险承担倾向会增强,进而增加商业银行的系统性风险。陈敏等(2022)的研究发现商业银行金融科技通过事前环节信息不对称程度的降低、事中环节风险管理能力的提高以及事后环节贷款损失的减少这三个渠道提高了商业银行风险管理能力,增强了商业银行风险承担意愿,从而增加了其所需承担的风险。

上述两种观点实则并不冲突:商业银行应用金融科技提高了风险管理能力,一方面有助于降低信贷风险,进而减少其所需承担的风险;另一方面会激发商业银行给企业发放贷款的意愿,增强商业银行的风险承担意愿,进而增加其所需承担的风险。

进一步地,还有学者探讨了商业银行金融科技对风险承担的影响在不同规模的商业银行中的异质性。金洪飞等(2020)的研究发现,大型商业银行应用金融科技提高了其信息获取能力,增加了其对中小企业的贷款,使其所需承担的风险减少。但是由于大型商业银行争夺了中小商业银行的优质客户,中小商业银行的客户质量因此下降,导致其所需承担的风险增加。

(三)商业银行金融科技与银行业竞争关系的相关研究

现有研究基本支持如下观点:商业银行金融科技巩固了大型商业银行的地位,削弱了银行业的竞争程度。在商业银行刚开始采用信息技术的阶段,就有学者研究了商业银行应用信息技术对银行业竞争程度的影响。Hauswald et al.(2003)提出商业银行应用信息技术对银行业竞争产生的影响是不确定的。一方面,商业银行应用信息技术提高了自身的信息处理能力,信息处理能力强的商业银行市场势力继而变大,银行业竞争程度由此降低。另一方面,信息技术在商业银行之间的普及提高了大部分商业银行的信息搜寻能力,提高了市场环境的透明度,降低了少数信息处理能力强的商业银行的市场势力,从而提高了银行业竞争程度。在商业银行采用金融科技的阶段,World Bank(2016)最早分析了商业银行应用金融科技对银行业竞争的影响,发现商业银行应用金融科技能够实现规模经济,容易形成自然垄断,从而降低了银行业竞争程度。金洪飞等(2020)的研究发现大型商业银行应用金融科技增加了对中小微企业的贷款,抢占了中小商业银行的头部客户,降低了银行业竞争程度。李学峰等(2021)基于中国 68 家商业银行数据,发现金融科技应用给商业银行的负债业务和资产业务带来了扩张效应,并且商业银行应用金融科技在不同类型的商业银行中存在异质性,加剧了银行业的马太效应,即大型国有商业银行和股份制商业银行的市场势力更强,而城市商业银行和农村商业银行的市场势力减弱。李俊青等(2022)考察了商业银行金融科技对银行业竞争的影响,发现商业银行金融科技降低了银行业竞争程度,且商业银行的技术进步是其关键中介机制。

（四）商业银行金融科技与信贷供给关系的相关研究

现有研究探讨了商业银行金融科技对信贷规模、信贷结构和中小微企业贷款可得性的影响。

第一,商业银行金融科技有助于扩大信贷规模。Gomber et al.（2018）的研究表明,商业银行应用金融科技能够使其开发新的信贷产品,降低贷款发放成本,从而有助于扩大信贷规模。徐晓萍等(2021)的研究发现商业银行应用金融科技降低了银企信息不对称程度,使信贷规模扩大。李学峰等(2021)的研究发现商业银行应用金融科技可以显著提高流动性创造效率,增强为实体经济注入流动性的能力。在资产端,金融科技将协助商业银行弥补针对小微企业信贷需求的服务短板,扩张小微企业信贷业务。在负债端,商业银行应用金融科技可以优化存款结构,降低付息成本,增强流动性创造效率,促使金融更加普惠。

第二,商业银行金融科技提高了信用贷款、零售贷款和民营企业贷款的占比。徐晓萍等(2021)的研究发现商业银行应用金融科技增加了对弱势群体的贷款发放,从而提高了信用贷款和零售贷款的比重。胡俊等(2021)的研究发现商业银行金融科技通过改善管理水平、提高风险管理能力和精准触达客户,对零售贷款规模和零售贷款占比皆产生了显著的正向促进作用。张金清等(2022)的研究发现商业银行金融科技通过提升信息甄别能力和优化风险控制模式这两条路径,提高了民营企业的杠杆率,降低了低效率国有企业的杠杆率,提高了民营企业贷款的占比。

第三,商业银行金融科技提高了中小微企业的贷款可得性。盛天翔等(2020)提出,商业银行应用金融科技提高了风险管理能力、信贷资源配置效率和贷款技术水平,进而增加了对小微企业的信贷供给。房颖(2021)基于对商业银行信贷工作人员的调研数据,发现商业银行应用金融科技增加了软信息来源,提高了软信息处理技术水平,降低了贷款发放对企业抵押物的要求,使得小微企业的信贷可得性提高。粟勤等(2022)基于117家中小商业银行的小微贷款数据,发现商业银行将贷款业务扩展到线上能够有效地降低获客成本和贷款审批成本,从而增加了对小微企业的信贷供给。

总之,现有文献主要探讨了商业银行金融科技对商业银行自身产生的影响,以及对信贷规模和信贷结构的影响,鲜有文献探讨其对实体经济产生的影响。

第二节　城市全要素生产率及其金融性影响因素的相关研究

一、城市全要素生产率的测度

宫俊涛等(2008)归纳了测度宏观全要素生产率的四种主要方法:回归模型法、随机前沿法、指数法和数据包络分析法。回归模型法和随机前沿法都需要设定生产函数形式,如果函数形式设定不恰当,结论将会出现偏误。为避免生产函数设定不当导致的生产率估计偏误,本书排除了回归模型法和随机前沿法。指数法和数据包络法都不需要设定生产函数形式,这两种方法假设产出不受随机误差的干扰,这降低了估计效率。数据包络分析法是基于投入产出数据,利用线性规划的方式,计算生产单元相对效率的方法

（黄瑞芬 等,2016）。指数法是在数据包络分析法的基础上发展而来的。Malmquist(1953)构建了马姆奎斯特指数用于测度消费数量。之后,Caves et al.(1982)首次采用马姆奎斯特指数估计生产率。马姆奎斯特指数法克服了数据包络分析法的部分缺陷,因而被广泛地使用(金相郁,2006;刘秉镰等,2009;张浩然 等,2012)。

二、城市全要素生产率金融性影响因素的相关研究

影响城市全要素生产率的核心因素是技术创新和资源配置效率。首先,技术创新有助于提升城市全要素生产率。其次,资源配置效率是驱动城市全要素生产率提升的重要机制(Hsieh et al.,2009)。资源配置效率提升意味着资源从低生产率企业流向高生产率企业,这自然会提升城市全要素生产率。促进技术创新需要金融系统提供融资支持。提升资源配置效率需要金融系统识别高生产率企业,并将信贷资源配置到高生产率企业。因此,技术创新和资源配置效率是金融性因素影响城市全要素生产率的机制因素。有鉴于此,此部分着重梳理金融性因素对技术创新、资源配置效率和城市全要素生产率的影响。

那么,重点梳理哪些金融性因素对城市全要素生产率的影响？本书按照如下思路展开。首先,商业银行应用金融科技促进了信贷规模扩张和信贷结构优化,即促进了金融发展。因此,首先梳理金融发展与城市全要素生产率关系的相关研究。其次,商业银行应用金融科技加剧了对中小微企业发放贷款的竞争。因此,接下来梳理银行业竞争与城市全要素生产率关系的相关研究。

（一）金融发展与城市全要素生产率关系的相关研究

1.金融发展与企业技术创新关系的相关研究

现有研究表明,理论上,金融发展通过动员储蓄、分散风险、信息搜集、债务治理等功能促进技术创新。Levine(1991)、Bencivenga et al.(1991)以及 Saint-Paul(1990)提出,金融系统通过动员储蓄和分散风险为企业技术创新提供资金支持,进而促进技术创新。Blackburn et al.(1998)的研究强调金融发展通过加强债务治理能力对技术创新产生促进作用。现实中,金融市场存在信息不对称情况,债权人为确保放出去的贷款能够安全收回并产生收益,需要在发放贷款之后实时监督企业行为(Philippe et al,2005),例如监督企业是否将借款用于合约规定的项目等。当债权人对企业的监督成本过高时,就会产生信贷配给,即贷款人不愿意给企业发放贷款(Aghion et al.,2009)。金融发展意味着贷款业务的扩张,这使得借款人能够发挥规模经济效应,从而降低监督成本,减少了由信息不对称情况导致的信贷配给,从而增加对企业技术创新的信贷支持(Hall et al.,2010)。

在实证研究方面,国外的实证研究和国内的实证研究都很丰富,都支持金融发展能够有效地促进企业技术创新这一观点。Benfratello et al.(2008)基于意大利的数据,卢荻等(2013)基于中国、日本和韩国的数据,Nanda et al.(2014)基于美国的数据,都证实了金融中介发展能够显著促进企业技术进步。Amore et al.(2013)的研究也得出类似的结论。解维敏等(2011)的研究发现金融中介发展会促进企业增加研发投入,并且这一作用在中小企业中更大。孙婷等(2012)以 375 家大型高新技术企业为研究样本,发现金融中介发展促使信贷资源流向创新项目,由此促进了企业技术创新。姚耀军等(2010)、米展(2016)、张志强(2012)、姚耀军等(2013)和 Hanley et al.(2015)均得出了类似的结论。还有研究指出金融中介促进技术创新的作用受其他因素的影响。李后建等(2014)的研究发现,知识产权保护程度越大,金融发展对技术创新的促进作用越大。Liodakis(2008)以及 Kanwar et al.(2009)的研究也得出类似的结论。胡善成等(2019)发现,金融中介在为企业技术创新提供融资时会受到技术创新类型和与之相应的风险程度的制约,金融中介仅适宜为非原创性技术创新和风险程度低的技术创新提供资金支持。钟腾等(2018)、马微等(2018)以及王文倩等(2022)等都得出类似的结论。

2.金融发展与资源配置效率关系的相关研究

现有研究基本支持金融发展能够提高资源配置效率这一观点。理论上,金融发展通过强化金融中介的两项功能优化资源配置。一是强化金融中介为高生产率企业提供信贷的能力,以提升资源配置效率(Freixas et al.,1997)。金融发展意味着信贷扩张,这使得更多的高生产率企业能够获得信贷支持,从而提高资源配置效率。二是强化了金融中介的信号传递功能,同样增强了高生产率企业的信贷可得性,从而提升资源配置效率(Boyd et al.,1986)。金融中介为高生产率企业提供贷款,就相当于给市场发送了企业经营状况良好的信号,有利于高生产率企业从其他渠道获得资金支持。

在实证研究方面,有大量的跨国研究支持金融发展有助于提升资源配置效率这一观点。Wurgler(2000)构建了资源配置效率估算模型,该模型认为如果上一期盈利能力强的行业在本期增加了投资,而上一期盈利能力弱的行业在本期减少了投资,就意味着资源配置效率提高;并且该研究基于65个国家行业层面的数据,发现了金融发展能够提高资源配置效率。该研究是首个有关资源配置效率影响因素的研究,其研究成果随后被学术界广泛应用。也有研究表明金融发展提高资源配置效率的作用受其他因素的调节。Beck et al.(2002)的研究表明法律执行效率正向调节了金融发展对资源配置效率的提升作用。Almeida et al.(2005)的研究表明,投资者保护负向调节了金融发展对资源配置效率的正影响。Marconi et al.(2017)的研究表明,金融系统的完善程度正向调节了金融发展对资源配置效率的提升作用。

也有大量基于中国数据的实证结果支持金融发展有助于提升资源配置效率的观点。林琳(2011)基于1994—2009年江苏省15个县的面板数据,发现金融中介规模扩张和贷款利率上限放开均显著提升了县域资源配置效率。李青原等(2013)基于1999—2006年行业层面的数据,发现金融发展能够显著改善资源配置效率。李欣泽等(2017)基于1986—2015年间33个工业行业层面的数据,发现金融发展优化了工业行业间资源配置状况。赵奇伟(2010)和雷日辉等(2015)的研究也得出了相同的结论。也有研究认为金融发展提升资源配置效率的作用受到诸如政府干预等其他因素的影响。徐浩等(2015)基于1978—2013年省级层面的数据,发现政府干预负向调节了金融发展对资源配置效率的作用;具体地,1994年以前中国政府干预金融的力度较弱,金融发展对资源配置效率具有显著的正向影响,而在1994年以后中国政府干预金融的力度加强,金融发展对资源配置效率呈现弱的正向影响。王永剑等(2011)基于1991—2008年的数据,发现金融发展对资源配置效率的提升作用在不同的区域存在异质性,这种提升作用在东部和中部地区显著,在西部地区不显著。

3.金融发展与城市全要素生产率关系的相关研究

有关金融发展与城市全要素生产率关系的研究基本认同金融发展有助于提高城市全要素生产率的观点。理论上,金融系统通过提高技术创新水平和资源配置效率提高城市全要素生产率。金融系统的基本功能是动员储蓄,分散投资风险,搜集企业相关信息,筛选出优质企业为其提供贷款。金融系统通过发挥自身的基本功能提高企业技术创新能力,提升资源配置效率。一方面,金融系统能够识别有前景的创新等投资项目并为其提供融资,这有利于提高企业全要素生产率(King et al.,1993;Fuente et al.,1996)。另一方面,金融系统在众多企业中搜寻高生产率企业并为其提供贷款,优化资源配置,进而提高城市全要素生产率(Greenwood et al.,1990)。此外,金融发展意味着融资规模的扩大,相当于金融系统的功能得到更大范围的发挥。因此,金融发展使得金融系统的功能得到深化,从而提高城市全要素生产率。

实证研究上,大量的跨国研究支持金融发展有助于提升宏观全要素生产率的观点(King et al.,1993;Beck et al.,2000)。Beck et al.(2000)采用广义矩估计动态面板模型对 71 个国家 35 年的数据进行估计,发现金融发展通过为高生产率企业和创新企业提供融资提高了宏观全要素生产率。Solomon(2007)的研究表明金融发展通过促进技术创新提升宏观全要素生产率。Arizalaet(2009)也得出类似的结论。在此基础上,研究者进一步探究了金融发展对宏观全要素生产率的影响在金融发展或经济发展水平不同的国家是否存在异质性。Kumbhakar et al.(2005)基于 1961—1999 年的跨国数据发现,发展中国家金融发展提升宏观全要素生产率的作用要大于发达国家;Huang et al.(2009)的研究发现低收入国家的这一提升作用要大于高收入国家。

作为发展中国家的中国的金融发展对城市全要素生产率的影响究竟如何,也引起了众多研究者的关注。针对中国的实证研究按照金融发展的衡量方式可分为两类。第一类研究将金融发展视为贷款规模的扩张,因此直观地采用"商业银行贷款/GDP"来衡量金融发展。Aziz et al.(2002)便是以"商业银行贷款/GDP"衡量金融发展,并基于省级层面的数据,发现金融发展对城市全要素生产率无显著影响。第二类研究考虑到中国的信贷市场存在所有制歧视,对私人部门的贷款发放规模才能反映金融发展,因此采用"私人部门贷款规模/GDP"来衡量金融发展。张军等(2005)、Jeanneney et al.(2006)以及赵勇等(2010)均以"私人部门贷款规模/GDP"来衡量金融发展,并基于省级层面的数据,发现金融发展能够显著提升城市全要素生产率。陈启斐等(2013)、陈启清等(2013)以及罗良文等(2020)也得出类似的结论。总之,金融规模扩张未显著提升城市全要素生产率,而私人部门贷款增加相对 GDP 的增加会显著提升城市全要素生产率。这是由于单纯的金融规模扩张难以解决中小企业融资难的结构性问题,而增加私人部门的贷款意味着部分地缓解了中小企业的融资难问题。总之,金融发展要促进城市全要素生产率的提升,简单的信贷规模扩张还不够,还需要增加对私人部门的贷款投放。

(二)银行业竞争与城市全要素生产率关系的相关研究

1.银行业竞争与企业技术创新关系的相关研究

石璋铭等(2015)基于 2010—2013 年战略性新兴产业内上市公司的数据,发现银行业竞争缓解了战略性新兴产业内上市公司的融资约束,进而促进了企业技术创新。白俊等(2018)、千慧雄等(2021)以及刘培森等(2021)的研究结论也支持了银行业竞争有助于增加企业的研发投入,促进企业的技术创新这一观点。也有研究认为银行业竞争对企业技术创新的影响存在企业规模异质性。何婧等(2017)基于 2008—2014 年的上市公司数据,发现银行业竞争只能促进中小企业技术创新,对大企业技术创新无显著影响,因为银行业竞争主要缓解了中小企业融资约束。

2.银行业竞争与资源配置效率关系的相关研究

资源配置效率包括企业间资源配置效率和企业资本配置效率。现有研究支持银行业竞争有助于提高企业间资源配置效率和企业资本配置效率这一观点。

首先是银行业竞争与企业间资源配置效率关系的相关研究。蔡卫星等(2012)的研究发现股份制商业银行发展引发的银行业竞争能够提高资源配置效率。一方面,股份制商业银行作为金融主体,其发展必然扩大了信贷供给,从而提高了优质企业的信贷可得性。另一方面,股份制商业银行发展给国有商业银行带来竞争压力,使国有商业银行减少了对国有"僵尸企业"的贷款,转而重视对优质企业的筛选并为其提供信贷支持。这两方面都有助于提高信贷资源配置效率。余超等(2016)基于 1998—2007 年的工业企业数据,发现银行业竞争显著缓解了金融系统的所有制歧视,提高了信贷资源配置效率。吴晗等(2016)探讨了中小商业银行发展引起的银行业竞争的加剧对资源配置效率的影响,发现中小商业银行发展不仅可以缓解高生产率企业生产扩张所面临的融资约束,促进高效率企业成长,还可以提高"僵尸企业"生存风险,迫使其退出市场,从而提高了信贷资源配置效率。何欢浪等(2019)探讨了商业银行管制放松引起的银行业竞争的加剧对资源配置效率的影响,发现商业银行管制放松后,股份制商业银行进入市场,银行业竞争加剧,商业银行更努力地在众多企业中筛选高生产率企业并为其提供信贷支持,从而提高信贷资源配置效率。赖永剑等(2019)使用双重差分法对中国250个地级以上城市的数据进行分析,发现银行业竞争加剧的情况下,所有商业银行在发放贷款时都会更加看重企业的生产率和盈利能力,这提高了高生产率企业的贷款可得性,降低了"僵尸企业"的贷款可得性,自然提高了资源配置效率。张璇等(2020)基于1998—2007年中国工业企业数据,发现中小商业银行不断扩张而引发的银行业竞争拓宽了中小企业的融资渠道,优化了企业间资源配置。

其次是银行业竞争与企业资本配置效率关系的相关研究。现有研究支持如下观点:银行业竞争通过缓解企业融资约束和强化债务治理效应,能够提高企业资本配置效率。宋凯艺等(2020)基于2007—2017年中国上市公司数据,探讨银行业竞争对资本配置效率的影响,发现银行业竞争通过缓解民营企业融资约束,改善了民营企业投资不足问题,通过加强债务治理效应,改善了民营企业的过度投资问题,进而促进民营企业资本配置效率的提高。李琳(2022)基于2006—2019年中国上市公司的数据进行研究,发现伴随着银行业竞争程度的提升,商业银行由于信贷扩张需要承担更高的风险,这迫使其更努力地监督企业的资金使用情况,从而提高了企业资本配置效率。

3.银行业竞争与城市全要素生产率关系的相关研究

学界就银行业竞争对城市全要素生产率的影响有两种相反的观点。第一种观点基于"市场力量假说",该假说以价格理论为依据,认为银行业竞争越充分,单个商业银行的市场势力越小,这有助于降低商业银行发放贷款的利率,并且增加商业银行信贷供给,进而增加商业银行对企业的信贷支持(Besanko et al.,1992;Guzman,2000),有利于企业进行技术创新等项目的投资,进而提升城市全要素生产率。第二种观点基于"信息假说",该假说认为商业银行垄断势力的增强会弱化商业银行给企业提供信贷支持的动机,使商业银行减少对企业技术创新等投资项目的信贷支持,从而妨碍城市全要素生产率提升。银企信息不对称会导致逆向选择和道德风险,进而使企业面临信贷配给的问题。拥有垄断势力的商业银行基于对垄断利润的追求,有动力与企业建立长期银企关系。而长期银企关系能够有效地降低信息不对称程度,并缓解信贷配给问题。然而,伴随着商业银行垄断势力的减弱,商业银行通过建立银企关系追求垄断利润的动机被弱化,企业面临的信贷配给问题更加严重(Petersen et al.,1995)。这两种观点在基于发达国家的实证研究中都得到了支持。但是,基于中国的实证研究支持"市场力量假说",即银行业竞争有助于缓解企业融资约束,进而提高城市全要素生产率。

现有研究基本支持银行业竞争能够有效提高城市全要素生产率的观点。宏观层面上,张健华等(2016)基于1999—2012年中国省级层面的数据,以银行业集中度来衡量银行业竞争程度,发现在信贷环境较好的情况下银行业竞争加剧有利于提高城市全要素生产率。银行业集中度越高,商业银行之间的竞争越充分,这增加了对企业的贷款支持,降低了企业融资成本,从而有利于提升城市全要素生产率。余超等(2016)基于1998—2007年中国的工业企业数据,发现银行业竞争加剧有利于提高城市全要素生产率。一方面,银行业竞争直接提高了高盈利能力企业的全要素生产率。另一方面,银行业竞争提升了低盈利能力企业退出市场的概率,优化了信贷资源配置,从而提升了城市全要素生产率。吴晗(2017)基于1999—2011年中国的工业企业数据,发现由中小商业银行发展引起的银行业竞争加剧能够提高资源配置效率,从而有利于城市全要素生产率的提升。微观层面上,余超等

（2016）基于 1998—2007 年中国的工业企业数据，发现银行业竞争有利于提高高盈利能力企业的全要素生产率。吴晗（2017）基于 1999—2011 年的工业企业数据，发现中小商业银行发展提高了在位企业的贷款可得性，从而提高了这类企业的全要素生产率。并且，银行业竞争通过提升新进企业贷款可得性促进企业进入市场，而新进企业的进入使得技术溢出效应产生，从而提高了在位企业的全要素生产率。

第三节　金融科技公司与城市全要素生产率关系的相关研究

这一节将采用北京大学编制的《北京大学数字普惠金融指数》来衡量金融科技发展水平，探讨金融科技公司对城市全要素生产率的影响。《北京大学数字普惠金融指数》基于支付宝的交易数据，反映的是支付宝在各地区的覆盖情况和使用深度，能够较为准确地衡量各城市的金融科技公司发展水平（郭峰 等，2021）。

一、金融科技公司与技术创新关系的相关研究

已有大量研究探讨了金融科技公司对技术创新的影响，均证实了金融科技公司有助于促进小微企业的技术创新。冯永琦等（2021）基于 2011—2017 年中国 270 个城市的数据，发现金融科技公司扩大了消费需求，进而促进了技术创新。郭沛瑶等（2022）利用中国家庭金融调查（China Household Finance Survey，CHFS）数据，发现金融科技公司能够缓解小微企业信贷约束，促进小微企业开展创新活动。郭晴等（2022）利用中国小微企业调查（China Micro and Small Enterprise Survey，CMES）数据，发现金融科技公司

通过降低企业融资约束程度和促进企业人力资本升级,显著提高了小微企业从事研发与创新活动的概率。杜传忠等(2020)以及王栋等(2019)基于城市层面的数据也得出类似的结论。总之,金融科技公司从需求侧扩大了需求,从供给侧增加了对小微企业的金融支持,从而促进了技术创新。

二、金融科技公司与资源配置效率关系的相关研究

资源配置效率分为企业间资源配置效率和企业资本配置效率两个层面。已有研究证实了金融科技公司有助于提高企业间资源配置效率和企业资本配置效率。

(一)金融科技公司与企业间资源配置效率关系的相关研究

田杰等(2021)基于2011—2017年中国285个地级市的面板数据,发现金融科技公司的发展促进了对小微企业的资金支持,提高了资源配置效率。胡善成等(2022)基于2007—2018年中国城市层面的面板数据,发现金融科技公司的发展使得小微企业融资成本减少、融资约束缓解,提高了资源配置效率。李晓龙等(2021)基于2011—2018年中国地级市面板数据,发现金融科技公司的发展可以消减经济系统内部的信息不完全性,高效率匹配资金供给者和需求者,这有助于优化资源配置。封思贤等(2021)基于2011—2017年中国省级层面的数据,发现金融科技公司通过金融中介能够优化资源配置。金融科技公司的发展加大了金融市场的竞争,促进了金融人才的流动,并且对金融中介产生了技术溢出作用,这都有利于提高金融中介的资源配置效率。但是,金融中介要发展到一定程度才能发挥这一中介作用。

(二)金融科技公司与企业资本配置效率关系的相关研究

现有研究证实了金融科技公司发展有助于提高企业资本配置效率,主要是改善了企业投资不足的问题。王娟等(2020)的研究发现金融科技公司

发展提升了小企业资本配置效率，主要是改善了对小企业投资不足的问题。金融科技公司发展能够驱动小企业加大研发投入力度，并提高企业财务稳定性，由此缓解了对小企业投资不足的问题。张友棠等（2020）的研究发现金融科技公司的发展降低了科技型企业债务融资成本，改善了对这类企业投资不足的问题。刘婷婷等（2022）基于 2011—2021 年沪深 A 股和中小板上市公司的数据，发现金融科技公司的发展通过提高企业信贷可得性能够缓解对小企业投资不足的状况，但会导致对小企业的投资过度。

三、金融科技公司与城市全要素生产率关系的相关研究

宏观层面上，现有研究证实了金融科技公司有助于提高城市全要素生产率。袁徽文（2021）基于 2011—2016 年中国 283 个城市的数据，发现金融科技公司提高了资源配置效率，有助于提升城市全要素生产率。惠献波（2021）基于 2011—2018 年中国 278 个城市层面的数据，发现金融科技公司通过促进技术创新、推动产业结构升级和提高资源配置效率，从而提高城市全要素生产率。

微观层面上，现有研究基本支持金融科技公司通过缓解小微企业和农业经营者的融资约束，能够显著提高企业全要素生产率的观点。顾宁等（2021）基于中国小微企业调查数据，发现金融科技公司通过缓解小微企业融资约束，提升了这类企业的全要素生产率。郑宏运等（2022）基于 2014—2018 年中国 860 个县域面板数据，发现金融科技公司具有明显的普惠性质，为农业提供了更多的信贷支持，提高了农业的全要素生产率。

第四节 文献述评

在综述商业银行金融科技与城市全要素生产率关系的相关研究的基础上,本书总结了现有研究的不足之处,具体包括如下三个方面。

第一,现有关于金融科技与城市全要素生产率关系的研究,未分别针对金融科技公司和商业银行金融科技展开研究,而是笼统地研究金融科技对城市全要素生产率的影响。金融科技作为能够赋能金融机构提升服务实体经济的能力的技术,需要金融机构加以应用才能发挥作用。金融科技公司和商业银行都是金融机构,然而,金融科技公司和商业银行的服务对象不同,影响城市全要素生产率的路径亦不同,应当对二者加以区分,分别探讨金融科技公司发展和商业银行金融科技对城市全要素生产率的影响。

第二,现有关于金融科技与城市全要素生产率关系的研究,存在指标误用的问题,导致研究结论值得怀疑。该类研究笼统地探讨金融科技对城市全要素生产率的影响,那么反映城市金融科技发展水平的指标应该既要反映金融科技公司的发展水平,又要反映商业银行金融科技的应用水平,但是这类研究仅仅使用金融科技公司的发展水平来测度城市的金融科技发展水平,金融科技的测度存在偏差,导致研究结论可疑。

第三,鲜有文献探讨商业银行金融科技对城市全要素生产率的影响。由于现有关于金融科技对城市全要素生产率影响的研究,主要采用金融科技公司发展程度来测度城市金融科技发展水平,因此,这类研究探讨的是金融科技公司对城市全要素生产率的影响,有关商业银行金融科技对城市全要素生产率影响的研究比较缺乏。

综上所述,现有研究主要关注的是金融科技公司对城市全要素生产率的影响,并未探讨商业银行金融科技对城市全要素生产率的影响。现有研究证实,金融科技公司通过为小微企业提供资金支持,能够提高小微企业全要素生产率,提升资源配置效率,进而提高城市全要素生产率。有关商业银行金融科技的影响,现有研究主要探讨了商业银行金融科技对商业银行自身经营状况、所要承担的风险、银行业竞争和信贷供给的影响,商业银行金融科技对实体经济影响的研究较为缺乏,尤其是鲜有文献探讨商业银行金融科技对城市全要素生产率的影响。此外,商业银行金融科技会比金融科技公司发展对城市全要素生产率的作用更大。金融科技公司的发展主要提高了对小微企业的服务能力,但这类经济主体对城市全要素生产率提升的贡献较小。商业银行金融科技的发展主要提高了对大企业和中小企业的服务能力,这类经济主体对城市全要素生产率提升的贡献较大。因此,探讨商业银行金融科技对城市全要素生产率的影响有重要的理论价值。

第三章　商业银行金融科技影响城市全要素生产率的理论框架

本章首先界定核心概念的内涵并梳理相关理论。其次,分析商业银行如何通过发挥自身功能影响城市全要素生产率。再次,在此基础上分析商业银行金融科技如何通过强化自身功能影响城市全要素生产率。最后,通过数理建模的方式对商业银行金融科技影响城市全要素生产率的作用机理进行数理分析。

第一节　概念界定及相关基础理论

一、概念界定

(一)商业银行金融科技的内涵与界定

1.金融科技的定义

金融科技指的是技术带来的金融创新,能够创造新的业务模式、流程或产品,从而给金融市场、金融机构或者金融服务的提供方式带来重大影响。当前金融科技领域的参与主体可以分为传统金融机构和新型金融机构两类。第一类是传统金融机构,包括保险公司、商业银行和证券公司等。这类金融机构通过成立金融科技子公司、设置金融科技部门或者与金融科技公司合作的方式来应用金融科技。金融科技的应用改造了传统的业务流程和金融产品,降低了金融服务的成本和风险,提高了金融服务的效率。第二类是新型金融机构,如金融科技公司和互联网公司。由于互联网公司也属于金融科技公司,因此本书将互联网公司和金融科技公司统称为金融科技公司。这类公司中,一部分通过开发新的金融模式和金融产品直接涉足金融业务领域,也有部分金融科技公司并不涉足金融业务领域,主要是为传统金融机构提供技术支持。

2.商业银行金融科技的定义

商业银行金融科技指的是商业银行对金融科技的应用,主要指的是商业银行应用大数据、云计算、区块链、人工智能和物联网等技术进行信息搜集、信用评估和风险控制。

金融科技参与主体主要有金融科技公司和商业银行等其他金融机构。金融科技公司的服务对象主要是小微企业,商业银行的服务对象主要是大企业和中小企业。金融科技要对实体经济产生影响,需要金融科技参与主体应用金融科技以改变其服务实体经济的能力和效率,而不同金融科技参与主体的服务对象不同,对实体经济的影响亦有所不同。因此,有关金融科技对实体经济影响的研究有必要区分金融科技参与主体。针对这一问题,Cheng et al.(2020)根据参与主体的不同,将金融科技分为外部金融科技和商业银行金融科技两类。外部金融科技指的是金融科技公司的发展,商业银行金融科技指的是商业银行对金融科技的应用。但是这种分类方式将金融科技公司的发展视作外部金融科技是不准确的,因此,本书将依据参与主体的不同将金融科技分为金融科技公司和商业银行金融科技,其中金融科技公司指的是金融科技公司对金融科技的开发和应用,商业银行金融科技指的是商业银行对金融科技的应用。

(二)城市全要素生产率的内涵与界定

生产率是衡量要素投入产出效率的指标,可以分为单要素生产率和全要素生产率。单要素生产率指的是单一投入要素的产出效率,采用产出与单一要素的比值来衡量,比如劳动生产率就是采用产出与劳动力数量之比来衡量。单要素生产率存在一个严重的问题,即产出包括了其他投入要素所作的贡献,但是单要素生产率的核算未将其他投入要素考虑进去,因此测算结果存在偏误。全要素生产率指的是劳动和资本等投入要素的产出效率,采用产出与全部要素投入量之间的比值来衡量。相较于单要素生产率,全要素生产率的核算较为全面地考虑了资本和劳动等主要的投入要素,因此测算结果更准确。

传统经济增长理论认为全要素生产率主要用于衡量技术进步对经济增长的贡献,这是立足于资源配置效率符合帕累托最优的前提下。在资源配置达到帕累托最优的条件下,各个厂商之间投入要素的边际产出相同,全要素生产率能够衡量新发明、新技术以及工艺改善所带来的技术进步对产出的贡献。但是在现实经济条件下,资源配置效率难以达到帕累托最优,各个厂商之间投入要素的边际产出存在差异,所以全要素生产率实际上衡量的是资源配置效率改善和生产技术进步等因素对经济增长的贡献。

在现有研究的基础上,本书将城市全要素生产率定义为:在某个特定的城市内,扣除资本和劳动等因素后,各种其他因素对城市总产出的综合贡献。城市全要素生产率的提升有两大原因:一方面是资源配置效率的改善,例如生产要素从低生产率企业流向高生产率企业;另一方面是技术进步,例如新发明、新技术在生产中的应用。

(三)资源错配的内涵与界定

从传统经济学的角度看来,完全竞争市场中,生产要素可自由流动,各个部门的生产率相同,最终要素市场达到竞争均衡,全社会的资源配置达到帕累托最优状态。但现实中,要素流动存在摩擦,资源难以从高生产率部门流向低生产率部门,导致要素市场无法达到竞争均衡,全社会的资源配置无法达到帕累托最优状态,使资源错配现象产生。Hsieh et al.(2009)进一步提出了资源错配的具体概念和测度方法。资源错配现象的具体含义如下:在生产技术具有凸性的前提下,如果要素市场达到竞争均衡,那么企业间要素的边际产出相等,从而全社会的资源配置达到帕累托最优;如果要素市场未达到竞争均衡,那么企业间要素的边际产出不相等,资源未能从高生产率企业流向低生产率企业,出现资源错配,进而造成宏观层面上加总的全要素生产率和总产出的损失。资源错配程度可以用行业内所有企业的全要素生产率分布的离散程度来衡量,离散程度越高,资源错配程度越高。本书延用Hsieh et al.(2009)关于资源错配的定义。

二、相关基础理论

(一)金融发展理论

金融在经济增长中的作用是经济学研究的重要问题,大量学者对此进行深入研究。1973 年,罗纳德·麦金农的《经济发展中的货币与资本》和爱德华·肖的《经济发展中的金融深化》两本书的出版,标志着金融发展理论的真正产生。金融发展理论主要研究的是金融发展与经济增长的关系,即研究金融体系在经济发展中所发挥的作用,旨在研究如何建立有效的金融体系和金融政策组合以促进经济增长。罗纳德·麦金农(Mckinnon,1973)和爱德华·肖(Shaw,1973)就发展中国家如何发展金融以促进经济增长的问题提出了精辟的见解,形成了金融抑制和金融深化理论。约瑟夫·斯蒂格利茨(Stiglitz,1997)在新凯恩斯主义学派分析的基础上提出金融约束理论,作为发展中国家从金融抑制状态走向金融自由化的过渡性政策。内生金融发展理论则揭示了金融发展的内生根源,提出风险管理、交易成本、信息对称程度是影响金融发展的关键因素。

1.金融抑制理论

Mckinnon(1973)认为发展中国家存在金融抑制现象,即发展中国家对利率和汇率进行严格管制,存在利率被压低且伴随通货膨胀的现象,致使利率和汇率发生扭曲,难以准确地反映资金供求关系和外汇供求关系。在这种情况下,一方面,利率管制导致了信贷配额问题,从而降低了信贷资源配置效率;另一方面,货币持有者的实际收益往往很低甚至为负数,致使公众不愿意将闲置资金用于储蓄,而倾向于持有实物资产,导致银行储蓄资金减少,中介功能降低,信贷发放数量减少,服务实体经济的作用减弱。

2.金融深化理论

Shaw(1973)提出金融深化理论,即金融深化有助于促进经济增长。金融系统与经济增长之间存在相互促进的关系。一方面,完善的金融系统能够有效地动员储蓄,并通过贷款等方式将资金投入生产活动中,进而促进经济增长。另一方面,经济增长意味着国民收入的增加和企业的经济活动增多,刺激了公众和企业的金融服务需求,从而刺激金融业发展。Shaw(1973)指出金融深化一般表现在三个维度:一是金融规模扩大,二是金融工具、金融机构的优化,三是金融市场机制或市场秩序的健全。这三个维度的金融深化相互影响。

3.金融约束理论

发展中国家的实践证明通过金融深化促进经济增长的效果并不理想。在这一背景下,Stiglitz(1997)总结了金融深化失败的原因,提出了金融约束理论。该理论认为政府应当约束金融市场,例如控制存贷款利率、限制市场准入,以此限制竞争,为银行部门创造"租金机会"。银行部门为追逐租金,努力吸收存款,调动居民储蓄的积极性,增加对企业的贷款,由此促进金融深化,增强金融对实体经济的服务能力。

4.内生金融发展理论

内生金融发展理论回答了金融发展的内生根源是什么的问题。该理论主要考察风险管理、交易成本、信息不对称等和金融发展的关系。第一是风险管理与金融发展的关系。金融发展的一个重要的维度是贷款规模扩张,而贷款规模扩张离不开风险管理。因此,金融部门的风险管理能力越强,越能够扩大对企业的贷款,从而促进金融发展。第二是交易成本与金融发展的关系。金融中介不论是获得储蓄还是发放贷款都会产生交易费用,交易费用成了限制金融发展的关键因素,因此金融中介降低交易成本能够有效地促进金融发展。第三,信息不对称与金融发展的关系。信息不对称是限制银行发放贷款的重要因素。在信息不对称的情况下,金融中介难以控制信用风险,其给企业发放贷款的意愿减弱。因此,金融中介降低信息不对称程度的能力越强,越有助于金融发展(Leland et al.,1977)。

中国作为发展中国家,存在典型的金融抑制现象。当前,中国政府采用金融约束政策,例如对金融市场采取了存贷款利率的控制、市场准入的限制,在一定程度上促进了金融深化。从金融深化理论看,银行应用金融科技扩大了银行吸收储蓄的范围,降低了银行吸收储蓄的成本,直接起到了金融深化的作用,对经济发展的支持能力增强,全要素生产率得以提升。从内生金融发展理论看,金融科技的应用使得银行提高了风险管理能力,降低了交易成本,减少了信息不对称情况,进而促进了金融发展,银行服务实体经济的能力增强,助力了全要素生产率的提升。

(二)金融功能理论

金融功能是金融体系在不确定的环境下对经济资源跨时空调度与配置的便利化媒介,整体表现为资源配置的媒介作用以及通过金融深化对经济增长的促进作用(McKinnon,1973;Shaw,1973)。

现有研究对金融功能的划分可以归纳为四个方面,分别为交易促进、资源配置、风险管理和经济调节。交易促进指的是金融体系的交易、支付、结算、兑换、计价等基础功能,目标是交易实现和价值交换。资源配置指的是金融体系在储蓄者与投资者资金融通中的期限转换、信用转换和流动性转换等媒介功能,其目标是实现价值交换、要素流动和资源配置。风险管理指的是金融体系通过储蓄投资风险转换以及金融机构风险管控、金融市场纪律约束以及金融监管标准强化等来实现金融风险缓释与转移。经济调节指的是政府对金融体系进行调控产生的金融系统的扩展性功能。

（三）信贷配给理论

Stiglitz 和 Weiss(1981)以发达国家金融市场为研究对象,在不完全信息假设的前提下提出信贷配给理论。信贷配给指的是在一种情况下,贷款申请人是相同的,但是有些人的贷款需求完全可以得到满足,有些人的贷款需求部分可以得到满足,有些人的贷款需求完全无法得到满足,被拒绝的申请人即使支付更高的利息也不会获得贷款。该理论认为,在一个完全信息社会中,商业银行可以规定借款人采取的所有行动,但却无法直接控制借款人的所有行为,因此,它将以旨在促使借款人采取符合商业银行利益的行为以及吸引低风险借款人的方式拟定贷款合同。

信贷配给产生的主要原因是信贷市场存在逆向选择和道德风险现象,这两种现象都是信息不对称导致的。信贷市场的逆向选择现象出现的原因是信贷行为发生之前的信息不对称,即企业比商业银行掌握了更多的关于企业自身的经营情况和违约风险等方面的信息。在这种情况下,商业银行采用统一的利率发放贷款。当商业银行提高利率时,低风险的借款人由于风险较低、收益较低、不愿意承担较高的利息成本而退出信贷市场,而高风险的借款人由于风险较高、收益较高、愿意承担较高的利息成本而愿意签订合同,从而导致逆向选择现象出现。这时信贷市场上借款人的平均违约风险提高,相应地银行的预期收益下降。信贷市场的道德风险出现的原因是信贷行为发生之后的信息不对称,即借款人拥有资金的控制权和使用权,而贷款人只拥有资金的部分收益权,这使得借款人倾向于改变投资方向,投资高风险高收益项目。如果高风险项目成功,则借款人的收益在既定的利率水平下大大提高,而如果高风险项目失败,借款人作为仅仅承担有限责任的主体,其成本是有限的。以上两种现象都会促使商业银行实施信贷配给,而非提高利率以满足所有的贷款请求。商业银行作为风险厌恶的主体,在经营过程中重视资产的安全性,会对借款人的资质与还款能力进行严格审核,利率并不是其决定是否贷款以及贷款多少的关键因素。

信贷配给现象广泛存在,但在中国尤其突出。中国以大型国有商业银行为主导的银行系统主要支持国有企业的发展,难以满足民营企业的融资需求。民营企业往往规模较小,抵押品不足,财务管理不甚规范,因而存在由银企信息不对称导致的信贷配给问题(Stiglitz et al.,1981)。商业银行应用金融科技主要改善了信贷市场的信息不对称问题,进而改善了民营企业面临的信贷配给问题。

第二节　商业银行影响城市全要素生产率的机理分析

在分析商业银行金融科技对城市全要素生产率的影响之前,首先需要分析商业银行本身如何通过发挥金融中介功能影响城市全要素生产率。因此,本书首先分析商业银行影响城市全要素生产率的机制。城市全要素生产率首先受技术创新的影响,其次受资源配置效率的影响。商业银行正是通过这两个机制影响城市全要素生产率。因此,本书接下来分别分析"商业银行—技术创新—城市全要素生产率"和"商业银行—资源配置效率—城市全要素生产率"这两项机制。

一、商业银行、技术创新与城市全要素生产率

(一)商业银行对技术创新的影响分析

一方面,商业银行为企业创新提供融资支持以促进技术创新,本书把这种作用定义为商业银行影响技术创新的融资支持机制。另一方面,商业银行通过发挥其债务治理作用提高企业管理层对技术创新活动的努力程度以

促进技术创新,本书把这种作用定义为商业银行影响技术创新的债务治理机制。接下来分别分析这两种机制。

1.融资支持机制分析

第一,商业银行通过将短期的小散储蓄转为长期的大额贷款,从而为企业技术创新提供融资支持。企业的创新活动需要大量的资金支持,因此企业需要为创新项目融资。企业除了利用企业盈余进行内源融资之外,还可通过商业银行进行融资。商业银行是为企业创新项目提供融资支持的重要主体。Mckinnon(1973)论述了不可分割的投资与技术创新之间的关系:"事实上,不可分割问题非常重要。资金融通上孤立无援的企业家,很容易陷入一个低水平的均衡陷阱,除了小部分很富裕的人外,技术创新在这里将受到完全的限制。"一方面,商业银行体系以其动员储蓄和贷款发放功能克服了投资的不可分割性,利用自身动员储蓄的功能把分散在居民手中的闲散资金集中在一起,通过为企业发放贷款为大规模的创新项目提供资金支持(Franklin,1997)。另一方面,商业银行除了把小散储蓄转为大额贷款之外,还将短期存款转为了长期贷款,通过这样"借短贷长"的方式为企业的创新活动提供了长期资金支持(Allen et al.,1999;Demirguc-Kunt et al.,2001)。居民倾向于短期储蓄以应对流动性风险,比如未预期到的消费支出,但是创新项目往往需要的是长期贷款的支持。商业银行吸收了大量的短期存款,而并非所有的储户都会同时遇到流动性风险(Bencivenga et al.,1991),这使得商业银行可以将部分短期存款转化为长期贷款①。

第二,商业银行搜集企业信息,监督企业是否形成规模经济,评估创新项目是否具备专业优势,有能力筛选出优质的创新项目,由此更精准地为技术创新提供融资支持。商业银行通过搜集和处理企业相关的信息,聘用评

---

① 根据大数法则,金融中介承担的流动性风险小于所有居民承担的流动性风险,所以金融中介只需要持有少部分流动性资产就足以应对自身面临的流动性风险。

估创新项目的专业人才,在众多的创新项目中评估和筛选优质创新项目,以保证创新项目的盈利性和安全性。相比于单个投资者,商业银行在搜集信息、监督企业以及评估项目质量上更具优势。首先,相对于单个投资者,商业银行在搜集信息和监督企业上能够发挥规模经济的作用,极大地降低信息成本(Kennedy et al.,1960;Chan,1983;Leland et al.,1977;Diamond,1984)。其次,商业银行能够聘用具备投资知识、创新项目相关技术知识和工程经验的专业人员,设置专门的项目评审部门以评估创新项目质量(Allen et al.,1998),这是单个投资者不可能具备的能力。因此,相比于单个投资者,商业银行能够以更低的信息成本更准确地预测创新项目的未来现金流,进而更有效地在众多创新项目中筛选出优质创新项目,由此更精准地为技术创新提供融资支持。

2.债务治理机制分析

商业银行通过恰当的信贷安排合约可以实现对企业的激励约束,促使资金流向优质创新项目,从而发挥债务治理作用。

第一,商业银行可以在信贷合约中确定企业的资金用途和信息披露责任。商业银行发放贷款以后,有权利实时监测企业的现金流,追踪企业的经营情况,当发现企业未按照约定使用资金或者经营风险加大的时候,可以提前收回贷款。在信贷合约的约束和商业银行的监督下,企业的义务不仅仅是还本付息,还包括将资金投入信贷合约规定的创新项目并按时披露创新项目的完成情况。这既保证了企业确实将信贷资金投向创新项目而非挪作他用,又保证了企业会更努力地实施创新活动以降低经营风险(Levine,1997;Schumpeter et al.,2003)。

第二,商业银行对创新项目的投资并非一次性的,而是视企业的研发成效决定是否对贷款进行展期或者是否追加投资,这使得商业银行会对公司的经营决策产生影响。在日本和德国等商业银行占据金融主体地位的国家,商业银行除了拥有丰富的企业投资项目相关信息之外,还在一定程度上参与企业的经营管理活动。在中国,商业银行与企业之间更多的是一种长期合作关系,上市公司变更其申请贷款的商业银行的频率较低(孙婷 等,2012),这种长期的战略合作关系使得商业银行有动力去监督和控制企业的创新活动。由于商业银行对企业具备影响力,企业家必须更努力地实施创新活动,这提高了创新项目成功的概率。

(二)技术创新对城市全要素生产率的影响分析

全要素生产率在微观层面和宏观层面分别体现为企业全要素生产率与城市全要素生产率,二者之间是个体与总体的关系,存在着显而易见的正向关系。单个企业的全要素生产率对城市全要素生产率既存在直接影响又存在间接影响。直接影响体现为:作为某城市中的一个企业,该企业全要素生产率的提高直接为该城市全要素生产率的提升作出贡献。间接影响体现为:企业全要素生产率的提升往往伴随着技术进步,而技术进步通过扩散到周边的其他企业(徐舒 等,2011),提高了其他企业的全要素生产率,进而提升城市全要素生产率。鉴于企业全要素生产率提升是城市全要素生产率提升的基础,此部分从微观层面分析技术创新影响企业全要素生产率的机理。

由内生增长理论可知,在其他投入要素不变的情况下,技术创新是经济增长的内生动力(Romer,1990)。基于跨国数据和中国数据的实证研究都支持了技术创新能够显著提升城市全要素生产率的观点(Howitt et al.,1992;Aw et al.,2008;Baumannet al.,2016;孙晓华 等,2014;陈维涛 等,2018)。从微观层面上看,技术创新能够有效地提高企业全要素生产率。提升企业全要素生产率的关键在于提高产品质量或创造新产品、提高产品生产效率以及扩大资本对劳动的替代(Parente et al.,1994)。具体地,技术创新通过以下三条途径提升企业全要素生产率。第一,技术创新通过提高产品质量和创造新产品增加产品收入,进而提升企业全要素生产率。更高质量的产品和新产品能够更好地满足消费者的需求,有利于企业提高产品价格和增加产品销量,最终提高企业的销售收入(周煊 等,2012;吴超鹏 等,2016)。第二,技术创新直接提高了企业的生产效率,使得企业生产同样的产品只需要比过去更少的劳动和中间品投入,这直接提高了企业全要素生产率。有些技术创新能够改进生产工艺和流程,节约劳动和中间品投入,从而降低生产成本(Cohen et al.,1990)。第三,有些技术创新改变了企业资本劳动比,增加了机器使用,减少了劳动投入,也有利于提高企业全要素生产率(任宇新等,2022;张广胜 等,2020)。现有研究也支持了机器替代劳动通常都有助于提高企业全要素生产率的观点(王薇 等,2018)。

二、商业银行、资源配置效率与城市全要素生产率

(一)商业银行对资源配置效率的影响分析

资源配置效率包括企业间资源配置效率和企业资本配置效率。因此,本书将分别分析商业银行对企业间资源配置效率和企业资本配置效率的影响。

1.商业银行对企业间资源配置效率的影响分析

商业银行通过发挥信贷资源配置和信号释放功能,促使资金流向高生产率企业。第一,商业银行通过发挥信贷资源配置功能增加高生产率企业的信贷可得性。商业银行通过发挥信贷资源配置功能,即通过搜寻企业相关信息和评估企业生产率筛选出高生产率企业,将信贷资源配置到高生产率企业(Levine,1997)。相比于个人投资者,商业银行在搜寻高生产率企业方面更具成本优势和专业优势。商业银行具备成本优势指的是其具备规模经济优势,避免了单个投资者重复行动产生的重复搜寻成本。商业银行具备专业优势指的是其通过设置专门的信贷审批部门,聘用专业的信用风险评估人员,可以搜寻到单个投资者无法搜寻到的信息(Freixas et al.,1997),

进而有效地在众多的企业中筛选出高生产率企业,确保将信贷资源配置到高生产率企业。第二,商业银行通过发挥信号释放功能增加高生产率企业的信贷可得性。商业银行给企业发放贷款就相当于传递了企业经营良好的信号,可以实现一种释放市场信号的功能。由于商业银行能够相对有效地监督企业的实际经营情况,因此企业能够获得商业银行的贷款是其经营状况良好的信号,这有利于企业通过股权或者债券等其他方式筹集到更多的资金(Boyd et al.,1986)。商业银行为企业提供信贷支持这一行为能够使其他渠道的资金不断地流向高生产率企业。总之,商业银行不仅直接提高了高生产率企业的信贷可得性,还通过发挥信号释放功能帮助高生产率企业从其他渠道筹集资金。

由于资金可得性直接影响企业的成长和退出市场的概率,因此,商业银行提高了高生产率企业的信贷可得性之后,一方面会促进高生产率企业成长,另一方面会降低高生产率企业退出市场的概率,这两方面的结果都意味着资源流向了高生产率企业,从而资源配置效率得到提升。

2.商业银行影响企业资本配置效率的机理分析

一方面,商业银行为企业提供外部融资,缓解了企业因面临融资约束而难以把握好的投资机会的问题,从而提高企业资本配置效率。本书把这种作用定义为商业银行影响企业资本配置效率的融资支持机制。另一方面,商业银行通过发挥其债务治理作用促进企业管理层投资最能增加企业价值的项目,从而提高资本配置效率。本书把这种作用定义为商业银行影响企业资本配置效率的债务治理机制。接下来分别分析这两种影响机制。

(1)融资支持机制。

融资约束是导致企业资本配置效率低下的重要原因。MM 理论假设资本市场不存在信息不对称的情况,企业的外部融资和内部融资的资金成本相同,企业也不存在融资约束,管理者基于企业价值最大化目标能够自动实现资本最优配置。但现实中,中国企业通过内部融资很难满足投资需求,导致企业十分依赖外部融资,然而大多数企业并不具备股权和债权融资资格。在我国以商业银行为主导的金融体系下,商业银行信贷成为企业主要的融资方式,并且长期成为中国企业资金的主要来源。银企信息不对称问题使企业获得贷款需要付出高额的成本(Myers et al.,1984),面临的融资约束较为严重(Rajan et al.,1998)。高融资约束环境使企业不得不将那些风险相对较高、投资周期较长但回报更高的投资项目的数量进行削减,从而降低了资本配置效率(黄欣然 等,2011;张新民 等,2016;郑文风 等,2018)。

商业银行通过搜寻有较好投资机会的企业,并为其提供信贷支持,避免了这类企业因缺乏资金而难以把握好的投资机会的情况,从而提高了企业资本配置效率。有较好投资机会的企业通常盈利能力较强,这就需要商业银行搜寻盈利能力较强的企业,并为其提供信贷支持。与搜寻优质创新企业相同,商业银行在众多企业中筛选高盈利企业同样具有规模经济和项目评估专业优势。商业银行通过发挥其信息搜寻优势,增加对高盈利能力企业的融资支持,进而增加了这类企业下一年度可获投资的资金数额,避免了这类企业因融资约束而无法把握好的投资机会的情况,从而提高了企业资本配置效率。

(2)债务治理机制。

委托代理问题是企业资本配置效率低下的重要原因。高效率的资本配置指的是企业将资本配置到最能增加企业价值的投资项目上,譬如将资本配置到能改进企业生产率的技术性资产上(Almeida et al.,2006)。企业的投资行为受两类委托代理问题的影响。第一类委托代理问题指的是企业所有者和管理者之间的委托代理问题。自由现金流假说认为,在企业的管理者和所有者分离的状态下,二者的目标是背离的:所有者的目标是企业价值最大化,而管理者的经营目标是比较短视的,注重短期绩效和在职消费(Jensen,1986)。这使得资本难以配置到能长期提高企业价值的投资项目上,降低了企业资本配置效率。第二类委托代理问题指的是大股东与中小股东之间的委托代理问题。中国的股权集中度较高,导致大股东对中小股东的利益侵占比较严重(Jiang et al.,2015)。当大股东控制企业的时候,其倾向于将资金投向固定资产和专业资产;购置这类资产便于大股东利用资产转移和内部交易等方式侵占中小股东利益,这挤出了企业对技术性资产的投资(Dyck et al.,2004),不利于提高企业资本配置效率。总之,在不存在委托代理问题的情况下,管理者和所有者的目标一致,此时企业的资本将会被配置到最能增加企业价值的投资项目上。而当存在委托代理问题时,由于管理者目标的短视性和其更重视非技术性的投资,资本难以配置到最能增加企业价值的投资项目上,造成企业资本配置缺乏效率(Stein,2003)。

商业银行具备积极的外部治理效应,能有效缓解两类委托代理问题,进而抑制企业的非效率投资行为。针对第一类委托代理问题,商业银行为企业提供的贷款本身需要企业还本付息,这减少了由管理层自由支配的现金流,一定程度上减少了管理层诸如在职消费这一类的自利性行为(Jensen et al.,1976)。针对第二类委托代理问题,商业银行通过拒绝为大股东提供贷款或提高贷款利率等方式惩戒大股东侵占中小股东利益的行为(Lin et al.,2011)。这是因为,商业银行除了为企业提供贷款之外,也经常为企业的大股东提供贷款。

(二)资源配置效率对城市全要素生产率的影响分析

资源配置效率包括企业间资源配置效率和企业资本配置效率。因此,本书将分别分析企业间资源配置效率和企业资本配置效率对城市全要素生产率的影响。

1.企业间资源配置效率对城市全要素生产率的影响分析

资源配置效率是影响城市全要素生产率的重要机制。在 Hsieh et al.(2009)的分析框架下,资源配置达到最优指的是所有企业生产要素的边际收益产品相同,此时城市全要素生产率达到最大。反之,如果企业之间生产要素的边际收益产品存在差异,则资源配置效率未达到最优。现实中,企业的边际产出总是在不断变化,这就要求企业之间的资源不断地再配置,高生产率企业获得的资源应该增加,低生产率企业获得的资源应该减少,这样才能使城市全要素生产率得以提升(杜艳 等,2016;杨先明 等,2018;张军涛等,2019)。换句话说,资源应该从低生产率企业流向高生产率企业,实现资源的优化配置,进而提高城市全要素生产率。但是中国的资源无法按照边际产出来配置,企业之间的全要素生产率差异较大(Aoki,2012),资源从低生产率企业流向高生产率企业会受到阻碍(秦宇 等,2018),妨碍了城市全要素生产率提升。Hsieh et al.(2009)、Zhu(2012)、Brandt et al.(2013)以及龚关等(2013)的研究结果均证实,资源错配造成中国全要素生产率损失了30%～50%。

2.企业资本配置效率对城市全要素生产率的影响分析

企业将资本投入回报率最高的投资项目就能够保证企业的资本配置是有效的。回报率最高意味着低投入高产出,自然有利于提高企业全要素生产率。具体而言,企业资本配置缺乏效率表现在两个方面:一方面是过度投资,即企业将资金投入净现值为负的项目中;另一方面是投资不足,即企业有净现值较高的投资项目可投资,但是由于缺乏资金或者存在管理者自利行为而放弃投资。提升企业资本配置效率也表现在两个方面:一方面是减少过度投资,即减少对净现值为负的项目的投资;另一方面是避免投资不足,即增加对净现值较高的项目的投资。由于企业投资净现值为负的项目时所获得的产出要小于投入,因此减少这类项目的投资能够提升企业全要素生产率。相反,企业投资净现值较高的项目则意味着同样的投入可以获得较高的产出,因此增加这类项目的投资能够提升企业全要素生产率。总之,企业资本配置效率与企业全要素生产率之间是一种比较显性的正相关关系。这一正相关关系也得到了大量文献的实证结果支持(李琳,2022;赵振智 等,2021;杜传忠 等,2021;钱雪松 等,2018)。

综上所述,商业银行影响城市全要素生产率的机理如图 3-1 所示。

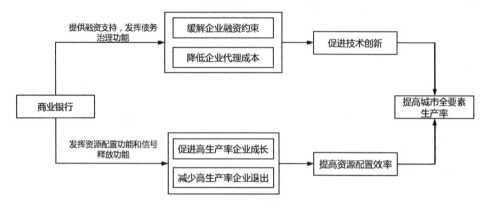

图 3-1　商业银行影响城市全要素生产率的机理

第三节　商业银行金融科技影响城市全要素生产率的基本逻辑

技术创新与城市全要素生产率之间存在显而易见的正向关系,提高资源配置效率有利于提升城市全要素生产率,具体的论证过程见第二节。因此,接下来本书重点分析“商业银行金融科技—技术创新”和“商业银行金融科技—资源配置效率”这两条机制。

一、商业银行金融科技对技术创新的影响

第二节中论证了商业银行促进企业技术创新的机理,提出商业银行通过发挥融资支持和债务治理作用促进企业技术创新。商业银行应用金融科技增加了金融供给,强化了对企业的融资支持作用,提高了自身搜集企业信息和监督企业的能力,强化了对企业的债务治理作用。因此,商业银行应用

金融科技强化了自身的融资支持和债务治理作用,从而促进企业技术创新。接下来,分别从融资支持和债务治理两方面来分析商业银行金融科技对技术创新的影响。

（一）融资支持机制分析

融资约束是制约企业技术创新的重要因素(任曙明 等,2014;张璇 等,2017)。企业的技术创新活动经常面临着融资约束,其原因如下。第一,技术创新项目由于风险高、资金投入大、回收期长等面临较大的融资困难,再加上传统放贷流程较为烦琐,由此可能造成创新项目因不能及时获得融资而错过最佳研发时期。第二,为避免泄露商业机密,企业通常不愿意公布与创新项目相关的细节信息,这加剧了银企信息不对称(唐嘉励 等,2010),进一步损害了商业银行为企业放贷的意愿。第三,有很大比例的创新企业持有的固定资产较少,缺乏抵押物,在看重抵押物的传统放贷模式下难以获得外部融资。接下来,基于上述企业技术创新面临融资约束的三个原因分析商业银行金融科技对企业技术创新的融资支持的影响。

第一,商业银行应用金融科技简化了信贷审批流程,缩短了企业获得贷款的时间,减少了创新项目因不能及时获得融资而错过最佳研发时期的可能性。传统商业银行在对中小企业发放贷款前,需要信贷审批人员去企业进行实地尽职调研,评估企业的履约情况、经营效益和管理者素质,核实抵押物和保证人等情况,以减少呆账和坏账发生,整个过程比较漫长和烦琐。金融科技赋能商业银行利用大数据、云计算等先进技术,从根本上改变了信贷发放模式。商业银行基于多方面搜寻的企业信息和智能风控模型评估企业违约风险,实现了放贷业务线上化(聂秀华 等,2021a)。企业利用商业银行的网上平台就可以实现在线信用贷款,避免了烦琐的审核流程,缩短了获得贷款的时间。

第二,商业银行金融科技提高了商业银行基于软信息的贷款技术水平,增加了其对企业创新项目的信贷支持。首先,在贷款的事前审查上,商业银行应用金融科技提高了软信息搜寻和处理能力,进而基于软信息为企业创新项目提供更多信贷支持。软信息指的是定性信息,通常以文字的形式存在,比如企业管理人的素质、企业的借款用途以及企业的供应商和客户信息等(池仁勇 等,2020),这些软信息构成了商业银行发放贷款的重要依据(Berger et al.,2006)。在数字经济迅速发展的背景下,电商平台、社交网络平台和征信平台沉淀了大量的企业数据,这些信息能够更加细致地反映公司的基本面信息。商业银行应用金融科技可以高效地连接这类数据平台,拓宽了信息来源(Goldstein et al.,2019),由此降低软信息生产成本。同时,金融科技为商业银行处理软信息提供了技术支持(Chang et al.,2014)。相较于传统的依赖人工的信息处理模式,商业银行应用大数据、云计算、区块链等技术和数理统计模型处理软信息的能力更强、速度更快(刘征驰 等,2015;Cornée,2019)。更广泛的软信息来源和更高效的软信息处理技术,使得商业银行基于软信息的贷款技术优势得到强化(王彦博 等,2017;李华民 等,2019)。其次,在事中追踪和事后监督上,金融科技赋能商业银行通过物联网和区块链实现溯源管理和远程监控,使商业银行在发放贷款以后能更有效地追踪和监督企业的真实资金投向(Kshetri,2018;龚强 等,2021)。这规避了企业可能出现的道德风险,有利于增加商业银行为创新项目融资的意愿,进而促进商业银行为创新项目提供信贷支持。

第三,金融科技的运用改变了商业银行的风险控制模式。通过采用智能风控系统,商业银行可以为缺乏可抵押物和硬信息的创新企业提供信贷支持。传统商业银行在发放贷款时通常以企业可供抵押的资产和硬信息作为放贷的基础(钱雪松 等,2021)。硬信息指的是结构化的定量信息,通常以数字的形式存在,比如企业的财务报表信息(Jos et al.,2018)。商业银行基于抵押物和硬信息放贷,导致那些缺乏可抵押物和硬信息但是创新能力较强的企业面临融资约束。与传统的风险控制模型相比,智能风控模式的应用降低了商业银行放贷决策对抵押物和硬信息的依赖,这种风险控制模式基于较为可靠和丰富的数据基础做出放贷决策,能够更加准确地预测违约风险(Khandani et al.,2010;Fuster et al.,2019;Huang et al.,2020)。商业银行运用智能风控模式,将缺乏抵押物和硬信息但创新力较强的企业纳入信贷服务范围,增加对这类企业的信贷支持,从而促进这类企业的技术创新。

（二）债务治理机制分析

委托代理问题也是妨碍技术创新的重要因素。企业的所有权和经营权分离,导致股东与管理人之间存在委托代理问题(Jensen et al.,1976)。委托代理问题会影响经营管理(Wright et al.,1996),也就自然会影响企业的技术创新活动。一方面,在企业技术创新的问题上,股东与管理者对创新的态度有很大的差异,股东对创新抱有积极的态度,而管理者对创新的态度比较消极。技术创新能够提高产品质量,降低产品成本,有助于长期增加企业利润和竞争力,因此股东出于企业价值最大化的目的,通常对技术创新的态度比较积极。但同时,技术创新的资金投入较大、回收期较长,且企业需要承担较大风险,若管理者更重视短期效益,不愿意付出辛勤的劳动,也不愿意承担研发风险,便会对技术创新的态度比较消极(Baysinger et al.,1991;刘胜强 等,2015)。另一方面,管理人比股东拥有更多的与企业有关的私人信息,管理者利用私人信息可以实施诸如在职消费和寻租这一类的自利性行为,由此挤压企业研发投入,妨碍企业技术创新(Porta et al.,2000;Richardson,2006)。

商业银行应用金融科技能够强化债务治理,缓解代理问题,进而促进企业技术创新。第一,商业银行应用金融科技降低了信息不对称程度,强化了债务治理,从而促进技术创新。商业银行应用金融科技可以使其实时地获得比过去更多的企业相关信息,并且可以将所获取的信息进行交叉验证,使其获得的信息更及时、更准确、更广泛,也更难以被操纵。第二,商业银行应用金融科技产生的信息也可以分享给股东等其他利益相关者（Erkens et al.,2012），强化股东对管理者的监督，进而促进技术创新。这些信息分享给股东，意味着股东获取信息的来源更加丰富，能够更有效地收集与管理者相关的信息，更容易发现管理者的私利行为。在股东更强的监督之下，管理者私利行为对研发活动的挤出减少，并且管理者会更努力地工作，其中包括更努力地实施技术创新活动。

二、商业银行金融科技对资源配置效率的影响

资源配置效率包括企业间资源配置效率和企业资本配置效率。因此，本书分别分析商业银行金融科技对企业间资源配置效率和企业资本配置效率的影响。

（一）商业银行金融科技对企业间资源配置效率的影响

商业银行应用金融科技强化了自身的资源配置功能和信号释放功能，促使资金流向高生产率企业。第二节中论证了商业银行增加高生产率企业信贷可得性的机理，提出商业银行通过发挥信贷资源配置功能和信号释放功能，增加高生产率企业的信贷可得性。根据内生金融理论，通过减少信息不对称情况、降低贷款发放成本和提高风险管理能力这三条路径能够强化商业银行的金融中介功能（唐世连 等,2003;陈晓枫 等,2007）。商业银行金融科技正是通过上述三条路径强化了商业银行的资源配置功能和信号释放功能，有效地增加了商业银行对高生产率企业的信贷支持。接下来分别分析上述三条路径。

第一，商业银行金融科技通过降低信息不对称程度增加高生产率企业的信贷可得性。降低信息不对称程度能增加高生产率企业的信贷可得性。信息不对称导致商业银行无法识别高生产率企业，进而无法将信贷资源配

置到高生产率企业中。商业银行应用金融科技提高了信息搜寻能力,降低了信息不对称程度,增加了高生产率企业信贷可得性。金融科技能够帮助商业银行提高其所获得的信息的准确性,增加信息来源,从而获取通过传统方式无法取得的客户信息(Zhu,2019;盛天翔 等,2020)。在金融科技的赋能下,商业银行能够充分挖掘企业家消费行为、高管学术经历、用户社交以及行业与区域环境等数据信息,并将这些数据转化为可供信贷人员决策参考的有用信息,这使得过去被排斥在外的优质企业能够获得信贷支持(Frost et al.,2019)。

第二,商业银行应用金融科技降低了贷款发放成本,增加了其对高生产率企业的贷款。降低贷款发放成本会增加高生产率企业获得信贷支持的概率。如果商业银行搜寻高生产率企业的信息成本过高,会导致商业银行识别高生产率企业的收益无法覆盖交易成本。商业银行应用金融科技降低了包括贷款审批成本和违约成本等在内的贷款发放成本。传统的信贷审批模式下,贷款审批成本较高且商业银行面临的违约成本较高。商业银行在发放贷款的时候需要信贷审批人员去企业实地调研,搜寻信息,进行贷前评估,这会产生较高的物力和人力成本,使得贷款审批成本较高。商业银行通过实地调研获取的企业信息有限,且真实性有待验证,因此承担了较大的违约成本(谢绚丽 等,2018)。在金融科技模式下,一方面,大数据和云计算使得商业银行可以对企业展开"数字尽调",减少了实地调研产生的物力和人力成本,从而降低了企业的信贷审批成本。部分商业银行与金融科技公司开展"联合贷款"的模式进一步降低了信贷审批成本。另一方面,商业银行可以对从不同来源获取的企业相关信息进行交叉验证,提高数据的真实性和可靠性,从而降低违约成本。总之,商业银行通过应用金融科技,降低信贷审批成本和违约成本等贷款发放成本,为传统信贷审批模式下面临信贷配给的高生产率企业提供信贷支持,进而增加高生产率企业的信贷可得性。

第三,金融科技赋能商业银行采用智能风控模式,提高了商业银行的风险管理能力,从而增加了高生产率企业信贷可得性。提高风险管理能力可以增加高生产率企业的信贷可得性。如果商业银行预测企业违约概率的能力低或贷后监督较难,会导致有些高生产率企业虽然违约风险不高,但是无法获得贷款。商业银行应用金融科技提高了其风险管理能力。传统的风险控制模式主要基于可抵押物和硬信息,商业银行贷款的发放尤其依赖企业可提供的抵押物和硬信息,导致部分缺乏抵押物和硬信息的高生产率企业面临信贷配给。金融科技的风险控制模式下,风险控制趋于智能化,即利用大数据和智能风险控制模型对企业的信贷风险进行评估(黄益平 等,2021)。这种模式可以更加精确地预测风险,更加准确地计算违约成本,更加实时有效地监测风险(Lee et al.,2018;陈敏 等,2022;吴桐桐 等,2021)。金融科技的应用使商业银行增强了对信贷风险的识别和控制能力,一定程度上弱化了商业银行在发放贷款时对抵押物和硬信息的依赖,进而有能力面向缺乏抵押物和硬信息的高生产率企业放贷,从而增加高生产率企业的信贷可得性。

商业银行金融科技增加了高生产率企业的信贷可得性之后,一方面会促进高生产率企业成长,另一方面会降低高生产率企业退出市场的概率,这两方面的结果都意味着资源流向了高生产率企业,从而提升资源配置效率。

(二)商业银行金融科技对企业资本配置效率的影响

第二节中论证了商业银行提升资本配置效率的机理,提出商业银行通过发挥融资支持和债务治理作用提高企业资本配置效率。商业银行应用金融科技强化了其对企业的融资支持和债务治理作用,从而提高了企业资本配置效率。接下来,本书分别从融资支持和债务治理两方面来分析商业银行金融科技对企业资本配置效率的影响。

1.融资支持机制分析

商业银行金融科技有助于缓解企业融资约束问题,有利于企业把握最能增加企业价值的投资项目,提高资本配置效率。企业资本配置有效意味着企业有资金实力投资对自身而言净现值为正的项目,资金来源可以是企业内部资金也可以是外部融资。在完善的金融市场环境下,企业不会面临融资约束,所有净现值为正的项目都可以从外部筹集到资金进而得到投资。但是,现实的金融市场存在信息不对称现象,企业面临着信贷配给问题。此时,即使企业有投资净现值为正的投资项目的机会,也可能由于无法获得外部融资而无法进行投资。商业银行金融科技能够有效地缓解企业融资约束,使得企业能够把握最能增加企业价值的投资机会,由此提升资本配置效率。

2.债务治理机制分析

商业银行应用金融科技有助于降低信息不对称程度,使商业银行能够获取更多的企业相关信息,有利于其加强对企业的债务治理,进而提高资本配置效率。信息不对称造成的代理成本会造成资本配置效率低下。在信息不对称的情况下,商业银行难以监督管理层的行为,管理层会偏离企业价值最大化的目标,进行非效率投资。当债权人不能有效地监督和激励企业管理者时,管理者的投资行为将会变得短视化,管理者将放弃能在长期增加企业价值的投资项目,偏离企业价值最大化目标。加强对管理者的监督和激励能够减少管理者的短视行为,降低其投资的保守程度,促使管理者选择能够长期增加企业价值的投资项目,从而提高资本配置效率(John et al.,2008)。商业银行应用金融科技能够更实时地获取企业的相关信息,对管理者的监督能力增强,从而加强对企业的债务治理。管理者在严格的监督之下会依据企业价值最大化原则来行动,资金将被配置到最具价值增值性的投资项目。此外,商业银行金融科技有助于信贷扩张,这增加了商业银行所需承担的风险,促使商业银行加强与企业的联系,更努力地监督企业的资金使用情况和经营行为,从而加强对企业的债务治理能力(李志生 等,2020)。因此,商业银行应用金融科技,通过强化自身的债务治理作用,能够提升资本配置效率。

综上所述,商业银行金融科技影响城市全要素生产率的机理如图 3-2 所示。

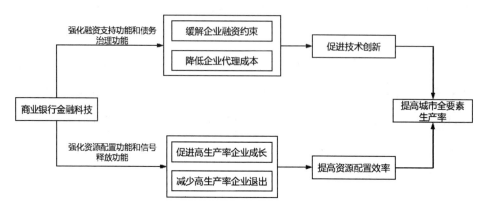

图 3-2　商业银行金融科技影响城市全要素生产率的机理

第四节　商业银行金融科技影响城市全要素生产率的数理分析

一、商业银行金融科技影响企业全要素生产率的数理分析

(一)模型基本假定

本书借鉴 Gorodnichenko et al.(2013)的模型,基于融资约束和代理成本的视角分析商业银行金融科技对企业全要素生产率的影响。融资约束使得企业没有充足的资金支持创新和投资活动,阻碍了企业的技术进步,降低了企业资本配置效率,妨碍了企业全要素生产率提升。代理成本导致管理层把企业资金用于在职消费等,挤出了企业对创新和投资活动的支出,由此

妨碍企业全要素生产率的提升。因此,我们关注融资约束和代理成本对企业创新和投资活动决策的影响。

企业的活动包括两个阶段:第一个阶段企业决定是否实施创新活动,实施创新活动会产生 F_I 的固定成本;第二个阶段企业决定是否实施投资活动并进行生产活动,实施投资活动会产生 F_S 的固定成本。由于我们关注的是融资约束和代理成本对企业创新和投资活动的影响,因此我们首先需要界定清楚企业的创新和投资活动如何融资。原则上,企业可以使用内部资金(留存利润)或外部资金(债务融资)来进行创新和投资活动。我们假设企业与金融机构之间存在信息不对称,因此对企业而言使用外部资金比内部资金有更高的资金成本。具体地说,假定企业使用内部资金的机会成本为 1,使用外部资金的成本为 $\gamma,\gamma>1$。

我们假设,第一阶段的创新需要使用内部资金。由于企业与金融机构存在严重的信息不对称,难以获得外部融资,因此支持企业创新的资金来源于内部的假设是合理的。这一点与已有经验研究的结论也是一致的(Ughetto,2008)。第二阶段,企业的生产活动需要资金,如果企业实施投资活动,则需要更多的资金。由于使用内部资金的成本低于外部资金,因此企业倾向于使用内部资金实施投资和生产活动。但如果内部资金不足,企业则必须通过外部资金来补充投资和生产所需的剩余资金。

我们的先验假设是企业有足够的内部资金以支持创新、投资和生产活动的概率为 q,而在投资和生产环节需要外部融资的概率为 $1-q$。一方面以公司需要外部融资的可能性来衡量融资约束,需要外部融资的可能性越大,企业面临的融资约束越严重。另一方面以企业外部融资成本来衡量融资约束,企业外部融资成本越高,通常也反映了其面临的融资约束越严重(肖兴志 等,2019)。

以下四种事件会增加企业外部融资的可能性。第一,企业在第一阶段将内部资金用于技术创新,那么在第二阶段将留下较少的内部资金用于投资和生产,令这种情况导致的内部资金不足以支持投资和生产活动的可能性增加 δ_I。第二,企业在第二阶段进行投资活动,令企业进行投资导致内部资金不足以支持生产活动的可能性增加 δ_S。第三,企业存在代理成本,令企业存在的代理成本为 F_A,代理成本的存在使得企业内部资金不足以支持生产活动的可能性增加 δ_A,代理成本 F_A 越高,δ_A 越高,即 $\partial\delta_A/\partial F_A > 0$。第四,企业可能会受到流动性的冲击(例如客户推迟付款等),令这种情况导致的内部资金不足以支持生产活动的可能性增加 $\delta_L \in \{0, \bar{\delta}_L\}$。我们假设企业只能被动地接受外部流动性冲击,无法影响 δ_L 的大小,即流动性的潜在外生冲击在 0 阶段实现。总之,当企业不实施创新和投资活动时,依赖外部融资的可能性为 $\delta_L + \delta_A$;如果企业选择创新,则依赖外部资金的可能性增加 δ_I;如果企业选择投资,则依赖外部资金的可能性增加 δ_S。这四个事件都意味着企业依赖外部资金的可能性增加。在这种情况下,企业会感到资金紧张,意识到所需要的外部资金可能是困难的或昂贵的。由于创新消耗了内部资金,它增加了企业投资和生产活动需要外部融资的可能性。投资和代理成本的存在也同样增加了企业投资和生产活动需要外部融资的可能性。

(二)融资约束和代理成本对技术创新和投资的影响

1.融资约束和代理成本对技术创新的影响

在第一阶段,企业考虑是否创新。如果没有创新,令 π_i 表示利润;当生产活动来源于内部资金时,$i=1$;当生产活动来源于外部资金时,$i=\gamma$。同样,对于 $i \in \{1, \gamma\}$,如果企业创新,令 π_i^I 表示利润,其中 $\pi_i^I > \pi_i$。我们假设随着融资成本的增加,创新增加的利润会逐渐减少,用式(3-1)来表示。

$$\frac{\partial(\pi_\gamma^I - \pi_\gamma)}{\partial\gamma} < 0 \tag{3-1}$$

如果企业不创新,他的预期回报是:

$$E(\pi) = (q - \delta_L - \delta_A)\pi_1 + (1 - q + \delta_L + \delta_A)\pi_\gamma - F_A \tag{3-2}$$

如果企业在第一阶段将内部资金用于创新,那么在第二阶段投资和生产活动来源于内部资金的概率变为 $q-\delta_L-\delta_I-\delta_A$,这意味着企业需要外部融资的可能性为 $1-q+\delta_L+\delta_I+\delta_I$。在第一阶段创新的企业的预期利润是:

$$E(\pi \mid I)=(q-\delta_L-\delta_I-\delta_A)\pi_1^I+(1-q+\delta_L+\delta_I+\delta_A)\pi_\gamma^I-F_I-F_A \tag{3-3}$$

其中 F_I 是企业创新的固定成本,F_A 是企业的代理成本。

我们现在可以确定企业在第一阶段创新的动机,并描述它是如何受到负面流动性冲击、代理成本和外部资金成本的影响的。令企业的预期利润差异为 Δ_π^I,可以表述为:

$$\Delta_\pi^I=E(\pi \mid I)-E(\pi)=(q-\delta_L-\delta_A)(\pi_1^I-\pi_1)+$$
$$(1-q+\delta_L+\delta_A)(\pi_\gamma^I-\pi_\gamma)-\delta_I(\pi_1^I-\pi_\gamma^I)-F_I \tag{3-4}$$

当且仅当 $\Delta_\pi^I>0$ 时,企业决定创新。为了确定外生流动性冲击、代理成本和外部资金成本对预期利润差异的影响,我们分别对 Δ_π^I 关于 δ_A、δ_L 和 γ 求一阶导数:

$$\frac{\partial \Delta_\pi^I}{\partial \delta_A}=-(\pi_1^I-\pi_1)+(\pi_\gamma^I-\pi_\gamma)<0 \tag{3-5}$$

$$\frac{\partial \Delta_\pi^I}{\partial \delta_L}=-(\pi_1^I-\pi_1)+(\pi_\gamma^I-\pi_\gamma)<0 \tag{3-6}$$

$$\frac{\partial \Delta_\pi^I}{\partial \gamma}=(1-q+\delta_L+\delta_A)\frac{\partial(\pi_\gamma^I-\pi_\gamma)}{\partial \gamma}+\delta_I\frac{\partial \pi_\gamma^I}{\partial \gamma}<0^{①} \tag{3-7}$$

代理成本上升、外生流动性冲击的增加和外部资金成本的上升都会缩小企业创新的预期利润差异。因此,企业的代理成本越高,面临的融资约束越严重,其所获得的创新的激励越小。

2.融资约束和代理成本对投资的影响

在第二阶段,企业考虑是否投资。^{②} 如果企业没有投资,令 π_i 表示利

---

① 外部融资成本越高,使用外部资金获得的利润越低,即 $\partial\pi_\gamma^I/\partial\gamma<0$,因此易得式(3-7)小于 0。

② 为简化分析,此处假定企业在第一阶段未实施技术创新,如果企业在第一阶段实施技术创新,亦不会改变最终的结论。

润。当生产活动来源于内部资金时,$i=1$;当生产活动来源于外部资金时,$i=\gamma$。同样,对于$i\in\{1,\gamma\}$,如果企业投资,令π_i^S表示利润,其中$\pi_i^S>\pi_i$。我们假设随着融资成本的增加,企业投资新增的利润会逐渐减少,用式(3-8)来表示。

$$\frac{\partial(\pi_\gamma^S-\pi_\gamma)}{\partial\gamma}<0 \tag{3-8}$$

如果企业不投资,他的预期回报是:

$$E(\pi)=(q-\delta_L-\delta_A)\pi_1+(1-q+\delta_L+\delta_A)\pi_\gamma-F_A \tag{3-9}$$

如果企业在第二阶段投资,那么在第二阶段投资和生产活动来源于内部资金的概率变为$q-\delta_L-\delta_S$,这意味着企业需要外部融资的可能性为$1-q+\delta_L+\delta_S$。在第二阶段投资的企业的预期利润是:

$$E(\pi\mid S)=(q-\delta_L-\delta_S-\delta_A)\pi_1^S+(1-q+\delta_L+\delta_S+\delta_A)\pi_\gamma^S-\\ F_S-F_A \tag{3-10}$$

我们现在可以确定企业在第二阶段投资的动机,并描述它是如何受到负面流动性冲击、代理成本和外部资金成本的影响的。令企业的预期利润差异为Δ_π^S,Δ_π^S可以表示为:

$$\Delta_\pi^S=E(\pi\mid S)-E(\pi)=(q-\delta_L-\delta_A)(\pi_1^S-\pi_1)+\\ (1-q+\delta_L+\delta_A)(\pi_\gamma^S-\pi_\gamma)-\delta_S(\pi_1^i-\pi_\gamma^s)-F_S \tag{3-11}$$

当且仅当$\Delta_\pi^S>0$时,企业决定投资。为了确定外生流动性冲击、代理成本和外部资金成本对预期利润差异的影响,我们分别对Δ_π^S关于δ_L和γ求一阶导数:

$$\frac{\partial\Delta_\pi^S}{\partial\delta_A}=-(\pi_1^S-\pi_1)+(\pi_\gamma^S-\pi_\gamma)<0 \tag{3-12}$$

$$\frac{\partial\Delta_\pi^S}{\partial\delta_L}=-(\pi_1^S-\pi_1)+(\pi_\gamma^S-\pi_\gamma)<0 \tag{3-13}$$

$$\frac{\partial\Delta_\pi^S}{\partial\gamma}=(1-q+\delta_L+\delta_A)\frac{\partial(\pi_\gamma^S-\pi_\gamma)}{\partial\gamma}+\delta_S\frac{\partial\pi_\gamma^S}{\partial\gamma}<0 \tag{3-14}$$

代理成本上升、外生流动性冲击的增加和外部资金成本的上升都会缩小企业投资的预期利润差异。因此,企业的代理成本越高,面临的融资约束越严重,其受到的投资的激励越小。

上述关于融资约束和代理成本对技术创新和投资的影响分析表明,融资约束和代理成本增加会减少企业所受到的创新和投资的激励,最终对企业创新和投资产生负面影响。原因是代理成本的增加和负面流动性冲击都增加了企业需要外部融资的可能性,而外部资金成本高于内部资金成本,由此减少了企业创新和投资的预期利润差异。外部融资成本越高,在生产活动中使用外部资金的成本越高,企业创新和投资的预期利润差异越小。换言之,外部融资成本越高,企业依赖外部融资越会产生不利影响。

(三)商业银行金融科技对企业技术创新和资本配置效率的影响

1.商业银行金融科技对企业融资约束的影响

Stiglitz et al.(1981)以发达金融市场为研究对象,在不完全信息的假设前提下提出了信贷配给理论。该理论认为现实社会存在信息不对称,信息不对称导致金融市场普遍存在道德风险和逆向选择现象,最终造成信贷配给问题的出现。换句话说,企业面临融资约束的主要原因是信贷市场存在信息不对称,而信息不对称使得商业银行在发放贷款的过程中产生信息搜寻等交易成本,在发放贷款后面临企业信贷违约风险(Kaplan et al.,1997)。首先,在信息不对称的情况下,商业银行难以确定企业的违约风险,导致企业面临信贷配给问题。其次,商业银行搜集信息和监督企业会产生交易成本,交易成本太高会导致商业银行不愿意发放贷款。最后,商业银行的风险管理模式落后,导致无抵押物的企业面临融资约束。

商业银行金融科技可以通过降低信息不对称程度、降低交易成本和提高风险管理能力三个路径缓解企业所面临的融资约束。第一,商业银行金融科技通过降低信息不对称程度来缓解企业所面临的融资约束。传统商业银行主要基于信用数据和抵押物发放信贷,而商业银行应用金融科技后,除了参考传统的信用数据和财务数据之外,还应用大数据、人工智能和区块链等技术挖掘与企业经营状况相关的非财务信息,评估企业的发展前景和违约风险,做出是否放贷的决策。相较于传统金融科技创新,商业银行金融科技能够更加有效地降低信息不对称程度(Lin et al.,2013)。第二,商业银行金融科技简化了贷款审批程序,降低了发放贷款的交易成本,进而缓解了企业所面临的融资约束。相较于传统金融科技创新,这种基于大数据和人工智能技术的自动审批贷款业务模式,减少了商业银行搜寻信息和监督企业的成本,也降低了商业银行审批贷款的成本,从而能够缓解企业所面临的融资约束。第三,商业银行金融科技优化了风险管理模式,使得缺乏抵押物的企业也能够获得信贷支持。传统商业银行在发放贷款时通常以企业可供抵押的资产作为放贷基础(钱雪松 等,2019),缺乏对企业发展潜力的考量,那些硬资产较少但是发展潜力较大的企业面临融资约束。商业银行通过大数据、人工智能等先进技术,评估企业发展前景,将缺乏抵押物但具备发展前景的企业纳入信贷服务范围,缓解了这类企业所面临的融资约束。

综上所述,商业银行金融科技能够缓解企业所面临的融资约束。令商业银行金融科技应用程度为 η,假设 $\eta \in [0,1]$,商业银行金融科技应用程度越高,η 值越大。商业银行金融科技应用程度越高的地区,地区内企业面临的融资约束越小,面临的负面流动性冲击 δ_L 越小,即 $\partial \delta_L / \partial \eta < 0$,企业获得外部资金的成本 γ 越低,即 $\partial \gamma / \partial \eta < 0$。

2.商业银行金融科技对代理成本的影响

商业银行金融科技通过加强商业银行和股东对企业管理者的监督能力降低代理成本。首先,商业银行应用金融科技增加了信息搜寻能力,能够搜寻到更多与管理者行为相关的信息,从而更有效更实时地监督管理者,这使管理者私利行为减少,降低了代理成本。其次,商业银行可以将自身搜寻到的信息分享给股东,这使得股东所掌握的有关管理者行为的信息的来源更加丰富,并将来源于各方的信息进行交叉验证以得到更准确的信息,提高了股东对企业的监督能力。在股东更强的监督之下,管理者会减少私利行为,由此降低代理成本。

商业银行金融科技能够降低企业代理成本,即$\partial F_A/\eta<0$。企业代理成本越高,代理成本的存在导致的所增加的企业需要外部融资的可能性δ_A越大,即$\partial \delta_A/\partial F_A>0$。综上所述,商业银行金融科技应用程度越高的地区,地区内企业的代理成本δ_A越小,代理成本的存在导致的所增加的企业需要外部融资的可能性δ_A越大,即$\partial \delta_A/\partial \eta<0$。

3.商业银行金融科技对企业技术创新和资本配置效率的影响

需要注意的一点是,当企业代理成本降低、企业所面临的融资约束得到缓解之后,企业总是倾向于同时进行技术创新和投资。因为企业可以通过投资扩张规模,进一步地摊薄单位产品负担的创新成本。现有经验研究也证实了企业投资与研发投入之间存在正相关关系(孙晓华、王昀,2014)。因此在通常的情况下,商业银行金融科技通过降低代理成本、缓解融资约束,既能促进企业技术创新,又能促进企业投资以提高资本配置效率。

商业银行金融科技对企业技术创新的影响可以表示为:

$$\frac{\partial \Delta_\pi^I}{\partial \eta}=\frac{\partial \Delta_\pi^I}{\partial \delta_A}\cdot\frac{\partial \delta_A}{\partial \eta}+\frac{\partial \Delta_\pi^I}{\partial \delta_L}\cdot\frac{\partial \delta_L}{\partial \eta}+\frac{\partial \Delta_\pi^I}{\partial \gamma}\cdot\frac{\partial \gamma}{\partial \eta}>0 \tag{3-15}$$

由$\partial \Delta_\pi^I/\partial \delta_A<0,\partial \delta_A/\partial \eta<0,\partial \Delta_\pi^I/\partial \delta_L<0,\partial \delta_L/\partial \eta<0,\partial \Delta_\pi^I/\partial \gamma<0,\partial \gamma/\partial \eta<0$,易得式(3-15)大于零。由此可知,商业银行金融科技降低了企业代理成本,缓解了企业融资约束,从而增加了企业所获得的技术创新的激励,最终促进企业技术创新。

商业银行金融科技对企业资本配置效率的影响可以表示为:

$$\frac{\partial eff}{\partial \eta}=\frac{\partial eff}{\partial \Delta_\pi^S}\cdot\frac{\partial \Delta_\pi^S}{\partial \eta}=\frac{\partial eff}{\partial \Delta_\pi^S}\cdot\left(\frac{\partial \Delta_\pi^S}{\partial \delta_A}\cdot\frac{\partial \delta_A}{\partial \eta}+\frac{\partial \Delta_\pi^S}{\partial \delta_L}\cdot\frac{\partial \delta_L}{\partial \eta}+\frac{\partial \Delta_\pi^S}{\partial \gamma}\cdot\frac{\partial \gamma}{\partial \eta}\right)>0$$

$$\tag{3-16}$$

企业非效率资本配置包括投资不足和过度投资。本书第三章第二节中论证了商业银行金融科技通过强化商业银行的融资支持和债务治理作用,增加了对企业投资增值性项目的资金支持,减少了企业投资不足的问题,从而提高了企业资本配置效率。因此,此处的非效率资本配置仅考虑投资不足的情况。在企业所受到的投资激励较弱的情况下,企业就算面临好的投资机会也难以把握,由此造成了企业投资不足,进而导致企业资本配置效率低下。因此,$\partial eff / \partial \Delta_\pi^S > 0$。由 $\partial eff / \partial \Delta_\pi^S > 0, \partial \Delta_\pi^S / \partial \delta_A < 0, \partial \delta_A / \partial \eta < 0, \partial \Delta_\pi^S / \partial \delta_L < 0, \partial \delta_L / \partial \eta < 0, \partial \Delta_\pi^S / \partial \gamma < 0, \partial \gamma / \partial \eta < 0$,易得式(3-16)大于零。由此可知,商业银行金融科技通过降低企业代理成本和缓解企业面临的融资约束促进企业投资,减少了企业投资不足的问题,提高了企业资本配置效率。

(四)商业银行金融科技对企业全要素生产率的影响

1.技术创新对企业全要素生产率的影响

令全要素生产率为 $A,A>0$。现有研究基本认同技术创新是提升企业全要素生产率的重要来源。由此我们假设,企业技术创新的激励 Δ_π^I 越大,企业技术创新的概率越高,全要素生产率 A 越高,即:

$$\frac{\partial A}{\partial \Delta_\pi^I} > 0 \tag{3-17}$$

2.企业资本配置效率对企业全要素生产率的影响

现有研究基本认同提高企业资本配置效率有利于企业全要素生产率提升。由此我们假设,企业受到的投资激励 Δ_π^S 越大,企业越有可能把握有价值的投资机会,企业资本配置效率越高,进而全要素生产率 A 越高,即:

$$\frac{\partial A}{\partial eff} > 0 \tag{3-18}$$

3.商业银行金融科技对企业全要素生产率的影响

综合式(3-15)～(3-18)可知,商业银行金融科技通过促进企业技术创新和提高资本配置效率来提升企业全要素生产率,即:

$$\frac{\partial A}{\partial \eta} = \frac{\partial A}{\partial \partial \Delta_\pi^l} \cdot \frac{\partial \partial \Delta_\pi^l}{\partial \eta} + \frac{\partial A}{\partial \partial eff} \cdot \frac{\partial \partial eff}{\partial \eta} > 0 \tag{3-19}$$

一方面,商业银行金融科技通过促进企业技术创新,进而提升企业全要素生产率。另一方面,商业银行金融科技通过提升企业资本配置效率,进而提升企业全要素生产率。

二、商业银行金融科技影响技术创新的数理分析

商业银行金融科技通过促进微观企业的技术创新,必然会促进行业技术创新,并且还会通过行业内企业之间的技术扩散效应促进行业技术创新。

商业银行金融科技对行业技术创新的作用可以表示为:

$$\frac{\partial I_s}{\partial \eta} > 0 \tag{3-20}$$

三、商业银行金融科技影响资源配置效率的数理分析

本书借鉴 buera et al.(2013)以及马光荣等(2014)的模型,假定企业生产率是异质的,分析商业银行金融科技对不同生产率的企业的成长和退出的异质性影响。

(一)企业生产函数设定

假设经济中每个企业家的个人财富为 a,企业的生产率为 z,二者的联合分布函数为 $F(a,z)$。将企业的生产函数设定为 AK 生产函数[1]:

$$y_i = z_i k_i \tag{3-21}$$

企业生产的规模报酬不变,并且企业之间的生产率存在异质性。企业在信

---

[1]　因为本书仅考察商业银行金融科技通过影响企业信贷获得而对企业退出产生的影响,为简化分析,仅使用单一的资本投入品,如果考虑劳动和资本两种投入品,结论仍然一致。

贷市场上租入生产设备 k_i,付出的租金率为 R。

(二)信贷市场

假设信贷市场是完全竞争的,商业银行只能实现零利润。令存款利率为 r。信贷市场上,企业家将个人财富 a 存入商业银行,然后从商业银行租借生产设备 k。设备租金率 R 满足 $R = r + d$,d 是折旧率。

在信贷市场上,企业家获得贷款之后,如果按时偿还本息,那么可以获得生产利润及其在商业银行的存款,可以表示为"$zk - (r + d)k + (1 + r)a$"。

假如企业家违约,其在商业银行的存款会被没收,并且可以获得产出和设备余值的一部分,可以表示为"$(1 - \varphi)[zk + (1 - d)k]$"。$\varphi$ 指的是契约执行效率,$\varphi \in (0, 1)$,契约执行效率越高,φ 值越大,企业家违约之后能拿到的产出和设备余值的比例越小(马光荣 等,2014)。

企业家根据偿还贷款和违约的收益大小决定是否违约,当偿还贷款的收益大于违约的收益时选择偿还贷款,反之则选择违约。因此,只有当企业家选择偿还贷款时,商业银行才愿意给企业家发放贷款。此时,商业银行与企业家之间的借款合约满足激励相容条件,即:

$$zk - (r + d)k + (1 + r)a \geqslant (1 - \varphi)[zk + (1 - d)k] \quad (3-22)$$

商业银行对企业家发放的贷款存在一个上限 $\bar{k}$,当贷款高于 $\bar{k}$ 时,企业家会违约,商业银行也不愿意发放贷款。当贷款低于 $\bar{k}$ 时,企业家会偿还贷款,商业银行也愿意发放贷款,此时的情况可表示为:

$$\bar{k}(a, z) = \frac{(1 + r)a}{(1 - \varphi)(1 - d) + r + d - \varphi z} \quad (3-23)$$

$\bar{k}(a, z)$ 是 z 的增函数,企业生产率越高,最高贷款数额越高。$\bar{k}(a, z)$ 是 a 的增函数,企业家存在商业银行的存款越多,最高贷款数额越高。

(三)企业家的决策

企业家在给定的租金率 R、利率 r 和小于最高贷款数额 $\bar{k}$ 的约束条件

下,选择投资额 k 以使得企业利润最大化:

$$\begin{cases} \pi(a,z) = \max_{k} zk - (r+d)k \\ s.t. k \leqslant \bar{k} \end{cases} \tag{3-24}$$

式(3-24)的解为角点解。当 $z \geqslant r+d$ 时,企业能获得正的利润,选择进入市场,企业的投资额为最大的贷款数额 $\bar{k}$。当 $z < r+d$ 时,企业如果进入市场则利润为负,因而企业选择退出市场。因此,企业的生产率存在临界值 $\underline{z} = r+d$,生产率高于 $\underline{z}$ 的企业进入市场,生产率低于 $\underline{z}$ 的企业退出市场。假定存在一个生产率的上限 z^m,对任意的 φ, z^m 都满足 $(1-\varphi)(1-d)+r+d-\varphi z > 0$,以保证 $k(a,z)$ 始终为正,因此企业生产率的值域是 $[0, z^m]$。每个企业的贷款数额为:

$$k(a,z) = \begin{cases} \dfrac{(1+r)a}{(1-\varphi)(1-d)+r+d-\varphi z}, z \geqslant \underline{z} \\ 0, z < \underline{z} \end{cases} \tag{3-25}$$

(四)决定企业贷款获取的其他因素

由于信贷市场存在信息不对称,只有企业的生产率能够被商业银行识别,才有可能获得贷款,如果企业的生产率不能被商业银行识别,则无法获得贷款。信贷市场存在信息不对称是企业难以获得贷款的重要原因(Kaplan et al.,1997)。商业银行金融科技能起到减少信息不对称问题的作用,因而会对企业贷款获取产生影响。

1.商业银行金融科技与企业贷款获取

商业银行金融科技应用程度为 η。令企业获得贷款的概率为 p, $p \in [0,1]$,企业获得贷款的概率越高,p 越大。前文论证了商业银行金融科技能够缓解企业所面临的融资约束,这意味着商业银行金融科技能够提升企业获得贷款的概率。因此,企业获得贷款的概率 p 是商业银行金融科技应用程度 η 的增函数,可以表示为:

$$\partial p/\partial \eta => 0 \ [1] \qquad\qquad (3\text{-}26)$$

2.企业生产率与企业贷款获取

商业银行出于规避风险的考虑,更愿意将资金放贷给违约风险较小的高生产率企业。现有经验研究表明企业杠杆率和生产率之间存在显著的正相关关系(张沁琳、沈洪涛,2020;张羽瑶、张冬洋,2019),意味着高生产率企业比低生产率企业更有可能获得贷款。因此,企业贷款获取概率既与商业银行金融科技应用水平有关,也与企业生产率有关。企业贷款获取概率可以表示为企业生产率和商业银行金融科技应用程度的函数,具体如下:

$$p = p(z, \eta) \qquad\qquad (3\text{-}27)$$

3.商业银行金融科技、企业生产率与企业贷款获取

商业银行金融科技对企业贷款获取的影响在不同生产率的企业中存在异质性。商业银行出于规避风险的考虑,更愿意将资金放贷给违约风险较小的高生产率企业。这会使得在所有生产率被商业银行识别的企业中,高生产率企业比低生产率企业有更高的概率获得贷款。因此,商业银行金融科技通过减少信贷市场的信息不对称,进而提高企业贷款获取的概率,且生产率越高的企业,这种作用越大。换言之,企业生产率正向调节了商业银行金融科技对企业获取贷款的概率的影响。这一调节效应可以表示为:

$$\frac{\partial(\partial p/\partial \eta)}{\partial z} > 0 \qquad\qquad (3\text{-}28)$$

(五)总体均衡

中央银行规定商业银行需要将存款总额的一定比例作为存款准备金缴存在中央银行,剩余的部分用于发放贷款,这一比例为存款准备金率。令 λ

---

[1] 此处,我们只考虑生产率大于 $\overline{Z}$ 的企业,因为生产率小于 $\overline{Z}$ 的企业即使其生产率被识别也无法获得贷款。

为贷款总额占存款总额的比重,令 $1-\bar{\lambda}$ 为存款准备金率。由于商业银行必须将存款总额中 $1-\bar{\lambda}$ 的比例作为存款准备金缴存在中央银行,商业银行的贷款总额占存款总额的最大比例为 $\bar{\lambda}$。贷款总需求为所有生产率高于 z 的企业获取贷款的数额与其获取贷款概率的乘积的积分。贷款总供给为商业银行的存款总额中剔除缴存在中央银行的存款准备金的部分,即商业银行的贷款总供给等于存款总额的 $\bar{\lambda}$。

市场达到均衡指的是市场均衡利率 r 使得信贷市场上所有企业的贷款总需求等于商业银行的贷款总供给,也等于贷款总额,贷款总额占存款总额的比重等于 $\bar{\lambda}$。此时,商业银行不持有可供发放贷款的多余存款,贷款总额没有进一步增加的空间。

信贷市场处于非均衡状态,指的是贷款总需求小于贷款总供给,贷款总额等于贷款总需求。由于金融市场存在信息不对称,商业银行出于规避风险的动机,可能存在贷款能力未充分释放的情况,即贷款总需求小于贷款总供给。当贷款总需求小于贷款总供给时,贷款总额等于贷款总需求,贷款总额占存款总额的比重为 λ,小于 $\bar{\lambda}$,商业银行持有可供发放贷款的多余存款,贷款总额还有进一步增加的空间。

我国的信贷市场处在非均衡状态,原因包括如下两个方面:一是我国还未完成市场利率化,二是我国商业银行的贷款能力未充分释放。首先,我国当前还未完成市场利率化。市场基准利率主要由中央银行决定,而不是由贷款总供给和贷款总需求的相对关系决定。其次,我国商业银行存在贷款能力未充分释放的情况(周耿 等,2021)。表 3-1 为 2010—2019 年中国商业银行存贷款情况。由表 3-1 可知,2010—2019 年我国商业银行的贷款总额占存款总额的比例逐年上升。除了 2015 年之外,存款总额中未放贷比重保持了下降趋势。这表明商业银行的放贷能力未完全释放,并且商业银行的放贷能力正在逐步增强。

表 3-1　2010—2019 中国商业银行存贷款情况

年份	商业银行存款总额/万亿元	商业银行贷款总额/万亿元	贷款总额/存款总额/%	存款准备金率[①]/%	存款总额中未放贷比重/%
2010	733382.03	509225.95	69	17.5	13.5
2011	826702.14	581890.75	70	20	10
2012	942915.61	672871.56	71	19	10
2013	1070588.32	766327.30	72	19	9
2014	1173700.00	867900.00	74	19	7
2015	1397800.00	993500.00	71	16.5	12.5
2016	1555247.07	1120551.79	72	16	12
2017	1692700.00	1256100.00	74	16	10
2018	1825158.24	1417516.44	78	13.5	8.5
2019	1981642.58	1586020.56	80	12	8

资料来源：中国人民银行。

在信贷市场处在非均衡的状态下，商业银行金融科技提升了商业银行识别企业生产率的能力，更多高于生产率门槛 $\underline{z}$ 的企业被识别并获得贷款，贷款总额增加，从而贷款总额占存款总额的比重 λ 提升。

$$\iint_{\underline{z}}^{z_m} p(\eta,z)k(a,z)dF(a,z) = \lambda \iint_0^{z_m} adF(a,z) \qquad (3\text{-}29)$$

将 $r = \underline{z} - d$ 代入上式可得：

$$\iint_{\underline{z}}^{z_m} \frac{[1+\underline{z}-d]a}{(1-\varphi)(1-d)+\underline{z}-\varphi z} p(\eta,z)dF(a,z) = \lambda \iint_0^{z_m} adF(a,z)$$

$$(3\text{-}30)$$

等式（3-30）两边分别对 η 和 λ 求全微分可以得到：

$$\left\{ \iint_{\underline{z}}^{z_m} \frac{[1+\underline{z}-d]a}{(1-\varphi)(1-d)+\underline{z}-\varphi z} \frac{\partial p}{\partial \eta} dF(a,z) \right\} d\eta = \iint_0^{z_m} adF(a,z)d\lambda \text{ [②]}$$

$$(3\text{-}31)$$

---

① 存款准备金率采用大型商业银行存款准备金率和中小商业银行存款准备金率的平均值来计算。

② 将式（3-30）简写成 $A d\eta = D d\lambda$，考虑到 $\partial p/\partial \eta > 0$，容易得 $A > 0$，$D > 0$。

解得：

$$\frac{\partial \lambda}{\partial \eta} = A/D > 0 \tag{3-32}$$

因此，在贷款总需求未超过贷款总供给（即 λ 未达到 $\bar{\lambda}$）之前，信贷市场处在供过于求的非平衡状态，贷款总需求的增加仅仅提升了贷款总额占存款总额的比重，并不会导致市场均衡利率 r 和企业生产率门槛 $\underline{z}$ 的上升。

因此，虽然金融科技赋能商业银行更多地发放贷款，但是贷款增加只是提升了贷款总额占存款总额的比重，而未引起市场均衡利率 r 的上升，相应地，企业生产率门槛 $\underline{z}$ 亦未上升。因此可得：

$$\frac{\partial \underline{z}}{\partial \eta} = 0, \frac{\partial r}{\partial \eta} = 0 \tag{3-33}$$

在利率未完成市场化和我国商业银行存在贷款能力未充分释放的情形下，商业银行金融科技并未提高市场均衡利率 r 和企业生产率门槛 $\underline{z}$。由式（3-33）可得，商业银行金融科技通过缓解信息不对称，能够增加所有生产率大于生产率门槛值 $\underline{z}$ 的企业的信贷获取概率。由式（3-28）可得，生产率越高的企业，商业银行金融科技增加企业信贷获取概率的作用越大。换句话说，商业银行金融科技促使信贷资源更多地配置在高生产率企业。商业银行金融科技使高生产率企业获得信贷支持之后，一方面会促进高生产率企业成长，另一方面会降低高生产率企业退出市场的概率，这两方面的结果都意味着资源流向了高生产率企业，从而资源配置效率得到提升。总之，商业银行金融科技提高了生产率对企业信贷获取概率的影响，资源配置过程会更符合优胜劣汰原则，从而提升资源配置效率，可以表示为：

$$\frac{\partial D(\ln\text{TFPR}_{si})}{\partial \eta} < 0 \tag{3-34}$$

其中，$D(\ln\text{TFPR}_{si})$ 为行业内企业全要素生产率的离散程度，可以用于反映资源配置效率。

四、技术创新和资源配置效率影响城市全要素生产率的数理分析

本书基于 Hsieh 和 Klenow（2009）的模型分析技术创新和资源配置效率对全要素生产率的影响。

（一）最终产品市场的产出

假定经济体中共有 S 个行业，每个行业的产出占经济体总产出的比重为 θ_s，因此 $\sum_s \theta_s = 1$ 成立，最终产品的生产函数可以表示为：

$$Y = \prod_{s=1}^{s} Y_s^{\theta_s} \tag{3-35}$$

其中，Y 和 Y_s 分别表示最终产品的产出和行业 s 的产出。

由式（3-35）可知，行业 s 的产出相对于最终产品产出而言，类似于一种投入要素。因此，最佳行业 s 的产出指的是在既定最终产品产出的情况下，成本最小化所对应的行业 s 的产出，即最佳行业 s 产出满足如下目标条件：

$$\min \sum_s^S P_s Y_s, \text{ s.t. } Y = \prod_{s=1}^{s} Y_s^{\theta_s} \tag{3-36}$$

对式（3-36）求一阶导数，可得最佳的行业产出为：$P_s Y_s = \theta_s PY$，其中 P 和 P_s 分别表示最终产品的价格和行业 s 的产品价格，把最终产品的价格标准化为 1。

（二）行业 s 的产出

假设行业 s 内有 M_s 个企业，行业 s 产出的生产函数可以表示为 CES 生产函数：

$$Y_s = \left(\sum_{i=1}^{M_s} Y_{si}^{\frac{\sigma-1}{\sigma}} \right)^{\frac{\sigma}{\sigma-1}} \tag{3-37}$$

其中 Y_{si} 为行业 s 内企业 i（以下简称企业 si）的产出，σ 为行业内不同企业所生产的产品之间的替代弹性。

由式（3-37）可知，企业 si 的产出相对于行业 s 的产出而言，类似于一种

投入要素。因此,企业 si 的最佳产出指的就是在既定行业 s 产出的情况下,成本最小化所对应的企业 si 的产出,即企业 si 的最佳产出满足如下目标条件:

$$\min \sum_{i=1}^{M_s} P_{si} Y_{si} \text{ , s.t.} Y_s = \left(\sum_{i=1}^{M_s} Y_{si}^{\frac{\sigma-1}{\sigma}} \right) \tag{3-38}$$

对式(3-38)求一阶导数,可得企业 si 的最佳产出为 $Y_{si} = P_s^{\sigma} P_{si}^{-\sigma} Y_s$。

(三)微观企业的产出

假定企业生产产品需要投入劳动和资本,分别用 K_{si} 和 L_{si} 表示,将生产函数设定为柯布道格拉斯函数:$Y_{si} = A_{si} K_{si}^{\alpha_s} L_{si}^{1-\alpha_s}$。其中,$A_{si}$ 为产品全要素生产率。企业面临着两种价格扭曲,这两种扭曲在模型中都以税收的方式定义。第一种扭曲是企业在投入资本时面临的资本成本扭曲,用 $\tau_{K_{si}}$ 表示,该扭曲增加了企业的资本成本。第二种扭曲是企业在销售产品时面临的产品价格扭曲,用 $\tau_{Y_{si}}$ 表示,该扭曲降低了产品的销售价格。在企业面临这两种价格扭曲的情况下,企业利润最大化问题可表示为:

$$\max_{K_{si}, L_{si}, Y_{si}} \pi_{si} = (1 - \tau_{Y_{si}}) P_{si} Y_{si} - \omega L_{si} - (1 + \tau_{K_{si}}) R K_{si} \tag{3-39}$$

$$\text{s.t. } Y_{si} = A_{si} K_{si}^{\alpha_s} L_{si}^{1-\alpha_s}, P_{si} = P_s Y_s^{1/\sigma} Y_{si}^{-1/\sigma}$$

其中,R 为资本成本,用平均市场利率表示;ω 为劳动成本,用平均工资表示。

对式(3-39)求一阶偏导,可得:

资本投入与劳动投入的比例为:

$$\frac{K_{si}}{L_{si}} = \frac{\omega}{R} \cdot \frac{a_s}{1 - \alpha_s} \cdot \frac{1}{1 + \tau_{K_{si}}} \tag{3-40}$$

资本边际产品收益为:

$$\text{MMPK}_{si} = \frac{\partial P_{si} Y_{si}}{\partial K_{si}} = \frac{\partial \overline{C_s} Y_{si}^{1-\frac{1}{\sigma}}}{\partial K_{si}} = \left(1 - \frac{1}{\sigma}\right) \alpha_s \frac{P_{si} Y_{si}}{K_{si}}$$

$$= \frac{R(1 + \tau_{K_{si}})}{1 - \tau_{Y_{si}}} \tag{3-41}$$

劳动边际产品收益为：

$$\mathrm{MRPL}_{si} = \frac{\partial P_{si} Y_{si}}{\partial L_{si}} = \frac{\partial \overline{C_s} Y_{si}^{1-\frac{1}{\sigma}}}{\partial L_{si}} = \left(1 - \frac{1}{\sigma}\right)(1 - \alpha_s)\frac{P_{si} Y_{si}}{L_{si}}$$

$$= \frac{\omega}{1 - \tau_{Y_{si}}} \tag{3-42}$$

从式(3-41)和式(3-42)可以发现，由于每一家企业面临着不同的资本成本扭曲和产品价格扭曲，每一家企业的资本边际收益和劳动边际收益存在差异，资本和劳动在企业之间的配置偏离了帕累托最优状态，产生了资源错配。企业产品的定价可以表示为：$P_{si} = \dfrac{\sigma}{\sigma-1}\dfrac{(1+\tau_{K_{si}})^{\alpha_s}}{A_{si}(1-\tau_{Y_{si}})}\left[\dfrac{R}{\alpha_s}\right]^{\alpha_s}\left[\dfrac{\omega}{1-\alpha_s}\right]^{1-\alpha_s}$。产品全要素生产率可以表示为：$\mathrm{TFPQ}_{si} = \dfrac{Y_{si}}{K_{si}^{\alpha_s} L_{si}^{1-\alpha_s}} = A_{si}$。

（四）资源配置效率与总体的全要素生产率

行业 s 的劳动和资本投入分别用 L_s 和 K_s 表示。行业 s 的劳动投入为行业内所有企业劳动投入的加总，因此满足 $L_s = \sum_{i=1}^{M_s} L_{si}$。行业 s 的资本投入为行业内所有企业资本投入的加总，因此满足 $K_s = \sum_{i=1}^{M_s} K_{si}$。行业 s 的总产出可以表示为：$Y_s = \mathrm{TFP}_s K_s^{\alpha_s} L_s^{1-\alpha_s}$。经济总体的全要素生产率可以表示为：$Y = \prod_{s=1}^{S} (\mathrm{TFP}_s K_s^{\alpha_s} L_s^{1-\alpha_s})^{\theta_s}$。

行业 s 的产品全要素生产率用 TFP_s 表示，其表达式为：

$$\mathrm{TFP}_s = \frac{Y_s}{K_s^{\alpha_s} L_s^{1-\alpha_s}}$$

$$= \frac{\left\{\sum_{i=1}^{M_s}\left[\dfrac{A_{si}(1-\tau_{Y_{si}})}{(1+\tau_{K_{si}})^{\alpha_s}}\right]^{\delta-1}\right\}^{\frac{\delta}{\delta-1}}}{\left[\sum_{i=1}^{M_s}\dfrac{A_{si}^{\delta-1}(1-\tau_{Y_{si}})^{\delta}}{(1+\tau_{K_{si}})^{\alpha_s(\delta-1)+1}}\right]^{\alpha_s}\left[\sum_{i=1}^{M_s}\dfrac{A_{si}^{\delta-1}(1-\tau_{Y_{si}})^{\delta}}{(1+\tau_{K_{si}})^{\alpha_s(\delta-1)}}\right]^{1-\alpha_s}} \tag{3-43}$$

式(3-43)可进一步简化为：

$$\text{TFP}_s = \left[\sum_{i=1}^{M_s} \left(A_{si} \frac{\overline{\text{TFPR}_s}}{\text{TFPR}_{si}} \right)^{1-\sigma} \right]^{\frac{1}{1-\sigma}} \tag{3-44}$$

行业 s 的平均收益全要素生产率可以表示为：

$$\overline{\text{TFPR}_s} = \frac{\delta}{\delta-1} \left[\frac{1-\alpha_s}{\omega} \sum_{i=1}^{M_s} (1-\tau_{Y_{si}}) \frac{P_{si}Y_{si}}{P_s Y_s} \right]^{\alpha_s - 1}$$

$$\left[\frac{\alpha_s}{R} \sum_{i=1}^{M_s} \frac{(1-\tau_{Y_{si}})P_{si}Y_{si}}{(1+\tau_{K_{si}})P_s Y_s} \right]^{-\alpha_s}$$

$$= \frac{\delta}{\delta-1} \left(\frac{\overline{\text{MRPK}_s}}{\alpha_s} \right)^{\alpha_s} \left(\frac{\overline{\text{MRPL}_s}}{1-\alpha_s} \right)^{1-\alpha_s} \tag{3-45}$$

如果行业 s 内所有的企业都不面临资本成本扭曲和产品价格扭曲，那么所有企业的资本边际产品收益都是相等的，都等于行业 s 的资本边际产品收益，即：$\overline{\text{MRPK}_s} = \text{MRPK}_{si}$。同理可得，行业 s 内所有企业的劳动边际产品收益等于行业 s 的资本边际产品收益，即 $\overline{\text{MRPL}_s} = \text{MRPL}_{si}$。行业 s 内所有企业的收益全要素生产率等于行业 s 的收益全要素生产率，即 $\overline{\text{TFPR}_s} = \text{TFPR}_{si}$。此时 TFP_s 可以表示为：

$$\text{TFP}_s^e = \left[\sum_{i=1}^{M_s} (A_{si})^{1-\sigma} \right]^{\frac{1}{1-\sigma}} \tag{3-46}$$

而当行业内企业面临资本成本扭曲和产品价格扭曲时，不同企业的全要素生产率不同，由此产生资源错配，降低了行业 s 的全要素生产率。

假定 A 和 TFPR 服从联合对数正态分布，$D(x)$ 表示 x 的方差，式 (3-44) 中的行业 s 内的 TFP_s 可以表示为：

$$\ln\text{TFP}_s = \ln\text{TFP}_s^e - \frac{\delta}{2}D(\ln\text{TFPR}_{si}) - \frac{\alpha_s(1-\alpha_s)}{2}D[\ln(1+\tau_{K_{si}})] \tag{3-47}$$

具体的测算过程见附录 A。可见，资源配置处在帕累托最优状态时的行业全要素生产率 $\ln\text{TFP}_s^e$ 和行业内企业全要素生产率的离散程度 $\ln\text{TFPR}_{si}$ 是影响行业全要素生产率的主要因素。

（五）技术创新与总体的全要素生产率

依据式(3-47)可知,当资源配置达到帕累托最优状态时的行业全要素生产率 TFP_s^e 是决定行业全要素生产率离散程度 $\ln\mathrm{TFP}_s$ 的重要因素。由式(3-46)可知, TFP_s^e 取决于行业内所有企业的技术水平 A_{si} 。内生增长理论阐明了技术进步来源于创新部门的技术创新活动。行业内单个企业的创新活动,有助于提高自身的技术水平,技术本身存在的扩散效应也会使得行业内其他企业的技术水平提高。因此,从行业层面来看,整个行业的技术创新决定了行业内所有企业的技术水平 A_{si} 。因此,行业技术创新通过影响行业内所有企业的技术水平,进而影响行业全要素生产率。这一过程可以表示为:

$$\frac{\partial\ln\mathrm{TFP}_s}{\partial I_s}=\sum_{i=1}^{i=m}\frac{\partial\mathrm{TFP}_s}{\partial\ln\mathrm{TFP}_s^e}\cdot\frac{\partial\ln\mathrm{TFP}_s^e}{\partial A_{si}}\cdot\frac{\partial A_{si}}{\partial I_s}>0 \tag{3-48}$$

（六）资源错配效率与总体的全要素生产率

当资源错配问题趋于严重时,行业内企业全要素生产率的分布更加离散,即 $D(\ln\mathrm{TFPR}_{si})$ 变大,导致行业 s 的全要素生产率 $\ln\mathrm{TFP}_s$ 下降。资源错配造成的全要素生产率损失的计算过程如下。

当行业 s 内所有企业都不面临资本成本扭曲和产品价格扭曲时,所有企业的全要素生产率都相同,都等于行业平均全要素生产率。此时,行业 s 的产出为帕累托最优产出,可以表示为 $Y_s^e=\overline{A_s}K_s^{\alpha_s}L_s^{1-\alpha_s}$ 。行业 s 的全要素生产率也达到了最优,可以表示为:

$$\overline{A_s}=\mathrm{TFP}_s=\left[\sum_{i=1}^{m_s}(A_{si})^{\sigma-1}\right]^{\frac{1}{\sigma-1}} \tag{3-49}$$

资源错配造成的全要素生产率损失可以表示为:

$$Y_{\mathrm{gap}}=Y/Y^e=\prod_{s=1}^{s}\left[\sum_{i=1}^{M_s}\left(\frac{A_{si}}{A_s}\frac{\overline{\mathrm{TFPR}_s}}{\mathrm{TFPR}_{si}}\right)^{1-\sigma}\right]^{\frac{\theta_s}{1-\sigma}} \tag{3-50}$$

其中, $A_{si}=\dfrac{Y_{si}}{K_{si}^{\alpha_s}L_{si}^{1-\alpha_s}}=\dfrac{(P_sY_s)^{\frac{-1}{\sigma-1}}}{P_s}\times\dfrac{(P_{si}Y_{si})^{\frac{\sigma}{\sigma-1}}}{K_{si}^{\alpha_s}L_{si}^{1-\alpha_s}}=k_s\dfrac{(P_{si}Y_{si})^{\frac{\sigma}{\sigma-1}}}{K_{si}^{\alpha_s}L_{si}^{1-\alpha_s}}$ 。 $k_s=$

$\dfrac{(P_sY_s)^{\frac{-1}{\sigma-1}}}{P_s}$ 是一个标量,与资源错配无关,所以此处假定 $k_s=1$。式(3-50)中,

$0<Y_{\mathrm{gap}}<1$,Y_{gap} 越小,则资源错配导致的全要素生产率损失越大。

五、商业银行金融科技影响城市全要素生产率的数理分析

综合上述分析,可以得出以下结论:商业银行金融科技通过影响行业内企业全要素生产率和行业资源配置效率,对行业全要素生产率产生影响。具体地,可以表示为:

$$\frac{\partial \ln \mathrm{TFP}_s}{\partial \eta}=\sum_{i=1}^{i=M,}\frac{\partial \ln \mathrm{TFP}_s}{\partial A_{si}}\cdot\frac{\partial A_{si}}{\partial I_s}\cdot\frac{\partial I_s}{\partial \eta}+$$
$$\frac{\partial \ln \mathrm{TFP}_s}{\partial D(\ln \mathrm{TFPR}_{si})}\cdot\frac{\partial D(\ln \mathrm{TFPR}_{si})}{\partial \eta} \tag{3-51}$$

由式(3-19)可知 $\dfrac{\partial A_{si}}{\partial \eta}>0$;由式(3-34)可知 $\dfrac{\partial D(\ln \mathrm{TFPR}_{si})}{\partial \eta}<0$;由式

(3-47)可知 $\dfrac{\partial \ln \mathrm{TFP}_s}{\partial \ln \mathrm{TFP}_s^e}>0$,$\dfrac{\partial \ln \mathrm{TFP}_s}{\partial D(\ln \mathrm{TFPR}_{si})}<0$;由式(3-20)可知 $\dfrac{\partial I_s}{\partial \eta}>0$;由式

(3-48)可知 $\sum\limits_{i=1}^{i=M,}\dfrac{\partial \ln \mathrm{TFP}_s}{\partial I_s}>0$。综合上述结果,可得 $\dfrac{\partial \ln \mathrm{TFP}_s}{\partial \eta}>0$。

式(3-51)表明商业银行金融科技提高了行业内企业的全要素生产率和行业资源配置效率,最终提高了行业全要素生产率。某城市商业银行金融科技提高了该城市所有行业内企业的全要素生产率,意味着提高了该城市所有企业的全要素生产率。某城市商业银行金融科技提高了该城市所有行业的资源配置效率,意味着提高了城市资源配置效率。其中,城市资源配置效率被定义为城市内所有行业资源配置效率的加权平均值,以行业增加值的占比为权重。因此,从城市层面来说,商业银行金融科技通过促进城市内所有企业的全要素生产率和城市资源配置效率,最终提高了城市全要素生产率。

基于第三章第四节中"一、"的分析,提出如下假设:

假设 3-1:商业银行金融科技促进企业技术创新,进而提高企业全要素生产率。

假设 3-2:商业银行金融科技提高企业资本配置效率,进而提高企业全要素生产率。

基于第三章第四节中"三、"的分析,提出如下假设:

假设 3-3:商业银行金融科技使高生产率企业获得的信贷支持增加,促进高生产率企业成长,进而提高资源配置效率。

假设 3-4:商业银行金融科技使高生产率企业获得的信贷支持增加,减少高生产率企业退出市场的概率,进而提高资源配置效率。

基于第三章第四节中"四、"及第三章第四节中"五、"的分析,提出如下假设:

假设 3-5:商业银行金融科技发展有助于提高城市全要素生产率。

假设 3-6:商业银行金融科技发展通过促进技术创新进而提高城市全要素生产率。

假设 3-7:商业银行金融科技发展通过提高资源配置效率,进而提高城市全要素生产率。

第五节　本章小结

本章界定了核心概念的内涵并介绍了相关基础理论,梳理了商业银行影响城市全要素生产率的理论机理,在此基础上分析了商业银行金融科技影响城市全要素生产率的基本逻辑。然后,基于上述理论分析拓展了 Hsieh et al.(2009)关于资源配置效率与宏观全要素生产率的数理模型,将商业银行金融科技、技术创新、资源配置效率和城市全要素生产率纳入统一的逻辑框架,构建了商业银行金融科技影响城市全要素生产率的理论模型。通过理论分析可知,商业银行金融科技通过两条路径提升城市全要素生产率。第一,商业银行金融科技通过促进企业技术创新,自然作用于城市全要素生产率。商业银行应用金融科技提高放贷技术,缓解企业面临的融资约束,加强对企业的债务治理,进而促进企业技术创新。第二,商业银行金融科技通过提高资源配置效率,推动城市全要素生产率提升。商业银行应用金融科技提高辨别企业生产率高低的能力,增加对高生产率企业贷款的投放,减少高生产率企业退出市场的概率,促进高生产率企业的成长,进而提高资源配置效率。

第四章 商业银行金融科技和城市全要素生产率的测算及特征事实

本章首先分析商业银行金融科技的发展历程和发展现状，论述商业银行如何应用金融科技改造传统放贷业务。其次，在已有的商业银行金融科技和城市全要素生产率的测算方法中选取适合的测度方法对这两个变量进行测度，并进行大致的特征分析。

第一节　商业银行金融科技的现状、测算及特征分析

一、商业银行金融科技的发展历程和现状

（一）商业银行金融科技的发展历程

本书将商业银行金融科技的发展归纳为三个阶段。

第一个阶段是"商业银行金融科技1.0"时代。这个阶段是商业银行将传统金融业务电子化的过程。信息技术的发展和计算机的普及推动了商业银行的电子化发展。商业银行在日常的业务中积累了大量的数据，例如客户信息和交易金额等，在依赖人工记录的情况下容易产生错误并且效率低下，采用计算机处理上述日常业务大大提高了商业银行的业务效率和准确率。总的来说，这个阶段商业银行应用信息技术提高了业务效率，但是未产生新的金融模式。

第二个阶段是"商业银行金融科技2.0"时代。这个阶段产生于移动互联网和移动终端普及的背景下。金融业务突破了空间和时间的限制，商业银行开始在互联网上开展业务，如开通网上银行和手机银行业务。商业银行通过互联网和移动终端搭建在线业务平台，在金融服务方面实现了线上的撮合、匹配、交易和支付。

第三个阶段是"商业银行金融科技 3.0"时代,这个阶段是商业银行应用云计算、大数据、区块链、人工智能和物联网等关键技术进行信息搜集、信用评估和风险控制等,如区块链金融和智能顾投。"商业银行金融科技 3.0"阶段不仅是"在互联网上做金融",更是将信息技术应用到信息搜集、信用评估和风险控制等业务环节,从而更精准地获取客户和控制风险(Schindler et al.,2017)。

(二)商业银行金融科技的发展现状

商业银行金融科技主要是商业银行对大数据、云计算、区块链、人工智能和物联网这五种技术的应用,接下来分别分析商业银行应用这五种技术的现状。考虑到本书的研究内容是商业银行金融科技改变贷款技术对城市全要素生产率的影响。因此,此部分重点分析商业银行如何将这五种技术应用于贷款业务中以改变贷款技术。

1.大数据技术在商业银行放贷业务中的应用现状

大数据技术在商业银行的放贷业务中主要被用于企业信用风险评估,这使得商业银行能够更准确地预测企业违约概率。商业银行在给企业发放贷款的时候,需要评估企业的信用风险。在传统的放贷业务中,商业银行主要依赖抵押物来做出放贷决策。对于缺乏抵押物的企业,由于银企之间存在信息不对称,商业银行往往无法准确评估企业信用风险,这既限制了放贷业务的扩张又形成了信用风险。大数据技术赋能商业银行收集更多与企业经营相关的信息,并且结合智能风险控制模型,能够更加准确地评估企业的信用风险。

2.人工智能技术在商业银行放贷业务中的应用现状

人工智能技术的应用主要是指利用人工智能的机器学习特征可以强化大数据技术在放贷业务信用风险评估上的表现。机器学习是指通过大数据的导入与学习,驱使计算机模拟人类获取新知识,并且利用已有知识实现对未来趋势的判断。商业银行可以利用人工智能深度学习的特点,导入海量商业银行信贷数据,进行不断学习和训练。基于深度学习的风险评估模型可以实现自我优化和发展,从而提高信用风险评估的准确性。商业银行通过将人工智能应用到风险管理中,可以持续优化大数据风控效果,提升信用风险评估能力。

3.区块链技术在商业银行放贷业务中的应用现状

在商业银行的放贷业务中,区块链技术主要解决了银企信息不对称的问题,改造了传统供应链金融的放贷模式。供应链金融是指商业银行围绕供应链的核心企业,为其上下游企业提供信贷和结算等金融服务。传统供应链金融的业务流程比较复杂,供应链上需要收集的数据比较分散,供应链各个环节上涉及的利益主体较多,供应链上企业之间供应信息的真实性无法保证,商业银行与企业之间存在信息不对称。将区块链技术应用到供应链金融中,可以使得企业所有的信息保存在区块链数据库中,以这种方式保存的数据难以被更改,从而保证了数据的真实性和可靠性。因此,商业银行应用区块链技术可以实时地监控供应链参与企业的经营状况,避免企业上报虚假的经营信息,降低了供应链金融的放贷风险。

4.云计算技术在商业银行放贷业务中的应用现状

在商业银行的放贷业务中,云计算技术主要是赋能商业银行以低成本实现数据处理能力的提升。首先,云计算技术可以提升商业银行的数据处理能力。随着大数据技术的应用,商业银行可分析的数据正在呈指数式增长,商业银行对信息系统的追加投资将很难跟上可分析数据的增长速度。在这种情况下,商业银行可以选择从云计算服务商处租借信息处理设施。其次,云计算技术可以降低商业银行投资金融科技的成本。商业银行构建信息处理设施需要耗费大量的资金和人力,这对于中小商业银行而言难以发挥规模效应,因此中小商业银行自建信息处理设施的积极性较低。云计算使得中小商业银行不必自建信息处理设施,而是从云计算服务商处租借,这大大地减少了中小商业银行应用金融科技的成本。

5.物联网技术在商业银行放贷业务中的应用现状

在商业银行放贷业务中,物联网技术主要被应用在提高商业银行的全过程风险管理能力和降低动产抵押风险上。第一,物联网技术提高了商业银行的全过程风险管理能力。物联网技术可以赋能商业银行实时动态地掌握贷款企业的采购渠道、生产过程、成品积压、销售情况和用户使用情况等,帮助商业银行在贷前调查中更加准确地对企业进行信用分析,在贷后管理中更加及时准确地掌握企业的经营动态以及时调整贷款进度和额度。第二,物联网技术降低了商业银行的动产抵押风险。传统的动产抵押贷款业务依赖的是传统的物流信息化管理。这种管理方式是一种静态的管理方式,无法实时反映动产的变化情况,因而存在较大的风险。物联网技术使得商业银行可以实时动态地监控企业的动产变化情况,通过全过程的监控解决企业重复抵押问题,降低了动产抵押风险。

二、城市层面商业银行金融科技应用水平的测算及特征分析

(一)城市层面商业银行金融科技应用水平的测算方法

本书探讨的是商业银行金融科技对城市全要素生产率的影响,需要在城市层面进行实证检验,因此需要测度城市层面的商业银行金融科技指数。该指数反映的是某城市内所有商业银行对大数据、人工智能、云计算、区块链和物联网五项技术的应用水平,能够较为准确地衡量该城市内商业银行对金融科技的应用水平。该指数的测算参照李春涛等(2020)的做法,具体的测算步骤如下:(1)选择商业银行应用最广泛的五项技术作为关键词,分别为大数据、人工智能、云计算、区块链和物联网;(2)将城市名称、各技术关

键词与商业银行搭配(如"上海"+"大数据"+"银行"①)进行搜索,利用Python网络爬虫技术获取各城市在2010—2019年各年度各个关键词的新闻搜索结果②,并将同一城市的所有关键词搜索结果数量加总,得到总搜索量;(3)对这一指标取对数,以此作为衡量城市层面商业银行金融科技应用水平的指标。

(二)城市层面商业银行金融科技应用水平的测算结果

本书测算了246个城市2010—2019年城市层面商业银行金融科技应用水平③,根据2010—2019年城市层面商业银行金融科技应用水平的均值,按照由大到小的顺序排列。结果发现,各个城市在不同年份的商业银行金融科技应用水平差异较大。

(三)城市层面商业银行金融科技应用水平的特征分析

1.城市层面商业银行金融科技发展趋势分析

表4-1为2010—2019年城市层面商业银行金融科技指数。图4-1为2010—2019年城市层面商业银行金融科技发展趋势。可以看出,2010—2019年商业银行金融科技保持了快速的发展趋势,并且2014—2019年发展速度有所上升。2013年是以蚂蚁科技集团股份有限公司为代表的金融科技公司涉足金融领域的第一年,给商业银行带来了竞争压力,刺激了商业银行对金融科技的应用,使得这一年之后商业银行以更快的速度推进了对金融科技的应用。同时也说明,商业银行认可金融科技对商业银行的正面作用,从而重视并提高对金融科技的应用程度。

---

① 关键词选用"银行"而不是"商业银行"的原因是商业银行在网上发布的名称往往是简称,例如兴业银行、中信银行,并且中国的银行主要指的是商业银行,而非投资银行。因此,关键词选用"银行"是合理的。

② 本书检索的是新闻网站中的搜索结果,不包括商业银行官方网站中的搜索结果,避免了不同的商业银行对自身金融科技应用程度的宣传力度不同导致的指标测度偏误。

③ 限于篇幅,结果备索。

表 4-1　2010—2019 年城市层面商业银行金融科技指数

年份	城市层面商业银行金融科技指数
2010	0.35
2011	0.40
2012	0.47
2013	0.53
2014	0.59
2015	0.70
2016	0.86
2017	0.94
2018	1.05
2019	1.11

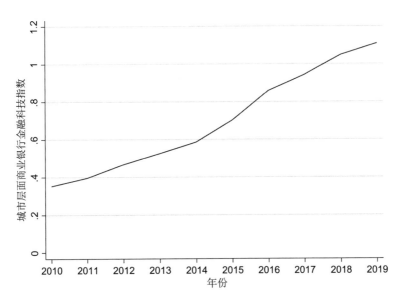

图 4-1　2010—2019 年城市层面商业银行金融科技发展趋势图

资料来源:作者采用 stata 软件基于实证部分相关数据绘制。

2.城市层面商业银行金融科技细分技术发展特征分析

表 4-2 为 2010—2019 年城市层面商业银行金融科技细分技术应用指数。[①] 图 4-2 为 2010—2019 年城市层面商业银行金融科技细分技术发展趋势。商业银行金融科技细分技术包括大数据、云计算、人工智能、区块链和物联网。整体来看,2010—2019 年商业银行对五项技术的应用程度不断提高,尤其是从 2013 年开始,商业银行对五项技术的应用程度均出现大幅度提升。从细分技术来看,在五种主要的金融科技细分技术中,商业银行对大数据、物联网和云计算的应用水平较高,对人工智能和区块链的应用水平相对较低。不过,2016—2019 年,商业银行加快了对人工智能和区块链技术的应用,使得五种技术在商业银行中的应用程度出现趋同。截至 2019 年年末,五项技术中商业银行对区块链技术的应用水平略低于其他四项。

表 4-2　2010—2019 年城市层面商业银行金融科技细分技术应用指数

年份	大数据 应用指数	物联网 应用指数	区块链 应用指数	云计算 应用指数	人工智能 应用指数
2010	1.48	1.93	1.26	1.64	1.33
2011	1.73	2.09	1.47	1.91	1.72
2012	2.02	2.54	1.58	2.27	1.68
2013	2.27	2.95	1.71	2.61	1.77
2014	3.03	3.09	1.81	3.21	2.01
2015	3.80	3.81	2.35	3.49	2.50
2016	4.67	4.75	2.41	4.41	2.86
2017	5.37	5.51	2.72	5.22	4.40
2018	6.79	6.57	4.05	5.41	5.64
2019	7.18	6.86	4.66	6.47	6.81

[①] 商业银行金融科技细分技术应用指数的测度方法如下:将城市名称、细分技术与商业银行搭配(如"上海"+"大数据"+"银行")进行搜索,利用 Python 网络爬虫技术获取各城市在 2010—2019 年各年度细分技术关键词的新闻搜索结果,对这一结果取对数,作为该城市该年度的商业银行金融科技细分技术应用指数。

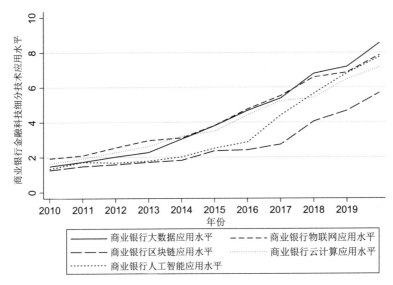

图 4-2 2010—2019 年城市层面商业银行金融科技细分技术发展趋势

资料来源:作者采用 stata 软件基于实证部分相关数据绘制。

3.分区域城市层面商业银行金融科技发展特征分析

表 4-3 为 2010—2019 年分区域城市层面商业银行金融科技指数。图 4-3为 2010—2019 年分区域城市层面商业银行金融科技发展趋势。整体来看,各个区域的商业银行金融科技应用水平都在持续地提升。分区域来看,商业银行金融科技的发展在地理上不平衡。具体地,商业银行金融科技发展程度在东部地区的城市中最高,在西部地区的城市中次之,在中部地区的城市中最低。2015—2019 年。中部地区和西部地区的城市商业银行金融科技发展速度加快,逐步趋近于东部城市,商业银行金融科技发展的区域分布呈现出收敛特征,区域发展不平衡问题正在逐渐缩小。

表 4-3 2010—2019 年分区域城市层面商业银行金融科技指数

年份	东部城市商业银行 金融科技指数	中部城市商业银行 金融科技指数	西部城市商业银行 金融科技指数
2010	0.42	0.31	0.32
2011	0.47	0.34	0.35
2012	0.59	0.38	0.41

续表

年份	东部城市商业银行金融科技指数	中部城市商业银行金融科技指数	西部城市商业银行金融科技指数
2013	0.63	0.43	0.51
2014	0.68	0.52	0.55
2015	0.82	0.60	0.67
2016	0.94	0.82	0.77
2017	1.01	0.89	0.92
2018	1.05	1.01	1.12
2019	1.16	1.06	1.09

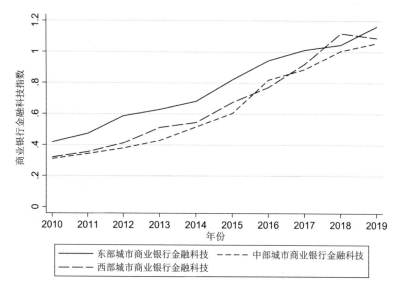

图 4-3　2010—2019 年分区域城市层面商业银行金融科技发展趋势图

资料来源:作者采用 stata 软件基于实证部分相关数据绘制。

4.分行政级别城市层面商业银行金融科技发展特征分析

表 4-4 为 2010—2019 年分行政级别城市层面商业银行金融科技指数。图 4-4 为 2010—2019 年分行政级别城市层面商业银行金融科技发展趋势。整体来看,省会城市和非省会城市的商业银行金融科技应用水平都在不断地提升。分城市行政级别来看,省会城市的商业银行金融科技发展水平远高于非省会城市。省会城市的商业银行金融科技在 2010—2014 年经历了

快速的发展,2014—2019 年发展速度减缓。非省会城市的商业银行金融科技在 2010—2016 年处在缓慢发展阶段,2016—2019 年开启了快速发展阶段。省会城市和非省会城市的商业银行金融科技发展水平呈现出收敛态势,即非省会城市的商业银行金融科技水平在逐步追上省会城市。

表 4-4　2010—2019 年分行政级别城市层面商业银行金融科技指数

年份	省会城市商业银行金融科技指数	非省会城市商业银行金融科技指数
2010	0.41	0.50
2011	0.45	1.12
2012	0.41	1.12
2013	0.40	1.12
2014	0.43	1.34
2015	0.48	1.32
2016	0.52	1.44
2017	0.99	1.45
2018	1.06	1.53
2019	1.12	1.55

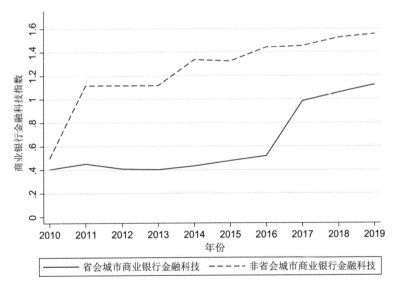

图 4-4　2010—2019 年分行政级别城市层面商业银行金融科技发展趋势图

资料来源:作者采用 stata 软件基于实证部分相关数据绘制。

5.分规模城市商业银行金融科技分析

接下来,分规模对城市金融科技发展状况进行分析。表4-5为2010—2019年不同规模城市商业银行金融科技指数。图4-5为2010—2019年不同规模城市商业银行金融科技发展趋势图。参照李健和辛冲冲(2020)的做法将城市依据规模分为三等:将人口大于1000万的城市视为大规模城市,将人口大于等于500万小于等于1000万的城市视为中等规模城市,将人口小于500万的城市视为小规模城市。从横向上来看,大规模城市的商业银行金融科技发展水平略高于中等规模城市,中等规模城市的商业银行金融科技发展水平略高于小规模城市。从纵向上来看,小规模城市和中等规模城市的商业银行金融科技在2010—2019年经历了平稳的发展,大规模城市的商业银行金融科技发展速度在2010—2019年存在小幅度的波动。不同城市规模的商业银行金融科技发展状况未呈现出明显的收敛或者分散趋势。

表4-5 2010—2019年不同规模城市商业银行金融科技指数

年份	大规模城市商业银行金融科技指数	中等规模城市商业银行金融科技指数	小规模城市商业银行金融科技指数
2010	0.37	0.37	0.34
2011	0.52	0.45	0.36
2012	0.50	0.52	0.43
2013	0.74	0.59	0.48
2014	0.79	0.63	0.55
2015	0.75	0.74	0.68
2016	1.13	0.95	0.78
2017	1.12	0.99	0.91
2018	1.17	1.07	1.02
2019	1.19	1.17	1.06

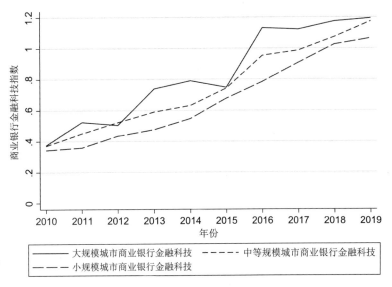

图 4-5 2010—2019 年不同规模城市商业银行金融科技发展趋势图

资料来源:作者采用 stata 软件基于实证部分相关数据绘制。

三、银行层面商业银行金融科技应用水平的测算及特征分析

(一)银行层面商业银行金融科技应用水平的测算方法

本书基于企业层面的数据,检验商业银行金融科技影响城市全要素生产率的机制,即检验商业银行金融科技对企业全要素生产率的影响。这就需要在企业层面进行实证检验,因此需要测算企业层面的商业银行金融科技指数,本书借鉴张金清等(2022)的做法采用企业贷款商业银行[①]的金融科技指数来衡量。企业贷款商业银行的金融科技指数是企业各个贷款商业银行金融科技指标的加权平均值,这就意味着需要测算单个商业银行的金融科技应用水平。因此,接下来测算银行层面的商业银行金融科技指数。该指数的测算参考金洪飞等(2020)的做法,具体的测算步骤如下:(1)选择商

---

① 企业贷款商业银行指的是为企业提供贷款的商业银行。

业银行应用最广泛的五项技术作为关键词,分别为大数据、人工智能、云计算、区块链和物联网;(2)将商业银行名称与各技术关键词搭配(如"兴业银行"+"大数据")进行搜索,利用 Python 网络爬虫技术获取各商业银行在2010—2019 年各年度各个关键词的新闻搜索结果,并将同一商业银行的所有关键词搜索结果数量加总,得到所有关键词的总搜索量;(3)对这一指标取对数,以此作为衡量商业银行金融科技的指标。

(二)银行层面商业银行金融科技应用水平的测算结果

由于商业银行影响城市全要素生产率的机制检验是基于上市公司的,因此本书测算了给上市公司提供贷款的 677 家商业银行的金融科技应用水平[①]。

(三)银行层面商业银行金融科技应用水平的特征分析

1.银行层面商业银行金融科技发展趋势分析

表 4-6 为 2010—2019 年银行层面商业银行金融科技指数。图 4-6 为2010—2019 年银行层面商业银行金融科技发展趋势。可以看出,2010—2019 年商业银行金融科技发展保持了上升趋势,其中 2010—2013 年发展速度较慢,2014—2019 年发展速度明显上升。这与城市层面商业银行金融科技发展趋势基本保持一致。

表 4-6 2010—2019 年银行层面商业银行金融科技指数

年份	银行层面商业银行金融科技指数
2010	1.05
2011	1.41
2012	1.49
2013	1.83
2014	2.67
2015	4.22
2016	5.01

---

① 限于篇幅,结果备索。

续表

年份	银行层面商业银行金融科技指数
2017	5.81
2018	6.80
2019	7.66

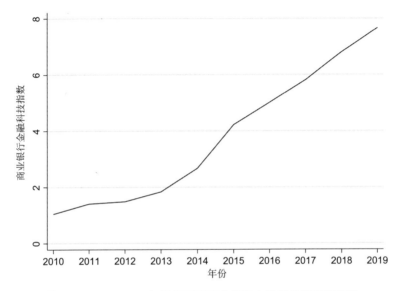

图 4-6 2010—2019 年银行层面商业银行金融科技发展趋势图

资料来源:作者采用 stata 软件基于实证部分相关数据绘制。

2.分类型商业银行金融科技发展特征分析

表 4-7 为 2010—2019 年分类型商业银行金融科技指数。图 4-7 为分类型商业银行金融科技发展趋势图。从商业银行类型来看,很显然全国性商业银行金融科技应用程度远高于地方性城市商业银行和农村商业银行,这说明全国性商业银行在逐步推进对金融科技的应用,而地方性商业银行对金融科技的应用仍然处在起步阶段。2013—2014 年是全国性商业银行大力应用金融科技的阶段,正是以蚂蚁科技集团股份有限公司为代表的金融科技公司涉足金融领域的时期,这给商业银行带来了竞争压力,说明全国性商业银行对外部环境的反应迅速,能够及时地应用金融科技以保持竞争力。

地方性商业银行（即城市商业银行农村商业银行）对金融科技的应用程度一直处在低水平，这是由于地方性商业银行资金实力有限，对金融科技的投入较小，并且这类商业银行发展金融科技的方式主要是与金融科技公司合作。

表 4-7　2010—2019 年分类型商业银行金融科技指数

年份	全国性商业银行金融科技指数	城市商业银行金融科技指数	农村商业银行金融科技指数
2010	3.47	0.34	2.13
2011	3.19	0.96	2.55
2012	3.83	0.69	1.39
2013	3.20	1.22	0.88
2014	13.27	0.79	1.69
2015	13.29	1.16	2.69
2016	13.40	2.00	3.33
2017	14.54	2.88	0.47
2018	12.45	2.03	3.54
2019	15.18	3.57	1.86

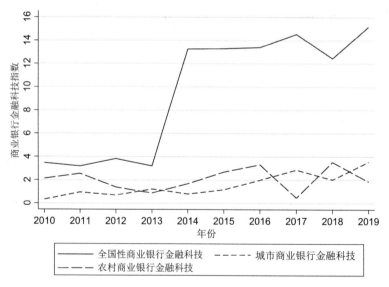

图 4-7　2010—2019 年分类型商业银行金融科技发展趋势

资料来源：作者采用 stata 软件基于实证部分相关数据绘制。

第二节 城市全要素生产率的测算及特征分析

一、城市全要素生产率的测算方法

城市全要素生产率的测算分为两步:第一步是采用 Malmquist(马姆奎斯特)指数法测算城市全要素生产率增长率,第二步是将城市全要素生产率增长率折算为城市全要素生产率。具体的测算过程如下。

第一步,采用马姆奎斯特指数法测算城市全要素生产率增长率。马姆奎斯特指数运用距离函数来定义,反映生产决策单位与最佳实践面的距离。每一个城市被视为一个生产决策单位,构造每一个时期中国的生产最佳实践前沿面,然后将每一个城市的生产同最佳实践前沿面进行比较,从而测度效率变化和技术进步。

Fare et al.(1994)提出基于产出的马姆奎斯特指数可表示为:

$$M_0^t(x^t,y^t,x^{t+1},y^{t+1}) = \frac{D_0^t(x^{t+1},y^{t+1})}{D_0^t(x^t,y^t)} \tag{4-1}$$

其中,x^t 和 x^{t+1} 分别表示 t 期和 $t+1$ 期的投入向量,y^t 和 y^{t+1} 分别表示 t 期和 $t+1$ 期的产出向量,D_0 表示基于产出的距离函数。式(4-1)表示在时间 t 的技术条件下从时期 t 到 $t+1$ 的生产率变化。

在时间 $t+1$ 的技术条件下,从时期 t 到 $t+1$ 的生产率变化可以表示为:

$$M_0^{t+1}(x^t,y^t,x^{t+1},y^{t+1}) = \frac{D_0^{t+1}(x^{t+1},y^{t+1})}{D_0^{t+1}(x^t,y^t)} \tag{4-2}$$

为避免不同时间的技术条件下生产率变化的测度结果产生差异,对式

(4-1)和式(4-2)求几何平均值来测度技术效率变化。具体的公式为：

$$M_0(x^t,y^t;x^{t+1},y^{t+1})$$

$$=(M_0^t M_0^{t+1})^{1/2}$$

$$=\left[\frac{D_0^t(x^{t+1},y^{t+1})\times D_0^{t+1}(x^{t+1},y^{t+1})}{D_0^t(x^t,y^t)\times D_0^{t+1}(x^t,y^t)}\right]^{1/2}$$

$$=\frac{D_0^{t+1}(x^{t+1},y^{t+1})}{D_0^t(x^t,y^t)}\left[\frac{D_0^t(x^{t+1},y^{t+1})}{D_0^{t+1}(x^{t+1},y^{t+1})}\times\frac{D_0^t(x^t,y^t)}{D_0^{t+1}(x^t,y^t)}\right]^{1/2}$$

$$=\text{TE}\times\text{TP} \tag{4-3}$$

其中，$M_0(x^t,y^t;x^{t+1},y^{t+1})$ 就是衡量生产率变化的马姆奎斯特指数。如果该指数大于 1,表明生产率增长;如果该指数小于 1,说明生产率下降;如果该指数等于 1,说明生产率不变。同时式(4-3)对马姆奎斯特指数进行了分解,将其分解为效率变化指数 TE 和技术进步指数 TP。TE 指的是从时期 t 到 $t+1$ 每个观察对象到最佳实践面的追赶程度,TP 指的是从时期 t 到 $t+1$ 技术边界的移动。

第二步,将城市全要素生产率增长率折算为城市全要素生产率。

上一步中通过马姆奎斯特指数测算出的是全要素生产率增长率,还需要进一步将其转化为能反映全要素生产率绝对值的全要素生产率指数。本书借鉴宋丽颖等(2017)和惠献波(2021)的做法来折算。首先,确定各个城市在 2010 年的全要素生产率指数。具体地,令 2010 年德州市的全要素生产率指数为 2010 年该城市的马姆奎斯特指数。其次,确定 2011 年之后的城市全要素生产率指数。2011 年的城市全要素生产率指数为 2010 年的城市全要素生产率指数乘以 2011 年的城市全要素生产率增长率,以此类推,计算得出 2012—2019 年的城市全要素生产率指数。这一计算过程可以表达为式(4-4)。

$$\text{TFP}_{i,t}=\text{TFP}_{i,2010}\cdot\prod_{2011}^t M_{i,t} \tag{4-4}$$

二、城市全要素生产率的测算结果

本书测算了 246 个城市 2010—2019 年城市全要素生产率[①]，数据按照 2010—2019 年这些城市的城市全要素生产率的均值由大到小排列。结果发现，各个城市在不同时间的全要素生产率水平差异较大。

三、城市全要素生产率的特征分析

（一）城市全要素生产率时间趋势分析

表 4-8 为 2010—2019 年的城市全要素生产率。图 4-8 为 2010—2019 年城市全要素生产率的时间趋势。从 2010—2019 年，尽管城市全要素生产率处在下降阶段，但城市全要素生产率下降幅度逐步放缓。对于城市全要素生产率处于持续下降这一结果，可能有悖于我们的直觉。因为我们通常认为，伴随着技术进步，城市全要素生产率应当处在持续提升的状态中。但是，需要引起我们注意的是，经济发展本身存在边际产出递减规律，即城市新增投入的边际产出在下降，从而拉低了城市全要素生产率，并且这与现有研究的测度结果一致。侯伟凤和田新民（2021）测度了 2005—2017 年城市全要素生产率的增长情况，发现城市全要素生产率增长的平均值为 0.9690，也表明在这期间城市全要素生产率平均而言处在下降状态。周强和史薇（2021）测算了 2004—2017 年城市全要素生产率的增长情况，发现 2012—2016 年城市全要素生产率处在下降状态。城市全要素生产率的变化受诸多因素的影响。值得注意的是，2016 年城市全要素生产率下降速度明显放缓。这有可能是因为商业银行应用大数据、人工智能等技术提高了贷款技术，提

---

① 限于篇幅，结果备索。

表 4-8　2010—2019 年城市全要素生产率

年份	城市全要素生产率
2010	0.93
2011	0.90
2012	0.82
2013	0.73
2014	0.65
2015	0.58
2016	0.53
2017	0.50
2018	0.47
2019	0.45

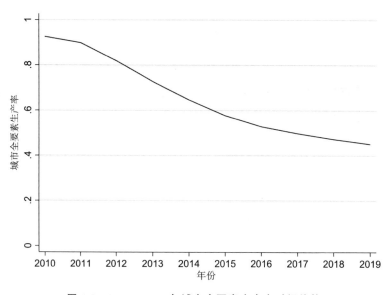

图 4-8　2010—2019 年城市全要素生产率时间趋势

资料来源：作者采用 stata 软件基于实证部分相关数据绘制。

升了服务实体经济的能力，对城市全要素生产率产生了提升作用，从而抵消了城市全要素生产率的下降趋势。

（二）分区域城市全要素生产率变化特征分析

表4-9为2010—2019年分区域城市全要素生产率。图4-9为2010—2019年分区域城市全要素生产率时间趋势。整体来看，2010—2019年各个区域城市全要素生产率均处于下降趋势，2010—2015年下降速度较快，2015—2019年下降速度较慢。在城市全要素生产率整体处于下降趋势的情况下，商业银行金融科技起到了阻止城市全要素生产率下降的作用。分区域来看：东部地区城市全要素生产率下降速度明显逐步降低。可能的原因是，商业银行金融科技阻止城市全要素生产率下降的作用在东部地区得到了充分的发挥。中部地区城市全要素生产率下降速度也有所降低，但是降低幅度小于东部地区。可能的原因是，商业银行金融科技阻止城市全要素生产率下降的作用在东部地区要大于中部地区。西部地区城市全要素生产率下降速度无明显变化。可能的原因是，商业银行金融科技阻止城市全要素生产率下降的作用在西部地区未能发挥出来。

表4-9　2010—2019年分区域城市全要素生产率

年份	东部城市全要素生产率	中部城市全要素生产率	西部城市全要素生产率
2010	0.94	0.91	0.93
2011	0.91	0.88	0.91
2012	0.83	0.80	0.84
2013	0.74	0.69	0.76
2014	0.66	0.61	0.69
2015	0.60	0.53	0.62
2016	0.54	0.48	0.58
2017	0.52	0.44	0.55
2018	0.51	0.42	0.49
2019	0.49	0.41	0.47

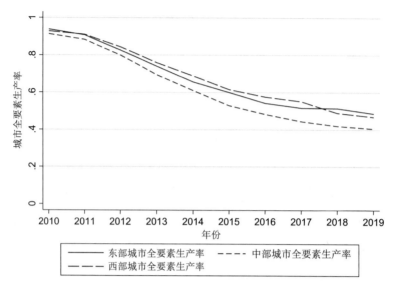

图 4-9 2010—2019 年分区域城市全要素生产率时间趋势图

资料来源:作者采用 stata 软件基于实证部分相关数据绘制。

(三)分行政级别城市全要素生产率变化特征分析

表 4-10 为 2010—2019 年分行政级别城市全要素生产率。图 4-10 为 2010—2019 年分行政级别城市全要素生产率发展趋势。整体来看,省会城市和非省会城市全要素生产率在 2010—2015 年均处在下降趋势,在 2015—2019 年处于相对稳定的状态。分城市行政级别来看,2010—2015 年省会城市全要素生产率下降速度较慢,非省会城市全要素生产率下降速度较快。可能的原因是,相较于非省会城市,商业银行金融科技阻止省会城市全要素生产率下降的作用更大。

表 4-10 2010—2019 年分行政级别城市全要素生产率

年份	省会城市全要素生产率	非省会城市全要素生产率
2010	0.93	0.97
2011	0.88	0.91
2012	0.78	0.82
2013	0.48	0.76

续表

年份	省会城市全要素生产率	非省会城市全要素生产率
2014	0.39	0.69
2015	0.37	0.66
2016	0.36	0.68
2017	0.36	0.64
2018	0.38	0.62
2019	0.34	0.63

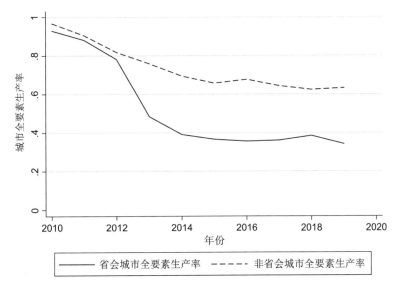

图 4-10　2010—2019 年分行政级别城市全要素生产率时间趋势

资料来源:作者采用 stata 软件基于实证部分相关数据绘制。

(四)分规模城市全要素生产率分析

接下来,分规模对城市全要素生产率增长状况进行分析。表 4-11 为
2010—2019 年不同规模城市的全要素生产率。图 4-11 为 2010—2019 年不
同规模城市全要素生产率的发展趋势图。整体来看,不同规模城市的全要
素生产率差异较小。从纵向来看,各个城市全要素生产率均处在下降趋势
中,其中,2010—2014 年各个规模城市的全要素生产率的下降速度较快,

表 4-11 2010—2019 年不同规模城市全要素生产率

年份	大规模城市全要素生产率	中等规模城市全要素生产率	小规模城市全要素生产率
2010	0.85	0.92	0.93
2011	0.87	0.89	0.91
2012	0.80	0.81	0.83
2013	0.72	0.71	0.74
2014	0.66	0.64	0.65
2015	0.60	0.57	0.58
2016	0.55	0.51	0.53
2017	0.52	0.48	0.50
2018	0.52	0.45	0.48
2019	0.44	0.45	0.46

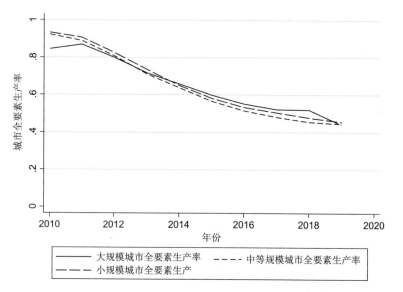

图 4-11 2010—2019 年不同规模城市全要素生产率时间趋势

资料来源:作者采用 stata 软件基于实证部分相关数据绘制。

2015—2019 年各个规模城市的全要素生产率下降速度放缓。可能的原因是,"金融科技 3.0"阶段商业银行应用金融科技显著提高了自身的贷款技术,从而使得城市全要素生产率下降速度明显放缓。

第三节　本章小结

本章首先分析了商业银行金融科技的发展历程和应用现状,论述了商业银行如何将金融科技应用到放贷业务中,发现商业银行主要将金融科技应用于企业信用评估和风险管理,从而提升了信息搜寻、信息处理和风险管理能力。其次,在现有的商业银行金融科技应用水平和城市全要素生产率的测算方法中,选取适合的测度方法对这两个变量进行测度,并进行大致的特征分析。

从商业银行金融科技测度结果来看,整体上我国商业银行金融科技在2010—2019 年保持了稳步上升的发展趋势。从金融科技细分技术来看,商业银行对大数据、物联网和云计算的应用水平较高,对人工智能和区块链的应用水平较低,不过从 2016 年开始商业银行加快了对人工智能和区块链的应用。分区域来看,商业银行金融科技的发展在地理上不平衡。具体地,商业银行金融科技发展程度在东部地区的城市中最高,在西部地区的城市中次之,在中部地区的城市中最低。但是商业银行金融科技发展的区域分布呈现出收敛特征,区域发展不平衡问题正在逐渐缩小。分城市行政级别来看,省会城市商业银行金融科技发展水平远高于非省会城市,并且省会城市和非省会城市商业银行金融科技发展水平呈现出收敛态势,非省会城市商业银行金融科技发展水平在逐步追上省会城市。分规模看,大规模城市的商业银行金融科技发展水平较高,中等规模城市的商业银行金融科技发展水平次之,小规模城市的商业银行金融科技发展水平最低,各种规模的城市的商业银行金融科技均在稳步发展阶段。从商业银行类型来看,相较于全国性的商业银行,城市商业银行和农村商业银行对金融科技的应用程度较低。

从城市全要素生产率的测度结果来看,整体上城市全要素生产率从2010—2014年的大幅下降转为2014—2016年的小幅下降,最后转为2016—2019年的相对稳定,商业银行金融科技可能在阻止城市全要素生产率下降方面起到了重要作用。分区域来看,东部地区城市全要素生产率下降速度明显逐步降低;中部地区城市全要素生产率下降速度也有所降低,但是降低幅度小于东部地区;西部地区城市全要素生产率下降速度无明显变化。分城市行政级别来看,省会城市全要素生产率下降速度较慢,非省会城市全要素生产率下降速度较快。分规模来看,不同规模的城市的全要素生产率差异较小。

第五章 商业银行金融科技影响城市全要素生产率的实证检验

本章旨在基于第三章的理论分析,实证检验商业银行金融科技对城市全要素生产率的影响。首先,基于 2010—2019 年城市层面的数据,选取双向固定效应模型实证检验商业银行金融科技对城市全要素生产率的影响。其次,通过替换核心解释变量、替换被解释变量和更换样本的方式进行稳健性检验,采用工具变量法和广义矩估计模型处理内生性问题。最后,进一步探讨商业银行金融科技影响城市全要素生产率的区域异质性、城市行政级别异质性、城市规模异质性、金融科技发展阶段异质性和城市全要素生产率异质性。

第一节　模型、变量与数据

一、模型建立

本书基于城市层面的数据检验商业银行金融科技对城市全要素生产率的影响,设定的模型如下。

$$\mathrm{TFP\_C}_{it} = C + \beta_1 \mathrm{Fintech\_C}_{it} + \sum_m \beta_m \, \mathrm{control}_{it} +$$
$$\mu_i + u_t + \varepsilon_{it} \tag{5-1}$$

式(5-1)中,$\mathrm{TFP\_C}_{it}$ 为城市全要素生产率,$\mathrm{Fintech\_C}_{it}$ 为城市层面的商业银行金融科技指数,$\mathrm{control}_{it}$ 为影响城市全要素生产率的控制变量,β_m 为待估参数,μ_i 为城市固定效应,u_t 为时间固定效应,ε_{it} 为残差项。本书以城市全要素生产率为因变量的回归均控制了时间固定效应和城市固定效应,并对标准误进行城市层面的聚类调整。

二、变量选取

（一）被解释变量

被解释变量是城市全要素生产率（TFP_C）。具体的测算步骤如下：首先按照第四章第二节中介绍的马姆奎斯特指数法测算城市全要素生产率增长率。其次，按照第四章第二节中的方法将城市全要素生产率增长率折算为能反映城市全要素生产率绝对值的城市全要素生产率指数。

用马姆奎斯特指数法测算城市全要素生产率增长率所需的基础数据通过以下方式获得。在具体测算 2010—2019 年的城市全要素生产率增长率时，以 1990 年可比价格计算的实际 GDP 作为产出指标，以劳动从业人数和资本存量作为投入指标。劳动投入用城镇单位从业人员和私营个体从业人员之和来衡量。资本存量采用永续盘存法估算，具体公式为 $K_{it}=K_{i,t-1}(1-\delta)+I_{it}/P_{it}$，其中：$K_{it}$ 为固定资本存量，δ 为折旧率，I_{it} 为固定资产投资额，P_{it} 为固定资产投资价格指数。固定资产投资价格指数以 1990 年为基期，采用城市所在省份的固定资产投资价格指数进行平减，折旧率采用了张军等（2004）设定的9.6％。计算资本存量需要初始资本存量和历年的固定资产投资数据，其中固定资产投资数据来源于《中国城市统计年鉴》，由于这一数据最早可追溯到 1991 年，相应的资本存量的计算最早能以 1990 年为基期，因此本书的资本存量计算以 1990 年为基期。1990 年城市资本存量的计算参照余泳泽等（2019）和李启航等（2021）的做法，具体步骤如下：首先，计算 1990 年各城市全社会固定资产投资占所在省份的全社会固定资产投资的比例，把这一比例作为确定各城市固定资本存量占所在省份资本存量的比例；其次，各城市资本存量等于各城市固定资本存量占所在省份资本存量的比例乘以各省份 1990 年的资本存量。其中，各省份 1990 年的资本存量采用了张军等(2004)的数据。

(二)核心解释变量

核心解释变量是城市层面的商业银行金融科技指数(Fintech_C_{it}),测度方法见第四章第一节。

(三)控制变量

由于技术创新和产业结构等因素都有可能影响城市全要素生产率,因此将如下因素作为控制变量。(1)产业结构(Structure),采用第三产业增加值与第二产业增加值的比值来衡量。现代部门的生产率通常高于传统部门,产业结构从传统产业转向现代产业的过程中,伴随着城市全要素生产率的提升(刘璇 等,2022;张凌洁 等,2022)。(2)信息化水平(Information),用某一城市互联网使用者占城市人口的比重来衡量。信息化水平高的城市,有利于企业之间技术信息的扩散,从而提高城市全要素生产率(孙早 等,2018;刘帅,2021)。(3)财政科技支出(Technology),用教育支出和科技支出占地方财政一般预算支出的比重来衡量。城市的科技支出越高,意味着有越多的资金用来补贴企业的技术创新,或孵化高新技术企业,这有利于提高城市全要素生产率(周忠民 等,2022;侯伟凤 等,2021)。(4)固定资产投资(Fixedassets),用固定资产投资额占 GDP 的比重来衡量。由于技术有时候附着在设备或生产线上,技术引进往往伴随着固定资产的投资,因此资本投资较高的城市可能有较高的全要素生产率(余东华 等,2019;孙早 等,2019)。(5)外商直接投资(FDI),采用实际利用外商投资额占 GDP 的比重来衡量。跨国公司的直接投资给城市带来了先进的技术和管理经验,对城市内的其他本土企业产生技术溢出效应,有利于提升城市全要素生产率(盛明泉 等,2021;张辉 等,2015)。(6)贸易开放度(Open),采用城市进出口总额占 GDP 的比重来衡量。(7)法制建设水平(Law),采用樊纲等(2021)的市场化指数中的法律制度环境指数来衡量。

三、数据来源

本书选取 246 个城市 2010—2019 年城市层面的数据进行实证检验。研究数据时间区间的选取依据如下：商业银行金融与科技的深度融合起源于 2010 年(胡滨 等,2021),因而数据时间区间以 2010 年为起始点。2020 年初暴发的新冠肺炎疫情造成的停工停产对实体经济的运行产生了较大的影响,为剔除新冠肺炎疫情产生的冲击对研究结果的影响,数据时间区间以 2019 年为终点。本书所选的样本城市数量为 246 个,占中国全部地级市数量(293 个)的比重为 80% 以上,有良好的代表性。数据来源于《中国城市统计年鉴》,对于部分缺失的数据用插值法补齐。主要变量的描述性统计结果如表 5-1 所示。

表 5-1　变量的描述性统计

变量	观测值 (1)	均值 (2)	标准差 (3)	最小值 (4)	最大值 (5)
TFP_C	2,460	0.704	0.232	0.182	1.922
Fintech_C	2,460	0.699	0.466	0	1.652
Structure	2,460	0.968	0.541	0.109	5.154
Information	2,460	0.226	0.203	0.010	3.664
Techology	2,460	0.0171	0.017	0.001	0.166
Fixedassets	2,460	0.776	0.327	−1.020	2.345
FDI	2,460	0.018	0.018	−0.032	0.198
Open	2,460	0.892	2.349	−9.018	21.40
Law	2,460	6.338	4.005	−1.750	19.19

第二节　商业银行金融科技影响城市全要素生产率的检验结果

一、基准回归结果

本书通过式(5-1)检验商业银行金融科技对城市全要素生产率的影响。表 5-2 中第(1)列显示的是只控制城市和时间固定效应的结果，第(2)列加入了影响城市全要素生产率的其他控制变量。列(1)和列(2)中核心变量的系数均显著为正，说明商业银行金融科技显著提高了城市全要素生产率。这支持了假设 3-5。一方面，商业银行应用金融科技促进了企业技术创新，提高了企业资本配置效率，进而提高了企业全要素生产率，企业全要素生产率的提升自然有利于城市全要素生产率的提升。另一方面，商业银行应用金融科技提高了商业银行识别企业生产率的能力，促使信贷资源配置到高生产率企业，提高了信贷资源在企业间的配置效率，从而提升了城市全要素生产率。

在控制变量的回归结果中，Information 的系数在 5% 的水平上显著为正，说明信息化水平越高，城市全要素生产率越高，这符合我们的预期，并且与现有的研究结论(邱子迅 等，2021)基本一致。Fixedassets 的系数在 1% 的水平上显著为负，说明固定资产投资显著降低了城市全要素生产率。可能的原因是，固定资产投资在一定程度上对技术创新形成挤出效应，从而不利于城市全要素生产率提升。Open 的系数在 10% 的水平上显著为负，这是由于中国出口产品处在价值链的低端。FDI 的系数为负但不显著，意味着跨国公司来中国投资未显著提升城市全要素生产率。可能的原因是，跨国公司来中国投资主要是为了获取中国廉价的劳动力和庞大的市场，核心技术和研发部门仍然保留在本国,因此对城市内其他企业未产生技术溢出效应(马林 等,2008)。并且,由于跨国公司来中国投资布局的主要是低端产业链,反而可能不利于城市全要素生产率提升(杨浩昌 等,2018)。Structure、Technology 和 Law 的系数不显著,说明这些因素未显著提升城市全要素生产率。

表 5-2 基准回归检验

因变量	TFP_C	
	(1)	(2)
Fintech_C	0.015**	0.031***
	(2.14)	(3.82)
Structure		0.014
		(1.34)
Information		0.051**
		(2.51)
Techology		−0.001
		(−0.00)
Fixedassets		−0.133***
		(−10.62)
FDI		−0.304
		(−1.24)
Open		−0.004*
		(−1.68)
Law		0.001
		(0.47)
City_FE,Time_FE	Y	Y
_cons	0.921***	0.987***
	(139.34)	(69.58)
N	2460	2460
adj. R^2	0.0440	0.0932

注:***、**、* 分别代表在 1%、5%、10% 的水平上显著性。括号中为聚类稳健标准误调整的 t 值。Y 表示 YES,即控制;N 表示 NO,即未控制。下表同。

二、稳健性检验

为检验上述回归结果的稳健性,本书采用以下四种方法进行稳健性检验:第一,替换核心解释变量;第二,替换被解释变量;第三,剔除直辖市的样本;第四,控制金融发展水平。

(一)替换核心解释变量

借鉴李晓庆等(2022)和李逸飞等(2022)的方法测算金融科技指标。首先,采用银行金融科技专利数据衡量商业银行层面的金融科技指数。其次,基于商业银行层面的金融科技指数和商业银行分支机构地理分布数据构建城市层面的商业银行金融科技指数。回归结果见表5-3,可以看出 Fintech_C 的系数在1%的水平上显著为正,说明商业银行金融科技显著提升城市全要素生产率这一结论是稳健的。

表 5-3   稳健性检验:替换核心解释变量

因变量	TFP_C
Fintech_C	0.023 ***
	(5.11)
Control	Y
City_FE,Time_FE	Y
_cons	1.009 ***
	(62.59)
N	2460
adj. R^2	0.0952

(二)替换被解释变量

为避免被解释变量的测量误差影响核心结论的稳健性,本书采用替换被解释变量的测度方式进行稳健性检验。参考杜运周等(2022)的做法采用

DEA(data envelopment analysis,数据包络分析)法测度城市全要素生产率。首先采用数据包络分析法测度城市全要素生产率增长率,其次按照第四章第二节中的方法,将城市全要素生产率增长率折算为能反映城市全要素生产率绝对值的城市全要素生产率指数。表 5-4 报告了回归结果,在替换被解释变量的测度方式之后,Fintech_C 的系数仍旧在 1% 的水平上显著为正,这证明了本书核心结论的稳健性。

表 5-4　稳健性检验:替换被解释变量

因变量	TFP_C
Fintech_C	0.023***
	(3.56)
Control	Y
City_FE,Time_FE	Y
_cons	1.012***
	(61.44)
N	2460
adj. R^2	0.0924

（三）剔除直辖市的样本

参考宋敏等(2021)的研究,考虑到直辖市的商业银行金融科技应用水平较高,对商业银行贷款技术的影响较大,与城市全要素生产率的因果关系可能比较强烈,因而将直辖市的样本剔除后重新进行回归。回归结果见表 5-5,可以看出 Fintech_C 的系数在 1% 的水平上显著为正,说明商业银行金融科技提高城市全要素生产率的作用在剔除了直辖市样本之后仍然是显著的。

表 5-5　稳健性检验:剔除直辖市的样本

因变量	TFP_C
Fintech_C	0.031***
	(3.73)

续表

因变量	TFP_C
Control	Y
City_FE,Time_FE	Y
_cons	0.987***
	(69.94)
N	2430
adj. R^2	0.0948

(四)控制金融发展水平

金融发展被诸多的经验研究证实能够显著地提升城市全要素生产率（King et al.,1993；张军 等,2005；解维敏 等,2011）。为识别商业银行金融科技对城市全要素生产率的影响,应当事先排除金融发展对城市全要素生产率的影响。因此,本书在控制变量中纳入金融发展水平（Finance）,然后再回归。表 5-6 报告了回归结果,在控制了金融发展水平的情况下,Fintech_C的系数仍旧在 1% 的水平上显著为正,证明了本书核心结论的稳健性。

表 5-6　稳健性检验:控制金融发展水平

因变量	TFP_C
Fintech_C	0.026***
	(3.33)
Finance	0.017*
	(1.82)
Control	Y
City_FE,Time_FE	Y
_cons	−0.489**
	(−2.00)
N	2460
adj. R^2	0.1062

三、内生性问题的处理

基本结果表明商业银行金融科技能够提升城市全要素生产率,但上述回归结果可能受内生性问题的干扰。遗漏变量和变量测度误差都可能引起内生性问题。基于此,首先,本书采用工具变量法处理内生性问题,参考李春涛等(2020)和薛启航等(2022)的研究,分别选取接壤城市平均商业银行金融科技和滞后一期商业银行金融科技作为工具变量。其次,采用广义矩估计法来处理内生性问题。

(一)以接壤城市平均商业银行金融科技为工具变量

采用各个城市的接壤城市的平均商业银行金融科技(Fintech_C_N)作为工具变量。一方面,邻近的城市通常具有相似的商业银行金融科技应用程度,符合工具变量的相关性要求。金融科技作为一种技术,同样存在对周边城市的技术溢出效应,这使得地理上相邻的城市通常有着相似的商业银行金融科技应用水平。姜世超等(2020)基于大型商业银行县域层面的数据进行实证检验,证实了某地区的金融科技发展对相邻地区的金融科技发展有明显的正向空间溢出效应。另一方面,信贷融资存在地域分割性,临近地区的商业银行金融科技基本不会缓解本地企业的融资状况,因此不会影响本地城市全要素生产率,符合工具变量的外生性要求。信贷融资存在地域分割性的根源是商业银行倾向于给本地企业发放贷款,而不愿意给外地企业发放贷款。这是由于商业银行对本地企业的风险管理更加容易,更容易察觉本地企业经营状况和管理者等情况的变化,进而调整对企业的放贷数额甚至是提前收回贷款以规避信贷风险。而如果是给外地企业发放贷款,商业银行则需要较长的时间才能了解到外地企业经营状况等的变化,这会导致商业银行面临较高的信贷风险。

回归结果见表5-7。在第一阶段的回归中,Fintech_C_N 的系数在1%的水平上显著为正,F 值为93.14,远大于临界值10,表明不存在弱工具变量问题。在第二阶段的回归中,在引入 Fintech_C_N 作为工具变量之后,Fintech_C 的系数仍旧在1%的水平上显著为正,表明商业银行金融科技能够显著提升城市全要素生产率的结论是稳健的。

表5-7　内生性问题的处理:以接壤城市平均商业银行金融科技为工具变量

因变量	第一阶段	第二阶段
	Fintech_C	TFP_C
	(1)	(2)
Fintech_C		0.142***
		(4.03)
Fintech_C_N	0.5040***	
	(10.57)	
Control	Y	Y
City_FE,Time_FE	Y	Y
_cons	−1.4660*	−0.015
	(−1.89)	(−0.04)
F 值	83.21***	
Wald 检验值		135.48
N	2,197	2197
adj. R^2	0.4495	0.0234

(二)以滞后一期商业银行金融科技为工具变量

接下来,采用滞后一期商业银行金融科技(L. Finteh_C)作为工具变量。一方面,滞后一期商业银行金融科技与当期商业银行金融科技高度相关,符合工具变量的相关性要求。应用金融科技通常被商业银行视为一项长期发展战略,因而其对金融科技的应用往往具备持续性,这使得当期商业银行金融科技往往与滞后一期商业银行金融科技高度相关。另一方面,滞后一期商业银行金融科技不会影响本期商业银行的贷款发放技术,进而不会影响本期城市全要素生产率,符合工具变量的外生性要求。回归结果见表5-8。在第一阶段的回归中,L. Fintech_C 的系数在1%的水平上显著为正,F 值为93.73,远大于临界值10,表明不存在弱工具变量问题。在第二阶段的回归中,在以滞后一期商业银行金融科技作为工具变量之后,Fintech_C 的系数仍旧在1%的水平上显著为正,表明商业银行金融科技显著提升城市全要素生产率的结论是稳健的。

表5-8　内生性问题的处理:以滞后一期商业银行金融科技为工具变量

因变量	第一阶段	第二阶段
	Fintech_C	TFP_C
	(1)	(2)
Fintech_C		0.127***
		(2.88)
L. Fintech_C	0.2108***	
	(9.08)	
Control	Y	Y
City_FE,Time_FE	Y	Y
_cons	−1.6791*	−0.462
	(−2.24)	(−1.47)
F 值	93.73***	
Wald 检验值		140738.32
N	2214	2214
adj. R^2	0.4226	0.0626

(三)广义矩估计

考虑到城市全要素生产率往往具有持续性,在时间维度上可能存在序列相关,本书将滞后一期城市全要素生产率(L. TFP_C)引入回归模型,使用广义矩估计方法进行估计,结果见表5-9。AR(1)检验的 p 值小于1%,AR(2)检验的 p 值大于10%,即模型存在一阶序列相关,但不存在二阶序列相关,表明模型有效地克服了内生性问题。Sargan 检验的 p 值大于0.1,说明模型的工具变量不存在过度识别。Fintech_C 的系数在 10％的水平上显著为正,说明在考虑城市全要素生产率的序列相关之后,商业银行金融科技对城市全要素生产率的提升作用依然显著。

表 5-9　内生性问题的处理:广义矩估计

因变量	TFP_C
Fintech_C	0.024*
	(1.72)
L. TFP_C	0.094
	(1.30)
Control	Y
City_FE,Time_FE	Y
AR(1)	0.000
AR(2)	0.134
Sargan 检验	0.143
N	1968

第三节　商业银行金融科技影响城市全要素生产率的异质性分析

一、区域异质性分析

下面检验商业银行金融科技对城市全要素生产率的影响是否存在区域异质性,表 5-10 报告了区域异质性检验的回归结果。列(1)～(3)分别为东部、中部和西部地区的回归结果,我们发现 Fintech_C 的系数在列(1)和列(2)中均显著为正,但在列(3)中不显著。这说明商业银行金融科技提升城市全要素生产率的作用在东部地区最大,在中部地区次之,而在西部地区不显著。这样的结果可能是由东部地区、中部地区和西部地区在市场化程度上的差异导致的。西部地区的市场化程度较低,民营企业的比例较低,国有企业占比相对较高。相较于民营企业,国有企业面临的融资约束问题较少,所以商业银行金融科技在缓解国有企业融资约束上的作用较小。由于商业银行金融科技是通过缓解城市内企业融资约束来发挥其提升城市全要素生产率的作用,因此,商业银行金融科技提升城市全要素生产率的作用在西部地区未显现出来。中部地区和东部地区的市场化程度较高,民营企业占比较高,相应地,商业银行金融科技提高城市全要素生产率的作用在这两个地区是显著的。

表 5-10　区域异质性分析

因变量	TFP_C		
	东部地区	中部地区	西部地区
	(1)	(2)	(3)
Fintech_C	0.038***	0.033**	0.007
	(3.09)	(2.49)	(0.36)
Control	Y	Y	Y
City_FE,Time_FE	Y	Y	Y
_cons	1.037***	0.926***	0.979***
	(38.05)	(37.63)	(33.73)
N	930	891	563
adj. R^2	0.1659	0.0846	0.0597

二、城市行政级别异质性分析

下面检验商业银行金融科技对城市全要素生产率的影响是否存在城市行政级别异质性,表 5-11 报告了城市行政级别异质性检验的回归结果。列(1)、

(2)分别为非省会城市和省会城市的回归结果。我们发现 Fintech_C 在列(1)中的系数要小于列(2)。这说明相较于非省会城市,商业银行金融科技提高城市全要素生产率的作用在省会城市中更大。可能的原因是,相较于非省会城市,省会城市的数字经济发展水平更高,有更多的企业完成了数字化转型,为商业银行应用金融科技减少信息不对称情况积累了更多的数据基础,从而更能发挥商业银行金融科技提高城市全要素生产率的作用。

表 5-11　城市行政级别异质性分析

因变量	TFP_C	
	非省会城市	省会城市
	(1)	(2)
Fintech_C	0.015**	0.033***
	(2.06)	(3.67)
Control	Y	Y
City_FE,Time_FE	Y	Y
_cons	−1.000	−0.414
	(−1.42)	(−1.55)
N	2170	290
adj. R^2	0.0764	0.0954

三、城市规模异质性分析

根据本书第四章第一节中对城市层面商业银行金融科技的测度结果,规模越大的城市,商业银行金融科技发展程度越高,这有可能导致商业银行金融科技在不同规模城市之间的影响存在异质性。因此,下面检验商业银行金融科技对城市全要素生产率的影响是否存在城市规模异质性,表 5-12报告了城市规模异质性检验的回归结果。列(1)~(3)分别为大规模城市、中等规模城市和小规模城市的回归结果。我们发现,Fintech_C 的系数在列

(1)～(3)中均显著为正,列(3)中的系数最大,列(2)中的系数次之,列(1)中的系数最小。这说明商业银行金融科技能提升所有城市的全要素生产率,并且这一提升作用在大规模城市中最大,在中等规模城市中次之,在小规模城市中最小。这是由于规模越大的城市,其商业银行金融科技应用水平越高,商业银行贷款技术提升越明显,商业银行金融科技提升城市全要素生产率的作用越大。

表 5-12　城市规模异质性分析

因变量	TFP_C		
	小规模城市	中等规模城市	大规模城市
	(1)	(2)	(3)
Fintech_C	0.028*	0.031**	0.035***
	(1.78)	(1.98)	(3.28)
Control	Y	Y	Y
City_FE,Time_FE	Y	Y	Y
_cons	-2.201	-1.719^{***}	0.017
	(-1.47)	(-3.20)	(0.06)
N	1524	820	116
adj. R^2	0.2583	0.1257	0.1100

四、金融科技发展阶段异质性分析

相较于"金融科技 2.0"阶段,商业银行在"金融科技 3.0"阶段更加重视对大数据、区块链和物联网等技术的应用,因此可能能够更加明显地提升银行贷款技术,对城市全要素生产率的作用有可能更大。换句话说,商业银行金融科技影响城市全要素生产率的作用在不同的金融科技发展阶段可能存在异质性。因此,下面检验商业银行金融科技对城市全要素生产率的影响在不同的发展阶段是否存在异质性。本书以 2015 年为界,将样本分为金融科技 2.0 组和金融科技 3.0 组,回归结果见表 5-13。我们发现 Fintech_C 的系数在列(1)和列(2)中均显著为正,且列(2)中 Fintech_C 的系数更大,这说明商业银行金融科技提升城市全要素生产率的作用在"金融科技 3.0"阶段更大。其原因是,在"金融科技 2.0"阶段,银行主要是将业务从线下迁移到线上,贷款发放技术提升得有限,进而对城市全要素生产率的提升作用较小。在"金融科技 3.0"阶段,银行开始利用大数据、区块链等技术,贷款发放技术得以提升,进而较大地提高了城市全要素生产率。

表 5-13　金融科技发展阶段异质性分析

因变量	TFP_C	
	金融科技 2.0	金融科技 3.0
	(1)	(2)
Fintech_C	0.013*	0.024*
	(1.73)	(1.76)
Control	Y	Y
City_FE,Time_FE	Y	Y
_cons	1.019***	−4.736***
	(3.19)	(−6.18)
N	1230	1230
adj. R^2	0.1262	0.1541

五、城市全要素生产率异质性分析

为检验商业银行金融科技对城市全要素生产率的影响是否在全要素生产率不同的城市之间存在异质性,本书采用分位数回归法进行检验。基于城市全要素生产率的条件分布,选取 0.1、0.25、0.5、0.75 和 0.9 分位数,考察在不同的城市全要素生产率下,商业银行金融科技对城市全要素生产率的影响,回归结果见表 5-14 中的列(1)~(5)。我们可以发现,商业银行金融科技在条件分布的不同位置,对城市全要素生产率的提升作用不同。通过观察列(1)～(5)中 Fintech_C 的系数,我们发现:从列(1)到列(5),Fintech_C 的系数显著为正且不断下降,说明商业银行金融科技对城市全要素生产率的作用随着城市全要素生产率的上升而下降。这是由于全要素生产率越低的城市,技术创新面临的金融供给不足问题越严重,资源配置效率越低,技术创新和资源配置效率的提升空间越大,商业银行金融科技增加技术创新所需的金融支持和提高资源配置效率的作用在全要素生产率越低的城市中越大。

表 5-14　城市全要素生产率异质性分析

因变量	TFP_C				
	0.1 分位数	0.25 分位数	0.5 分位数	0.75 分位数	0.9 分位数
	(1)	(2)	(3)	(4)	(5)
Fintech_C	0.024*	0.023***	0.009**	0.004**	0.001**
	(1.95)	(3.69)	(2.01)	(2.14)	(2.11)
Control	Y	Y	Y	Y	Y
City_FE,Time_FE	Y	Y	Y	Y	Y
_cons	0.888***	0.735***	0.671***	0.570***	0.610***
	(6.82)	(8.07)	(8.76)	(5.57)	(2.97)
N	2460	2460	2460	2460	2460

第四节　本章小结

本章基于 2010—2019 年中国城市层面的数据实证检验了商业银行金融科技对城市全要素生产率的影响。为保证核心结论的可靠性,本章采用替换核心变量、替换被解释变量和更换样本等方法进行稳健性检验,采用工具变量法和广义矩估计法对内生性问题进行处理。鉴于不同类型的城市的商业银行金融科技应用程度存在较大的差异,并且在不同的金融科技发展阶段商业银行贷款技术的提升程度不同,本章进一步进行了商业银行金融科技影响城市全要素生产率的区域异质性、城市行政级别异质性、城市规模异质性、金融科技发展阶段异质性和城市全要素生产率异质性分析。

本章得出如下结论。第一,商业银行金融科技能够显著提升城市全要素生产率。这一结论在一系列的稳健性检验和对内生性问题进行处理稳健。商业银行应用金融科技提高了贷款技术,增强了银行系统支持企业全要素生产率提升和优化资源配置的功能,从而提高了城市全要素生产率。第二,区域异质性分析表明,商业银行金融科技对城市全要素生产率的影响在东部地区的城市中较大,在中部地区的城市中次之,在西部地区的城市中不显著。西部地区市场化程度较低,民营企业的占比较低,因此商业银行金融科技通过增加企业融资支持进而提高城市全要素生产率的作用不显著。而东部地区和中部地区市场化程度较高,民营企业占比较高,商业银行金融科技显著提高了城市全要素生产率。第三,城市行政级别异质性分析表明,相较于非省会城市,商业银行金融科技提高城市全要素生产率的作用在省会城市中更大。省会城市的数字经济发展程度较高,完成数字化转型的企业较多,商业银行金融科技降低信息不对称程度进而提高城市全要素生产率的作用在这类城市中更大。第四,城市规模异质性分析表明商业银行金融科技提升城市全要素生产率的作用在大规模城市中最大,在中等规模城市中次之,在小规模城市中最小。规模越大的城市,其商业银行金融科技应用水平较高,贷款技术提升得明显,商业银行金融科技对城市全要素生产率的提升作用较大。第五,金融科技发展阶段的异质性分析表明,相比于"金融科技2.0"阶段,商业银行金融科技提升城市全要素生产率的作用在"金融科技3.0"阶段更大。在"金融科技2.0"阶段,银行主要是将业务从线下迁移到线上,贷款发放技术提升得有限,相应地,对城市全要素生产率的提升作用较小。而在"金融科技3.0"阶段,银行开始利用大数据、区块链等技术,贷款发放技术得以显著提升,进而对城市全要素生产率的提升作用较大。第六,城市全要素生产率的异质性分析表明城市全要素生产率越低,商业银行金融科技对城市全要素生产率的提升作用越大。在全要素生产率越低的城市,技术创新面临的金融供给不足问题越严重,资源配置效率越低,技术创新和资源配置效率的提升空间越大,商业银行金融科技增加技术创新所需的金融支持和提高资源配置效率的作用在全要素生产率越低的城市中越大。

城市全要素生产率的提升主要有两个方面的原因:一方面是技术创新,另一方面是资源配置效率的提升。商业银行通过发挥其为企业提供融资支持和债务治理的作用,从而促进技术创新;通过发挥其资源配置功能和信号释放功能,将信贷资源配置在高生产率企业,从而提高资源配置效率。因此,技术创新和资源配置效率是商业银行提升城市全要素生产率的重要机制。商业银行应用金融科技提高了贷款技术,强化了自身的融资支持、债务治理作用,以及资源配置和信号释放功能,通过技术创新机制和资源配置效率机制,实现城市全要素生产率提升。

本书未采用中介效应模型检验商业银行金融科技影响城市全要素生产率的机制,而是重点检验"商业银行金融科技—技术创新"和"商业银行金融科技—资源配置效率"这两条机制。之所以如此进行机制检验,有以下两方面的原因:一是当前中介效应模型在学术界争议较大。由于机制变量会受到核心变量的影响,如果将机制变量引入基准回归模型进行中介效应检验,会产生内生性问题,导致估计结果产生偏误。二是技术创新和资源配置效率提高对城市全要素生产率的提升作用既在理论上显而易见,又在实证上被大量文献证实。

本书接下来两章的内容安排如下:第六章实证检验商业银行金融科技影响城市全要素生产率的技术创新机制,第七章实证检验商业银行金融科技影响城市全要素生产率的资源配置效率机制。

第六章 商业银行金融科技影响城市全要素生产率的机制检验Ⅰ:技术创新机制

本章旨在基于第三章的理论分析，实证检验商业银行金融科技影响城市全要素生产率的技术创新机制。首先，基于 2010—2019 年中国城市层面的数据，选取双向固定效应模型实证检验商业银行金融科技对技术创新的影响。其次，通过替换核心解释变量、替换被解释变量和更换样本的方式进行稳健性检验，采用工具变量法和广义矩估计法处理内生性问题。再次，检验商业银行金融科技影响技术创新的机制。最后，进一步探讨商业银行金融科技影响技术创新的区域异质性、城市行政级别异质性、城市规模异质性、金融科技发展阶段异质性和城市技术创新异质性。

第一节　模型、变量与数据

一、模型建立

设置如下模型检验商业银行金融科技对技术创新的影响。

$$\text{Innovation\_C}_{it} = C + \beta_1 \text{Fintech\_C}_{it} + \sum_m \beta_m \text{control}_{it} +$$
$$\mu_i + u_t + \varepsilon_{it} \tag{6-1}$$

式（6-1）中，Innovation_C_{it} 为技术创新，Fintech_C_{it} 为城市层面银行应用金融科技的水平，β_m 为待估参数，μ_i 为城市固定效应，u_t 为时间固定效应，ε_{it} 为残差项。所有的回归均控制了时间固定效应和城市固定效应。此外，对标准误进行了城市层面的聚类调整。

二、变量选取

（一）被解释变量

被解释变量为技术创新（Innovation_C），采用城市专利授权数的对数来衡量。

（二）核心解释变量

核心解释变量为商业银行金融科技发展水平（Fintech_C）。测度方法见第四章第一节。

（三）中介变量

中介变量为金融发展（Finance），采用年末各地区金融机构各项贷款余额与地区生产总值的比值来衡量。

（四）控制变量

由于经济发展水平和产业结构等因素都有可能影响技术创新，因此将如下因素作为控制变量。（1）经济发展水平（GDP），用人均 GDP 的对数值来衡量。经济发展程度高的城市，能吸引高层次人才，有充足的创新要素，有利于技术创新。（2）产业结构（Structure），采用第三产业增加值与第二产业的比值来衡量。产业结构越高级的城市，创新所需的人才和资本越充足，创新能力越强。（3）人力资本（Laborcapital），采用每万人中的高等学校在校人数来衡量。高素质人才是技术进步的重要驱动力，能够在现有生产技术的基础上进行创新。（4）财政科技支出（Technology），用教育支出和科技支出占地方财政一般预算内支出的比重来衡量。城市的科技支出越高，意味着有越多的资金用来补贴企业的技术创新。（5）消费（Consume），创新最终需要消费者的支付，消费越旺盛的城市，技术创新的动力越足，越能孕育出新兴的技术和产业。（6）人口密度（POP），用每百万平方米人口数的对数值来衡量。城市化程度高的城市,创新要素高度集聚,技术创新水平较高。(7)外商直接投资(FDI),采用实际利用外商投资额与 GDP 的比重来衡量。跨国公司通常创新能力较强,在城市内设立的分支机构也可以享受到母公司的部分创新资源,有利于促进城市的技术创新。(8)固定资产投资(Fixedassets),用固定资产投资额与 GDP 的比重来衡量。通常,城市的固定资产投资伴随着相应的技术创新活动才能协同发挥经济效益,因此,固定资产投资可能有助于促进技术创新。

三、数据来源

数据来源参见第五章第一节中的相关内容。主要变量的描述性统计结果如表 6-1 所示。

表 6-1　主要变量的描述性统计

变量	观测值 (1)	均值 (2)	标准差 (3)	最小值 (4)	最大值 (5)
Innovation_C	2,460	7.323	1.557	2.944	12.02
Fintech_C	2,460	0.699	0.466	0	1.652
GDP	2,460	12.97	0.539	11.50	15.43
Structure	2,460	0.968	0.541	0.109	5.154
Laborcapital	2,460	0.735	1.468	−12.08	16.18
Technology	2,460	0.017	0.017	0.001	0.166
Consume	2,460	0.386	0.109	0.001	0.996
POP	2,460	5.829	0.860	1.609	7.882
FDI	2,460	0.018	0.018	−0.032	0.198
Fixedassets	2,460	0.776	0.327	−1.020	2.345

四、测算结果

本书测算了 246 个城市 2010—2019 年的城市技术创新情况[①]。结果显示,各个城市在不同时间的技术创新水平差异较大。

---

① 限于篇幅,结果备索。

五、特征分析

(一)城市技术创新时间趋势分析

表 6-2 为 2010—2019 年城市技术创新指数。图 6-1 为 2010—2019 年城市技术创新的时间趋势。可以看出,2010—2019 年,城市技术创新处在不断的上升趋势中。可能的原因是商业银行金融科技的发展促使商业银行增加了对企业的贷款支持,增加了企业可用于技术创新的资金,从而促进了技术创新。

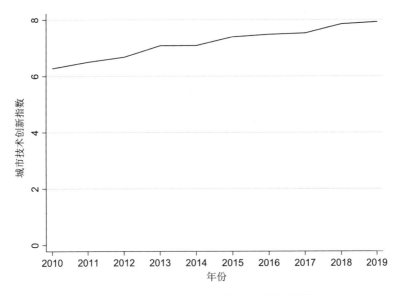

图 6-1　2010—2019 年城市技术创新时间趋势

资料来源:作者采用 stata 软件基于实证部分相关数据绘制。

表 6-2　2010—2019 年城市技术创新指数

年份	城市技术创新指数
2010	6.46
2011	6.67
2012	6.84

续表

年份	城市技术创新指数
2013	7.23
2014	7.23
2015	7.53
2016	7.61
2017	7.65
2018	7.97
2019	8.04

（二）分区域城市技术创新变化特征分析

表6-3为2010—2019年分区域城市技术创新指数。图6-2为2010—2019年分区域城市技术创新时间趋势。整体来看，2010—2019年各个区域城市的技术创新均处于稳定上升的趋势。分区域来看，东部城市的技术创新能力较强，中部城市次之，西部城市较弱。

表6-3　2010—2019年分区域城市技术创新指数

年份	东部城市技术创新指数	中部城市技术创新指数	西部城市技术创新指数
2010	7.52	6.01	5.45
2011	7.66	6.32	5.62
2012	7.79	6.53	5.81
2013	8.14	6.89	6.33
2014	8.11	6.83	6.46
2015	8.41	7.10	6.82
2016	8.46	7.17	6.94
2017	8.52	7.20	6.99
2018	8.83	7.54	7.27
2019	8.89	7.63	7.33

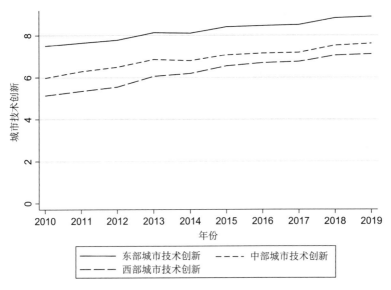

图 6-2　2010—2019 年分区域城市技术创新时间趋势

资料来源：作者采用 stata 软件基于实证部分相关数据绘制。

（三）分行政级别城市技术创新变化特征分析

表 6-4 为 2010—2019 年分行政级别城市技术创新指数。图 6-3 为 2010—2019 年分行政级别城市技术创新发展趋势。整体来看，省会城市和非省会城市的技术创新均呈现出上升趋势。分城市行政级别来看，省会城市技术创新在 2010—2019 年均处在稳定的上升趋势，非省会城市技术创新在 2010—2019 年呈现出波动上升的趋势。可能的原因是，相较于非省会城市，商业银行金融科技促进技术创新的作用在省会城市中更大。

表 6-4　2010—2019 年分行政级别城市技术创新指数

年份	省会城市技术创新指数	非省会城市技术创新指数
2010	10.78	4.58
2011	10.76	4.26
2012	10.68	4.79
2013	10.83	5.09

续表

年份	省会城市技术创新指数	非省会城市技术创新指数
2014	10.80	5.18
2015	10.97	5.07
2016	11.08	4.98
2017	11.19	4.88
2018	11.43	5.46
2019	11.51	5.49

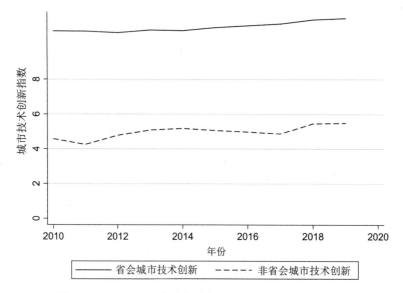

图 6-3　2010—2019 年分行政级别城市技术创新时间趋势

资料来源:作者采用 stata 软件基于实证部分相关数据绘制。

(四)分规模城市技术创新变化特征分析

接下来,分规模对城市技术创新进行分析。表 6-5 为 2010—2019 年不同规模城市的技术创新。图 6-4 为 2010—2019 年不同规模城市技术创新的发展趋势。整体来看,不同规模城市的技术创新均处于上升趋势。分城市规模来看,技术创新在大规模城市中最强,在中等规模城市中次之,在小规模城市中最弱。从纵向上看,各个城市技术创新的提升速度较为相似。可能的原因是,商业银行金融科技促进技术创新的作用在各个规模的城市中均能发挥出来。

表 6-5　2010—2019 年不同规模城市技术创新指数

年份	大规模城市技术创新指数	中等规模城市技术创新指数	小规模城市技术创新指数
2010	7.54	7.07	6.08
2011	8.31	7.26	6.24
2012	8.40	7.42	6.42
2013	8.84	7.78	6.82
2014	8.65	7.81	6.81
2015	8.95	8.16	7.07
2016	9.02	8.24	7.15
2017	9.06	8.31	7.19
2018	9.31	8.64	7.50
2019	9.37	8.79	7.51

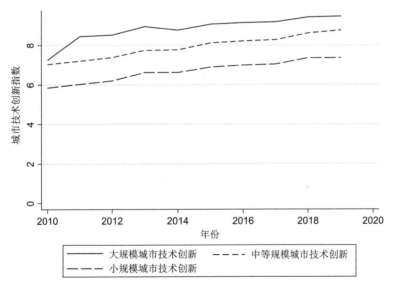

图 6-4　2010—2019 年不同规模城市技术创新时间趋势图

资料来源:作者采用 stata 软件基于实证部分相关数据绘制。

第二节　商业银行金融科技影响技术创新的检验结果

一、基准回归结果

本书通过模型(6-1)检验商业银行金融科技对技术创新的影响。表 6-6 列(1)显示的是只控制城市和时间固定效应的结果,列(2)加入了影响技术创新的其他控制变量。列(1)和列(2)中 Fintech_C 的系数均显著为正,说明商业银行金融科技发展显著促进技术创新,这支持了假说 3-6。

在控制变量的回归结果中,除了 FDI 这一变量之外,其余变量的系数均显著为正,与现有的研究结论保持一致。FDI 的系数在 1% 的水平上显著为负,说明外商直接投资对技术创新产生了显著的负影响。可能的原因是跨国公司来中国投资主要是为了获取中国相对发达国家而言更廉价的劳动力和庞大的市场,其核心技术和研发部门仍然保留在本国,因此对中国城市内其他企业未产生技术溢出效应。

表 6-6　商业银行金融科技对技术创新的影响

因变量	技术创新	
	(1)	(2)
Fintech_C	0.808 ***	0.440 ***
	(28.45)	(16.10)
GDP		1.108 ***
		(16.63)
Structure		0.648 ***
		(16.58)

续表

因变量	技术创新	
	(1)	(2)
Laborcapital		0.095***
		(7.28)
Techology		7.185***
		(6.81)
Consume		1.388***
		(8.03)
POP		0.370***
		(2.64)
FDI		−3.618***
		(−4.22)
Fixedassets		0.226***
		(5.15)
City_FE,Time_FE	Y	Y
_cons		−10.956***
		(−9.22)
N	2460	2460
adj. R^2	0.4691	0.6134

二、稳健性检验

为检验上述回归结果的稳健性,本书采用以下三种方法进行稳健性检验:第一,替换核心被解释变量,采用城市发明专利的对数替换技术创新进行回归分析;第二,替换核心解释变量;第三,删除直辖市和省会城市的样本;第四,控制金融发展水平。

（一）替换核心被解释变量

接下来，以城市发明专利的对数值作为被解释变量，回归结果见表 6-7。Fintech_C 的系数在 1‰ 的水平上显著为正，说明商业银行金融科技显著促进技术创新这一结论是稳健的。

表 6-7　稳健性检验：替换核心被解释变量

因变量	Innovation_C
Fintech_C	0.532***
	(15.41)
Control	Y
City_FE,Time_FE	Y
_cons	−14.256***
	(−9.55)
N	2460
adj. R^2	0.5593

（二）替换核心解释变量

接下来，替换解释变量的测度方式进行稳健性检验。参考张金清等（2022）的做法，基于网络爬虫技术获取各城市商业银行 2010—2019 年各年度银行名称与金融科技关键词搭配的新闻搜索结果，先进行对数化处理，再利用因子分析法计算城市层面的商业银行金融科技指标，以此来构建城市层面的商业银行金融科技指数。回归结果见表 6-8。列（1）显示的是只控制城市和时间固定效应的结果，列（2）中加入了企业层面的控制变量。回归结果显示，列（1）和列（2）中 Fintech_C 的系数均显著为正，说明商业银行金融科技发展显著促进技术创新这一结论是稳健的。

表 6-8　稳健性检验：替换核心解释变量

因变量	Innovation_C	
	(1)	(2)
Fintech_C	0.652***	0.350***
	(32.23)	(15.83)
Control	Y	Y
City_FE,Time_FE	Y	Y
_cons	7.387***	−10.503***
	(633.49)	(−8.79)
N	2460	2460
adj. R^2	0.431	0.567

（三）剔除直辖市和省会城市的样本

参考宋敏等（2021）的研究，考虑到直辖市和省会城市的金融科技发展水平较高，对银行贷款技术的影响较大，与技术创新的因果关系可能比较强烈，因而将直辖市和省会城市的样本剔除（宋敏 等，2021），重新进行回归，回归结果如表 6-9 所示。剔除直辖市样本后的回归结果如列（1）所示，进一步删除省会城市样本后的回归结果如列（2）所示。可以看出，Fintech_C 的系数仍然显著为正，说明商业银行金融科技发展显著促进技术创新这一结论在剔除了直辖市和省会城市样本之后仍然是稳健的。

表 6-9　稳健性检验：剔除直辖市和省会城市的样本

因变量	Innovation_C	
	仅剔除直辖市样本 (2)	剔除直辖市和省会城市样本 (1)
Fintech_C	0.440***	0.455***
	(16.02)	(14.93)
Control	Y	Y
City_FE,Time_FE	Y	Y
_cons	−11.295***	−12.515***
	(−9.45)	(−9.31)
N	2430	2170
adj. R^2	0.569	0.555

（四）控制金融发展水平

地区金融发展水平往往会影响企业获取外部融资的渠道（Claessens et al.,2003）。金融发展水平的提升会使以银行为主的正规金融机构的数量增加,拓宽企业的融资渠道,缓解融资压力。在金融发展较为完善的地区,企业获得融资的审批和监督成本较低,这对创新起到了积极的推动作用（解维敏 等,2011）。因此,样本期间技术创新的提升很可能是由地区金融发展水平的提升带来的,而不是由商业银行金融科技的发展驱动的。基于此,本书在控制变量中加入地区金融发展水平（Finance）,重新进行回归。表 6-10 报告了回归结果,在控制了地区金融发展水平的影响后,商业银行金融科技发展对技术创新仍然有着显著的促进作用,证明了本书核心结论的稳健性。

表 6-10　稳健性检验:控制金融发展水平

因变量	Innovation_C （1）
Fintech_C	0.397 ***
	(14.62)
Finance	0.301 ***
	(9.27)
Control	Y
City_FE,Time_FE	Y
_cons	−11.416 ***
	(−9.78)
N	2460
adj. R^2	0.584

三、内生性问题的处理

基本结果表明,商业银行金融科技发展能够促进技术创新,但上述回归结果可能受内生性问题的干扰。遗漏变量和商业银行金融科技的测量误差都可能引起内生性问题。基于此，本书首先采用工具变量法解决内生性问题，参考李春涛等（2020）和薛启航等（2022）的研究，分别选取与样本内各城市接壤的城市的商业银行金融科技发展水平的均值和商业银行金融科技指数的滞后一期作为工具变量。其次，采用广义矩估计来解决内生性问题。

（一）以接壤城市商业银行金融科技发展水平的均值为工具变量

首先，采用各个城市的接壤城市的商业银行金融科技发展水平（Fintech_C_N）的均值作为工具变量。一方面，邻近的地级市通常具有相似的商业银行金融科技发展程度，符合工具变量的相关性要求；另一方面，信贷融资存在地域分割性，邻近城市商业银行金融科技的发展基本不会缓解影响本地企业的融资状况，进而影响本地技术创新，符合工具变量的外生性要求。回归结果见表 6-11。第一阶段回归中，Fintech_C_N 的系数在 5% 的水平上显著为正，F 值为 88.14，远大于临界值 10，表明不存在弱工具变量问题。第二阶段回归中，在引入 Fintech_C_N 作为工具变量之后，商业银行金融科技对技术创新仍具有显著的正向影响，表明商业银行金融科技能够显著促进技术创新的结论是稳健的。

表 6-11　内生性处理：以城市商业银行金融科技发展水平的均值为工具变量

因变量	第一阶段	第二阶段
	Fintech_C	Innovation_C
	（1）	（2）
Fintech_C		1.672***
		（11.21）
Fintech_C_N	0.5493**	
	（13.17）	
Control	Y	Y
City_FE，Time_FE	Y	Y
_cons	−2.5322***	−4.003
	（−2.56）	（−1.37）

续表

因变量	第一阶段 Fintech_C (1)	第二阶段 Innovation_C (2)
F 值	88.14***	
Wald 检验值		809.29
N	2,197	2197
adj. R^2	0.4463	0.1969

（二）以商业银行金融科技指数的滞后一期为工具变量

其次，采用商业银行金融科技指数的滞后一期（L. Fintech_C）作为工具变量。一方面，商业银行金融科技指数的滞后一期与当期的商业银行金融科技指数高度相关，符合工具变量的相关性要求；另一方面，上一期的商业银行金融科技发展不会影响本期银行的贷款发放技术，因此也不会影响本期的技术创新，符合工具变量的外生性要求。回归结果见表 6-12。第一阶段回归中，L. Fintech_C 的系数在 5%的水平上显著为正，F 值为 103.79，远大于临界值 10，表明不存在弱工具变量问题。第二阶段回归中，在加入 L. Fintech_C 作为工具变量之后，商业银行金融科技对技术创新仍具有显著的正向影响，表明商业银行金融科技能够显著促进技术创新的结论是稳健的。

表 6-12 内生性处理：以商业银行金融科技指数的滞后一期为工具变量

因变量	第一阶段 Fintech_C (1)	第二阶段 Innovation_C (2)
Fintech_C		1.119***
		(8.79)
L. Fintech_C	0.2549**	
	(11.19)	
Control	Y	Y
City_FE, Time_FE	Y	Y

续表

因变量	第一阶段	第二阶段
	Fintech_C	Innovation_C
	(1)	(2)
_cons	−1.6126***	0.478
	(−1.60)	(0.33)
F 值	103.79***	
Wald 检验值		708866.96
N	2214	2214
adj. R^2	0.4083	0.4471

（三）广义矩估计

考虑到技术创新往往具有持续性，在时间维度上可能存在序列相关，本书将技术创新的滞后一期 L. Innovation_C 引入回归模型中，使用广义矩估计方法进行了估计，结果见表 6-13。列（1）中，AR（1）检验的 p 值小于 1%，AR（2）检验的 p 值大于 10%，即模型存在一阶序列相关，但不存在二阶序列相关，表明模型有效地克服了内生性问题。Sargan 检验的 p 值均大于 0.1，说明模型的工具变量不存在过度识别。Fintech_C 的系数在 1% 的水平上显著为正，说明在考虑技术创新的序列相关后，商业银行金融科技对技术创新的促进作用依然显著。

表 6-13　内生性处理：广义矩估计

因变量	Innovation_C
Fintech_C	0.137***
	(6.10)
L. Innovation_C	0.642***
	(19.24)
Control	Y
City_FE，Time_FE	Y

续表

因变量	Innovation_C
AR(1)	0.000
AR(2)	0.129
Sargan 检验	0.142
N	1968

第三节　商业银行金融科技对技术创新的影响机制分析

上述实证结果证实了商业银行金融科技有利于促进技术创新。理论分析表明商业银行金融科技通过增加对微观企业的贷款促进技术创新。那么,从宏观上来说,商业银行金融科技通过金融发展促进技术创新,即作用机制为"商业银行金融科技—金融发展—技术创新"。为了识别上述作用机制,本书采用式(6-2)检验金融发展的中介机制。

$$\text{Finance\_C}_{it} = C + \beta_1 \text{Fintech\_C}_{it} + \sum_m \beta_m \text{control}_{it} +$$
$$\mu_i + u_t + \varepsilon_{it} \tag{6-2}$$

式(6-2)中,Finance_C_{it} 为金融发展,其他变量的设置同模型(6-1)。

表 6-14 报告了商业银行金融科技影响技术创新的机制检验结果。列(1)中 Fintech_C 的系数在 1% 的水平上显著为正,说明商业银行金融科技对金融发展产生了显著的正影响。列(2)中 Finance 的系数显著为正,说明金融发展有利于促进技术创新,这与已有的研究结论一致。由此,商业银行金融科技通过金融发展促进技术创新的机制得到验证。

表 6-14 商业银行金融科技影响技术创新的机制分析

因变量	(1) Finance	(2) Innovation_C
Fintech_C	0.139***	0.397***
	(7.87)	(14.62)
Finance		0.301***
		(9.27)
Control	Y	Y
City_FE,Time_FE	Y	Y
_cons	1.829***	−11.416***
	(3.32)	(−9.78)
N	2460	2460
adj. R^2	0.317	0.6280

第四节 商业银行金融科技影响技术创新的异质性分析

一、区域异质性分析

接下来检验商业银行金融科技对技术创新的影响是否存在地区异质性，表 6-15 报告了地区异质性检验的回归结果。列(1)～(3)分别为东部、中部和西部地区的回归结果。我们发现 Fintech_C 的系数在列(1)～(3)中均显著为正，说明商业银行金融科技能促进所有地区的技术创新。进一步地，我们发现 Fintech_C 的系数在列(1)中最大，在列(2)中次之，在列(3)中最小，这说明商业银行金融科技促进技术创新的作用在东部地区最大，在中部地区次之，在西部地区最小。这是由于东部地区的银行对金融科技的应用程度最高,金融科技的应用提高了银行贷款发放技术,进而促进了技术创新。西部地区的银行对金融科技的应用程度最低,金融科技的应用未显著提高银行贷款发放技术,进而未能显著促进技术创新。

表 6-15　区域异质性分析

因变量	技术创新		
	东部地区	中部地区	西部地区
	（1）	（2）	（3）
Fintech_C	0.509***	0.369***	0.354***
	(7.84)	(8.14)	(10.27)
Control	Y	Y	Y
City_FE,Time_FE	Y	Y	Y
_cons	−13.624***	−13.271***	−12.313***
	(−6.10)	(−6.43)	(−5.73)
N	930	900	590
adj. R^2	0.6605	0.6388	0.7035

二、城市行政等级异质性分析

接下来检验商业银行金融科技对技术创新的影响是否存在城市行政等级异质性,表 6-16 报告了城市行政等级异质性检验的回归结果。列（1）和列（2）分别为省会城市和非省会城市的回归结果。我们发现 Fintech_C 的系数在列（1）和列（2）中均显著为正,说明商业银行金融科技能促进所有城市的技术创新。进一步地,我们发现 Fintech_C 的系数在列（1）中要低于列（2）,说明商业银行金融科技促进技术创新的作用在省会城市要小于非省会城市。这是由于相较于非省会城市,省会城市的金融系统更加完善,企业面临的融资约束更少,商业银行金融科技对技术创新的促进作用相对较小。

表 6-16　城市行政等级异质性分析

因变量	Innovation_C	
	省会城市	非省会城市
	（1）	（2）
Fintech_C	0.404***	0.455***
	（7.56）	（14.93）
Control	Y	Y
City_FE,Time_FE	Y	Y
_cons	−1.180	−12.515***
	（−0.42）	（−9.31）
N	290	2170
adj. R^2	0.718	0.555

三、城市规模异质性分析

接下来检验商业银行金融科技对技术创新的影响是否存在城市规模异质性，表 6-17 报告了城市规模异质性检验的回归结果。列（1）～（3）分别为大规模城市、中等规模城市和小规模城市的回归结果。我们发现 Fintech_C 的系数在列（1）～（3）中均显著为正，说明商业银行金融科技能促进各种规模的城市的技术创新。进一步地，我们发现 Fintech_C 的系数从列（1）至列（3）逐步降低，说明商业银行金融科技促进技术创新的作用在小规模城市中最大，在中等规模城市中次之，在大规模城市中最小。这是由于规模越小的城市，其金融系统越不完善，企业面临的融资约束越严重，商业银行金融科技对技术创新的促进作用越大。

表 6-17 城市规模异质性分析

因变量	Innovation_C		
	大规模城市	中等规模城市	小规模城市
	(1)	(2)	(3)
Fintech_C	0.188**	0.301***	0.484***
	(2.11)	(7.40)	(13.03)
Control	Y	Y	Y
City_FE,Time_FE	Y	Y	Y
_cons	−13.556*	−23.514***	−6.856***
	(−1.89)	(−10.44)	(−4.65)
N	116	820	1524
adj. R^2	0.704	0.685	0.510

四、商业银行金融科技发展阶段异质性分析

接下来检验商业银行金融科技对技术创新的影响在不同的商业银行金融科技发展阶段是否存在异质性。2010—2015 年是"金融科技 2.0"时代,传统金融机构搭建在线业务平台,互联网公司的业务触角延伸至金融行业。2016 年开始进入"金融科技 3.0"时代,大数据、区块链等技术逐渐成熟并被银行业应用。本书以 2015 年为界,将样本分为金融科技 2.0 组和金融科技 3.0 组,回归结果见表 6-18。我们发现 Fintech_C 的系数在列(1)和列(2)中均显著为正,但是在列(2)中更大,说明商业银行金融科技对技术创新的提升作用在"金融科技 3.0"阶段更能充分发挥出来。这是由于在"金融科技 3.0"阶段,银行才开始利用大数据、区块链等技术,银行贷款发放技术得以提升,进而促进了技术创新。商业银行在"金融科技 2.0"阶段还未开始利用大数据、区块链等技术,主要是将业务从线下迁移到线上,其贷款发放技术的提升程度较低,进而商业银行金融科技对技术创新的提升作用较小。

表 6-18　商业银行金融科技发展阶段异质性分析

因变量	Innovation_C	
	金融科技 2.0 (1)	金融科技 3.0 (2)
Fintech_C	0.144*	0.233***
	(1.88)	(9.27)
Control	Y	Y
City_FE，Time_FE	Y	Y
_cons	−15.302***	3.905**
	(−6.07)	(2.32)
N	1230	1230
adj. R^2	0.153	0.170

五、技术创新异质性分析

为检验商业银行金融科技对技术创新的影响是否在技术创新程度不同的城市之间存在异质性，本书采用分位数回归法。基于技术创新的条件分布，选取 0.1、0.25、0.5、0.75 和 0.9 分位数，考察在不同的技术创新程度下，商业银行金融科技对技术创新的影响，回归结果见表 6-19。我们可以发现，商业银行金融科技在条件分布的不同位置对技术创新的提升作用不同。通过观察列（1）~（5）中 Fintech_C 的系数，我们发现 Fintech_C 的系数均显著，并且从列（1）至列（5）逐渐降低，说明商业银行金融科技对技术创新的作用随着城市技术创新程度的提升而下降。这是由于技术创新情况越差的城市往往面临着越严重的金融支持不足的问题，商业银行金融科技通过增加对技术创新的金融供给促进技术创新的作用在技术创新情况越差的城市中越大。

表 6-19　技术创新异质性分析

因变量	技术创新				
	0.1 分位数	0.25 分位数	0.5 分位数	0.75 分位数	0.9 分位数
	(1)	(2)	(3)	(4)	(5)
Fintech_C	0.630***	0.498***	0.431***	0.327***	0.259***
	(8.28)	(7.77)	(8.90)	(6.51)	(5.73)
Control	Y	Y	Y	Y	Y
City_FE，Time_FE	Y	Y	Y	Y	Y
_cons	−13.822***	−14.111***	−12.978***	−12.520***	−10.463***
	(−12.90)	(−15.62)	(−19.04)	(−22.36)	(−13.03)
N	2460	2460	2460	2460	2460

第五节　本章小结

本章以 2010—2019 年中国城市层面的数据为研究样本,探讨商业银行金融科技对技术创新的影响及机制,得到以下三点结论。第一,商业银行金融科技有助于促进技术创新,这一结论在一系列的稳健性检验和对内生性问题进行处理之后仍然稳健。第二,机制检验证实商业银行金融科技通过增加金融供给,促进金融发展,进而促进技术创新。第三,异质性分析表明商业银行金融科技促进技术创新的作用在东部最强,在中部次之,在西部最弱;城市规模越小、城市行政级别越低、城市技术创新水平越低,这种促进作用越强;这种促进作用在"金融科技 3.0"阶段较大,在"金融科技 2.0"阶段较小。

第七章　商业银行金融科技影响城市全要素生产率的机制检验Ⅱ:资源配置效率机制

本章旨在基于第三章的理论分析,实证检验商业银行金融科技影响城市全要素生产率的资源配置效率机制。首先,基于2010—2019年中国城市层面的数据,选取双向固定效应模型实证检验商业银行金融科技对资源配置效率的影响。其次,通过替换核心解释变量、替换被解释变量和更换样本的方式进行稳健性检验,采用工具变量法处理内生性问题。再次,检验商业银行金融科技影响资源配置效率的机制。最后,进一步探讨商业银行金融科技影响资源配置效率的区域异质性、城市行政级别异质性、城市规模异质性和资源配置效率异质性。

第一节　模型、变量与数据

一、模型建立

设置如下模型检验商业银行金融科技对资源配置效率的影响。

$$\text{Efficiency}_{it} = C + \alpha_1 \text{Fintech\_C}_{it} + \sum_m \alpha_m \text{control}_{it} +$$
$$\mu_i + u_t + \varepsilon_{it} \qquad (7\text{-}1)$$

式(7-1)中,Efficiency_{it}为资源配置效率,其他变量和参数的设置参考式(5-1)。

二、变量选取

(一)被解释变量

被解释变量为资源配置效率(Efficiency)。资源配置效率指标属于城市层面的指标,但是该指标是基于企业全要素生产率构建的。本书参考郑国楠等(2021)的做法构建资源配置效率这一变量,具体的构建步骤如下:首先,采用LP法计算企业全要素生产率。其次,计算两位数行业内企业全要素生产率的离散程度指标。再次,以各个行业增加值的占比为权重,计算行业全要素生产率离散程度指标的加权平均值。最后,为避免资源配置效率的数值相较于城市全要素生产率而言过大,本书将上一步计算得出的加权平均值再除以100,以此作为衡量资源配置效率的指标,该指标越大,城市的资源配置效率越低。

行业全要素生产率离散程度指标通常采用行业内企业全要素生产率的标准差和分位数来度量,本书采用标准差来度量。相比于上市公司数据库,工业企业数据库包括所有规模以上的工业企业,能够较好地反映城市内企业全要素生产率的离散情况,并且现有研究都是基于工业企业全要素生产率的离散程度构建资源配置效率(简泽 等,2013;吴晗 等,2016)的,因此本书也采用工业企业全要素生产率构建资源配置效率。

工业企业全要素生产率的计算过程如下。参考鲁晓东和连玉君(2012)的研究,采用LP法在两位数行业层面上分行业[1]估计企业全要素生产率。计算企业全要素生产率需要确定企业的投入和产出变量,具体包括劳动投入、资本投入、中间投入和产出这四个指标,最后均做对数化处理。劳动投入用各个企业的年末就业人数表示,资本投入用资本存量表示,中间投入用工业中间投入表示,产出用各个企业的工业增加值表示。资本投入的计算参考黄先海等(2016)的研究,采用永续盘存法对企业每年的资本存量进行估算,公式为:本年资本存量＝上年资本存量＋本年投资额－本年折旧[2]。

---

[1]　可以将两位数行业上的企业看作有近似的生产函数,分行业估计可以更准确地测算企业全要素生产率。

[2]　2008—2009年缺失"本年折旧"数据,根据公式"本年折旧＝固定资产合计×两位数行业平均折旧率"来估算近似值。

测算企业每年的资本存量需要的基础数据包括初始资本存量①、本年折旧和本年投资额。2011—2015 年工业企业数据库缺少工业中间投入和工业增加值指标,本书参考韩峰等(2022)的研究,基于会计核算方法和国民经济核算方法测算和补齐②。企业的固定资产净值、本年折旧和本年投资额③均以 1998 年为基期,按照各地区固定资产投资价格指数进行平减。企业的工业增加值和工业中间投入均以 1998 年为基期,按照各地区的工业品出厂价格指数进行平减。

(二)核心解释变量

核心解释变量为城市层面商业银行金融科技应用水平(Fintech_C)。参照第四章第一节中的方法来测算。

(三)控制变量

由于产业结构和对外开放等因素都有可能影响资源配置效率,因此将如下因素作为控制变量。(1)产业结构(Structure),采用第三产业增加值与第二产业增加值的比值来衡量。伴随着产业结构的优化,资源从生产率低的部门流动到生产率高的部门,从而提高了资源配置效率(廖常文 等,2020)。(2)外商直接投资(FDI),采用实际利用外商投资额与 GDP 的比重来衡量。跨国公司在城市内投资,加剧了城市内企业的竞争,低生产率企业

---

① 本书用各个企业首次出现在数据库的年份对应的固定资产净值平减后的数额作为初始资本存量。

② 首先,根据收入法来测算工业增加值,公式为:工业增加值=本年应付工资总额+增值税+所得税+营业税+利润总额+本年折旧。其次,以公式"工业中间投入=工业总产值+增值税-工业增加值"估算近似值来补齐缺失年份的工业中间投入。

③ 本年投资额采用相邻两年固定资产原值的差额平减后的数额来度量。2008—2009 年工业企业数据库中未披露固定资产原值,因此 2008—2011 年的本年投资额采用如下公式推算:本年投资额=本年固定资产净值-上年固定资产净值+本年折旧。2010 年工业企业数据库存在严重的错误而无法使用,因此 2010 年企业的固定资产净值和本年折旧采用插值法计算,取 2009 年和 2011 年的均值。

被淘汰,资源从低生产率企业流向高生产率企业,资源配置效率得到提升(才国伟 等,2019;张庆君 等,2020)。(3)政府干预(Government),用财政支出占地区 GDP 的比重来衡量。政府干预妨碍了市场对资源的配置,降低了资源配置效率(仲深 等,2019;武晋 等,2021)。(4)人口密度(POP),用每百万平方米人口数的对数值来衡量。参考张治栋等(2021)以及赵娜等(2021)的研究,将人口密度纳入控制变量。

三、数据来源

资源配置效率指标是基于工业企业全要素生产率构建的,工业企业全要素生产率的计算所需的数据来源于工业企业数据库[①]。由于工业企业数据库只更新到 2015 年,并且 2010 年工业企业数据库存在严重错误,因此,本书构造了 2011—2015 年的资源配置效率指标。其他城市层面的数据来源于各年的《中国城市统计年鉴》,部分缺失的数据用插值法补齐。最后共得到 246 个城市 2011—2015 年的观测值。主要变量的描述性统计结果如表 7-1 所示。

表 7-1　变量的描述性统计

变量	观测值	均值	标准差	最小值	最大值
	（1）	（2）	（3）	（4）	（5）
Efficiency	1220	0.098	0.149	0	1.045
Fintech_C	1220	0.535	0.391	0	1.595
Structure	1220	0.826	0.440	0.114	4.046

[①] 工业企业数据库的数据需要进行处理,具体参照 Brandt et al.(2012)的方法对样本进行以下处理:(1)剔除不符合会计原则的观测值,包括总资产小于流动资产、总资产小于固定资产净值、累计折旧小于当期折旧、实收资本小于 0 或等于 0 的观测值;(2)剔除职工人数少于 8 人的观测值;(3)剔除主要指标缺失和小于 0 的观测值;(4)对所有连续变量进行前后各 0.5% 的缩尾处理以剔除变量的异常值。经过处理,最终共得到 419305 个公司—年份的观测值。

续表

变量	观测值 (1)	均值 (2)	标准差 (3)	最小值 (4)	最大值 (5)
FDI	1220	0.019	0.018	−0.003	0.116
Government	1220	0.175	0.075	0.044	0.675
POP	1220	5.828	0.855	1.629	7.882

四、测算结果

本书测算了 246 个城市 2011—2015 年的城市资源配置效率[①],结果显示,各个城市在不同时间的资源配置效率差异较大。

五、特征分析

(一)资源配置效率时间趋势分析

表 7-2 为 2011—2015 年的城市资源配置效率。图 7-1 为 2011—2015 年城市资源配置效率的时间趋势。可以看出,2011—2015 年,尽管城市资源配置效率处在下降趋势,但城市资源配置效率的下降幅度逐步放缓。对于城市资源配置效率持续下降这一结果,可能有悖于我们的直觉。因为我们通常认为:伴随着金融系统的完善,城市资源配置效率应当处在持续提升的状态中。但是,需要引起我们注意的是,城市资源配置效率的变化受诸多因素的影响。值得注意的是,2012 年开始城市资源配置效率的下降速度明显放缓,并且 2013 年城市资源配置效率有短暂的上升。这有可能是因为商业银行应用大数据、人工智能等技术提高了贷款技术,提升了服务实体经济的能

---

① 限于篇幅,结果备索。

力,对城市资源配置效率产生了提升作用,从而抵消了城市资源配置效率的下降趋势。

表 7-2　2011—2015 年城市资源配置效率

年份	城市资源配置效率
2011	0.76
2012	0.80
2013	0.82
2014	0.81
2015	0.84

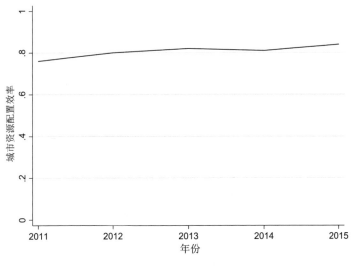

图 7-1　2011—2015 年城市资源配置效率时间趋势

资料来源:作者采用 stata 软件基于实证部分相关数据绘制。

（二）分区域城市资源配置效率变化特征分析

表 7-3 为 2011—2015 年分区域城市资源配置效率。图 7-2 为 2011—2015 年分区域城市资源配置效率时间趋势。整体来看,2011—2015 年各区域城市的资源配置效率呈现出分化的趋势。分区域来看,东部城市的资源配置效率呈现出稳定的态势,西部城市的资源配置效率从 2012 年开始稳步

上升,中部城市的资源配置效率一直处于下降趋势中。

表 7-3　2011—2015 年分区域城市资源配置效率

年份	东部城市 资源配置效率	中部城市 资源配置效率	西部城市 资源配置效率
2011	0.82	0.72	0.73
2012	0.83	0.76	0.83
2013	0.85	0.81	0.80
2014	0.82	0.85	0.75
2015	0.82	0.95	0.70

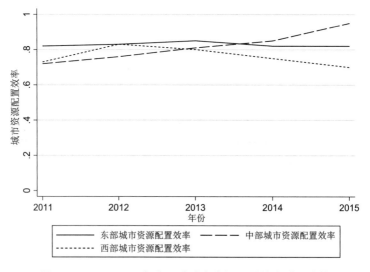

图 7-2　2011—2015 年分区域城市资源配置效率时间趋势

资料来源:作者采用 stata 软件基于实证部分相关数据绘制。

(三)分行政级别城市资源配置效率变化特征分析

表 7-4 为 2011—2015 年分行政级别城市资源配置效率。图 7-3 为 2011—2015 年分行政级别城市资源配置效率发展趋势。整体来看,省会城市和非省会城市资源配置效率处在持续的分化趋势中。分城市行政级别来看,2011—2015 年省会城市的资源配置效率处在稳定状态,非省会城市资源

配置效率出现持续的下降。

表 7-4　2011—2015 年分行政级别城市资源配置效率

年份	省会城市资源配置效率	非省会城市资源配置效率
2011	1.13	0.90
2012	0.85	0.92
2013	1.87	0.94
2014	2.90	0.87
2015	3.93	0.89

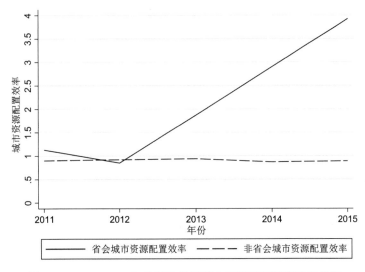

图 7-3　2011—2015 年分行政级别城市资源配置效率时间趋势

资料来源：作者采用 stata 软件基于实证部分相关数据绘制。

（四）分规模城市资源配置效率分析

接下来,分城市规模对城市资源配置效率进行分析。表 7-5 为 2011—2015 年不同规模城市的资源配置效率。图 7-4 为 2011—2015 年不同规模城市资源配置效率的发展趋势。整体来看,不同规模的城市的资源配置效率在不断地分化。从纵向来看,大规模城市的资源配置效率在提高,中等规模城市的资源配置效率在持续下降,小规模城市的资源配置效率相对稳定。

表 7-5　2011—2015 年不同规模城市资源配置效率

年份	大规模城市资源配置效率	中等规模城市资源配置效率	小规模城市资源配置效率
2011	0.99	0.71	0.70
2012	0.85	0.74	0.76
2013	0.81	0.78	0.81
2014	0.88	0.79	0.83
2015	0.84	0.80	0.81

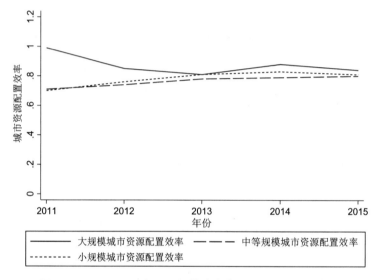

图 7-4　2011—2015 年不同规模城市资源配置效率时间趋势

资料来源：作者采用 stata 软件基于实证部分相关数据绘制。

第二节　商业银行金融科技影响资源配置效率的检验结果

一、基准回归结果

首先,本书通过式(7-1)检验商业银行金融科技对资源配置效率的影响。

表 7-6 第（1）列显示的是只控制城市和时间固定效应的结果，第（2）列加入了影响资源配置效率的其他控制变量。列（1）和列（2）中 Fintech_C 的系数均在 1% 的水平上显著为正，说明商业银行金融科技显著提升了资源配置效率。这是由于：第一，商业银行应用金融科技提高了信息搜寻能力，更容易甄别企业生产率，通过增加对高生产率企业的信贷支持，进而提高资源配置效率；第二，商业银行为企业提供信贷支持即是企业经营良好的信号，这个信号有利于企业获得来自其他金融机构的资金支持，高生产率企业因此获得更多的资金支持，由此进一步提高了资源配置效率。因此，商业银行金融科技能够显著地提高资源配置效率，进而提高城市全要素生产率。由此，假设 3-7 得证。

在控制变量的回归结果中，Structure、FDI 和 POP 的系数均在 1% 的水平上显著为正，说明这些因素都显著提升了资源配置效率。Government 的系数在 1% 的水平上显著为负，说明政府干预对资源配置效率产生了显著的负影响。控制变量的回归结果均与现有研究的结论一致。

表 7-6　商业银行金融科技对资源配置效率的影响

因变量	Efficiency	
	（1）	（2）
Fintech_C	0.099***	0.052***
	（9.02）	（4.84）
Structure		0.037***
		（4.02）
FDI		1.210***
		（5.24）
Government		−0.366***
		（−6.02）
POP		0.040***
		（7.89）
City_FE，Time_FE	Y	Y

续表

因变量	Efficiency	
	(1)	(2)
_cons	0.043***	−0.156***
	(4.77)	(−4.36)
N	1220	1220
adj. R^2	0.060	0.224

二、稳健性检验

为检验上述回归结果的稳健性,本书采用以下四种方法进行稳健性检验:第一,替换核心解释变量;第二,替换被解释变量;第三,剔除涉及直辖市的样本;第四,控制金融发展水平。

(一)替换核心解释变量

接下来采用替换核心解释变量的测度方式进行稳健性检验。参考第五章第二节中的做法,采用因子分析法构造商业银行金融科技指数。回归结果见表7-7,可以看出,Fintech_C的系数在1%的水平上显著为正,说明商业银行金融科技提升资源配置效率这一结论是稳健的。

表7-7 稳健性检验:替换核心解释变量

因变量	Efficiency
Fintech_C	0.042***
	(4.91)
Control	Y
City_FE,Time_FE	Y
_cons	−0.129***
	(−3.68)
N	1220
adj. R^2	0.225

（二）替换被解释变量

接下来,分别以基于行业资源配置的八分位数和四分位数计算的城市资源配置效率作为被解释变量进行回归分析,回归结果见表 7-8 中的列(1)和列(2)。列(1)和列(2)中 Fintech_C 的系数均在 1% 的水平上显著为正,说明商业银行金融科技提升资源配置效率这一结论是稳健的。

表 7-8　稳健性检验:替换被解释变量

因变量	Efficiency	
	（1）	（2）
Fintech_C	0.042***	0.085***
	(4.91)	(5.02)
Control	Y	Y
City_FE,Time_FE	Y	Y
_cons	−0.129***	−0.233***
	(−3.68)	(−4.22)
N	1220	1220
adj. R^2	0.225	0.2441

（三）剔除涉及直辖市的样本

参考宋敏等(2021)的研究,考虑到直辖市的商业银行金融科技应用水平较高,对商业银行贷款技术的影响较大,与城市资源配置效率的因果关系可能比较强烈,因而将涉及直辖市的样本剔除,重新进行回归,回归结果见表 7-9。可以看出,Fintech_C 的系数在 1% 的水平上显著为正,说明商业银行金融科技提升资源配置效率这一结论,在剔除了涉及直辖市的样本之后,仍然是稳健的。

表 7-9　稳健性检验:剔除涉及直辖市的样本

因变量	Efficiency
Fintech_C	0.041***
	(3.83)

续表

因变量	Efficiency
Control	Y
City_FE, Time_FE	Y
_cons	−0.095***
	(−2.61)
N	1205
adj. R^2	0.193

（四）控制金融发展水平

金融发展水平的提升有助于缓解高生产率企业面临的融资约束，将资本和劳动力资源配置到高生产率企业，从而提高资源配置效率。基于此，本书在控制变量中加入地区金融发展水平（Finance），重新进行回归。表 7-10 报告了回归结果，可以看出，在控制了地区金融发展水平的影响后，商业银行金融科技对资源配置效率仍然有着显著的促进作用，这证明了本书核心结论的稳健性。

表 7-10　稳健性检验：控制金融发展水平

因变量	Efficiency （1）
Fintech_C	0.044***
	(4.07)
Finance	0.032***
	(3.82)
Control	Y
City_FE, Time_FE	Y
_cons	−0.155***
	(−4.35)
N	1220
adj. R^2	0.233

三、内生性问题的处理

基本结果表明,商业银行金融科技能够提升资源配置效率,但上述回归结果可能受内生性问题的干扰。遗漏变量和变量测度误差都可能引起内生性问题。基于此,本书参考第五章第二节中的做法,采取工具变量法处理内生性问题,分别选取接壤城市平均商业银行金融科技和滞后一期商业银行金融科技作为工具变量。

(一)以接壤城市平均商业银行金融科技为工具变量

首先,采用各个城市的接壤城市的平均商业银行金融科技(Fintech_C_N)作为工具变量。一方面,邻近的地级市通常具有相似的商业银行金融科技应用程度,符合工具变量的相关性要求。另一方面,信贷融资存在地域分割性,邻近地区的商业银行金融科技基本不会缓解本地企业的融资状况,进而不会影响本地资源配置效率,符合工具变量的外生性要求。回归结果见表 7-11。第一阶段的回归中,Fintech_C_N 的系数在 5% 的水平上显著为正,F 值为 23.02,远大于临界值 10,表明不存在弱工具变量问题。第二阶段的回归中,在引入接壤城市平均商业银行金融科技作为工具变量之后,Fintech_C 的系数仍旧在 5% 的水平上显著为正,表明商业银行金融科技能够显著提升资源配置效率的结论是稳健的。

表 7-11　内生性处理:以接壤城市平均商业银行金融科技为工具变量

因变量	第一阶段	第二阶段
	Fintech_C	Efficiency
	(1)	(2)
Fintech_C		1.199**
		(2.51)
Fintech_C_N	0.1333**	
	(2.44)	

续表

因变量	第一阶段 Fintech_C (1)	第二阶段 Efficiency (2)
Control	Y	Y
City_FE,Time_FE	Y	Y
_cons	0.1780***	−0.431***
	(2.63)	(−3.17)
F 值	23.02***	
Wald 检验值		342.56
N	1092	1092
adj. R^2	0.1080	0.1632

（二）以滞后一期商业银行金融科技为工具变量

其次，采用滞后一期商业银行金融科技（L. Fintech_C）作为工具变量。一方面，滞后一期商业银行金融科技与当期商业银行金融科技高度相关，符合工具变量的相关性要求。另一方面，滞后一期商业银行金融科技不会影响本期商业银行贷款发放技术，进而不会影响本期资源配置效率，符合工具变量的外生性要求。回归结果见表 7-12。第一阶段的回归中，L. Fintech_C 的系数在 1% 的水平上显著为正，F 值为 174.93，远大于临界值 10，表明不存在弱工具变量问题。第二阶段的回归中，在采用 L. Fintech_C 作为工具变量之后，Fintech_C 的系数仍旧在 1% 的水平上显著为正，表明商业银行金融科技显著提升资源配置效率的结论是稳健的。

表 7-12　内生性处理：以滞后一期商业银行金融科技为工具变量

因变量	第一阶段 Fintech_C (1)	第二阶段 Efficiency (2)
Fintech_C		0.165***
		(9.27)
L. Fintech_C	0.7061***	
	(28.05)	

续表

因变量	第一阶段 Fintech_C (1)	第二阶段 Efficiency (2)
Control	Y	Y
City_FE, Time_FE	Y	Y
_cons	0.1031***	−0.169***
	(2.61)	(−7.16)
F 值	174.93***	
N	1220	1220
adj. R^2	0.4612	0.082

第三节 商业银行金融科技影响资源配置效率的机制检验

一、模型、变量与数据

(一)模型设定

理论分析表明,商业银行应用金融科技提高了对企业生产率的识别能力,增加了生产率这一因素对企业信贷获取概率的影响,资源配置过程会更符合"优胜劣汰"原则,表现为增加了对高生产率企业的贷款,从而有助于高生产率企业成长,进而提高资源配置效率。并且,商业银行应用金融科技并不会增加对低生产率企业的贷款,进而不会影响低生产率企业的成长。因此,下面将检验商业银行金融科技对不同生产率企业成长的异质性影响,来识别商业银行金融科技是否通过提高生产率对企业成长的作用,促进高生产率企业成长,从而提高资源配置效率。接下来,本书将城市层面的商业银行金融科技指数与工业企业数据进行匹配,利用面板双门槛模型检验商业银行金融科技对企业成长的影响是否存在生产率异质性,设定的模型如下。

$$
\begin{aligned}
\text{Growth}_{it} = {} & C + \beta_1 \text{Fintech\_C}_{it} I(\text{TFP\_E}_{it} < \gamma_1) + \\
& \beta_2 \text{Fintech\_C}_{it} I(\gamma_1 < \text{TFP\_E}_{it} < \gamma_2) + \\
& \beta_2 \text{Fintech\_C}_{it} I(\text{TFP\_E}_{it} > \gamma_2) + \\
& \sum_m \beta_m \text{control}_{it} + \mu_i + u_t + \varepsilon_{it}
\end{aligned}
\tag{7-2}
$$

式(7-2)中:Growth_{it} 为企业成长,$I(\cdot)$ 为示性函数,TFP_E_{it} 是门槛变量,γ_n 表示第 n 个门槛值,β_m 为待估参数,μ_i 为企业固定效应,u_t 为时间固定效应,ε_{it} 为残差项。该模型控制了时间固定效应和企业个体固定效应,并且对标准误进行了个体层面的聚类调整。

接下来,本书将城市层面的商业银行金融科技指数与工业企业数据进行匹配,检验商业银行金融科技对不同生产率企业的退出是否存在异质性影响,设置的模型如下。

$$
\begin{aligned}
\text{EX}_{it} = {} & C + \beta_1 \text{Fintech\_C}_{it} I(\text{TFP\_E}_{it} < 5.8906) + \\
& \beta_2 \text{Fintech\_C}_{it} I(5.8906 < \text{TFP\_E}_{it} < 8.2642) + \\
& \beta_3 \text{Fintech\_C}_{it} I(\text{TFP\_E}_{it} > 8.2642) + \\
& \sum_m \beta_m \text{control}_{it} + \mu_i + u_t + \varepsilon_{it}
\end{aligned}
\tag{7-3}
$$

式(7-3)中,EX_{it} 为企业退出的虚拟变量,其余变量和参数的设置参照模型 7-2 进行。鉴于企业退出为虚拟变量,式(7-3)的回归采用 probit 模型。由于式(7-3)采用的是 probit 模型,无法使用面板门槛模型,因此本书参考式(7-3)计算出的两个门槛值,将样本分为三组进行分组回归,以检验商业银行金融科技对企业退出的影响是否存在生产率异质性。

(二)变量选取

被解释变量为企业成长(Growth)和企业退出(EX)。企业成长用企业的工业增加值占城市—四位数行业的比重来衡量。关于企业退出,借鉴

Brandt et al.(2012)的方法，将某一年之后不再出现在工业企业数据库中的企业视为退出企业，该年度该企业的退出变量记为1，其余情况均记为0。[①]

核心解释变量为城市层面的商业银行金融科技（Fintech_C），测度方法见第四章第一节。

门槛变量是工业企业全要素生产率（TFP_E），参考第六章第一节进行设置。

参考吴晗等（2016）的方法设置如下控制变量：企业规模、企业年龄、国有企业、资产负债率、资产利润率、企业出口密度、政企关系。设置行业集中度作为行业层面的控制变量，用赫芬达尔指数衡量，该指数越大，表明行业集中度越高。设置金融市场化程度作为地区层面的控制变量，采用王小鲁等（2017）的《中国分省份市场化指数报告（2016）》中的"金融业的市场化"作为金融市场化的代理变量，并进行归一化处理。

（三）数据来源

参考第六章第一节的数据来源。

二、检验结果分析

（一）生产率异质性企业成长机制分析

本书设定统一的种子值300以保证计量结果的一致性。门槛检验结果见表7-13，门槛估计值结果见表7-14。从结果可知，以TFP_E为门槛，存在2个门槛值，分别为5.8906和8.2642，门槛检验结果均在1%的水平上显著。

---

① 由于工业企业数据库中2014和2015年的样本存在缺失，企业退出变量的计算会因为样本的缺失而产生错误，因此企业退出变量的计算不包括2014和2015年的数据。

表 7-13　门槛检验结果

门槛值	F 值	p 值	BS 次数	10%	5%	1%
TFP_E	30.67	0.0000	300	14.8466	17.5495	22.5490

表 7-14　门槛估计值及其置信区间

门槛值	置信区间	p 值
5.8906	(5.8685,5.9021)	0.0000
8.2642	(8.2394,8.2786)	0.0000

本书利用式(7-2)检验商业银行金融科技对生产率异质性企业成长(Growth)的影响,具体结果见表 7-15。结果显示:当 TFP_E 小于第一个门槛值 5.8906 时,Fintech_C 对企业成长无显著影响;当 TFP_E 大于第一个门槛值 5.8906 且小于第二个门槛值8.2642时,Fintech_C 对企业成长有显著的正影响;当 TFP_E 大于第二个门槛值8.2642时,Fintech_C 对企业成长有显著且更大的正影响。可见,随着企业全要素生产率的提升,商业银行金融科技对企业成长的影响由不显著转向显著为正,并且企业全要素生产率越高,商业银行金融科技促进企业成长的作用越大。这是由于:当企业全要素生产率较低时,即便商业银行金融科技促使商业银行贷款技术提高,但商业银行仍旧不愿意给这类企业发放贷款,从而对这类企业的成长无显著影响;而当企业生产率较高时,商业银行将这类企业判定为高生产率企业,愿意为这类企业提供贷款,进而促进这类企业成长,并且企业全要素生产率越高,商业银行为这类企业提供贷款的意愿越大,进而促进该类企业成长的作用越大。总之,商业银行金融科技提高了生产率这一因素对企业成长的影响,资源配置过程会更符合"优胜劣汰"原则,直接表现为商业银行金融科技使商业银行增加了对高生产率企业的贷款,促进了高生产率企业的成长,从而提高了资源配置效率。由此,假设 3-2 得证。

表 7-15　商业银行金融科技影响生产率异质性企业成长的机制分析

因变量	Growth
Fintech_C(TFP_E$_{it}$ < 5.8906)	−0.017
	（−1.31）
Fintech_C(5.8906 < TFP_E$_{it}$ < 8.2642 ）	0.013 ***
	（3.96）
Fintech_C(TFP_E$_{it}$ > 8.2642 ）	0.032 ***
	（7.23）
Control	Y
Individual_FE，Time_FE	Y
_cons	−0.404 ***
	（−10.45）
N	27900
adj. R^2	0.608

（二）生产率异质性企业退出机制分析

本书利用式（7-3）检验商业银行金融科技对生产率异质性企业退出（EX）的影响，具体结果见表 7-16。结果显示：当 TFP_E 小于第一个门槛值 5.8906 时，商业银行金融科技对企业退出无显著影响；当 TFP_E 大于第一个门槛值 5.8906 且小于第二个门槛值 8.2642 时，商业银行金融科技对企业退出有显著的负影响；当 TFP_E 大于第二个门槛值 8.2642 时，商业银行金融科技对企业退出有显著且更大的负影响。可见，随着企业全要素生产率的上升，商业银行金融科技对企业退出的影响由不显著转向显著为负，并且企业全要素生产率越高，商业银行金融科技减少企业退出的作用越大。这是由于当企业全要素生产率低于门槛值时，即便商业银行金融科技提高了商业银行的贷款技术，但商业银行仍旧不愿意给这类企业发放贷款，从而对这类企业的退出无显著影响。当企业全要素生产率较高时，商业银行将这类企业判定为高生产率企业，并愿意为这类企业提供贷款，进而这类企业退出市场的概率显著下降。并且企业全要素生产率越高,商业银行越愿意为这类企业提供贷款,进而对于降低该类企业退出市场的作用越大。总之,商业银行金融科技提高了生产率这一因素对企业退出的影响,资源配置过程会更符合"优胜劣汰"原则,直接表现为商业银行增加了对高生产率企业的贷款,降低了高生产率企业退出市场的概率,从而提高了资源配置效率。由此,假设 3-4 得证。

表 7-16　商业银行金融科技影响生产率异质性企业退出的机制分析

因变量	EX		
	$\text{TFP\_E}_{it} < 5.8906$	$5.8906 < \text{TFP\_E}_{it} < 8.2642$	$\text{TFP\_E}_{it} > 8.2642$
	(1)	(2)	(3)
Fintech_C	−0.033	−0.055*	−0.087**
	(−1.14)	(−1.69)	(−2.10)
Control	Y	Y	Y
Individual_FE, Time_FE, Industry_FE,City_FE	Y	Y	Y
_cons	3.429***	2.667***	0.227
	(10.10)	(8.34)	(0.94)
N	57907	132399	18071
Pseudo R^2	0.0934	0.1058	0.0787

第四节　商业银行金融科技影响资源配置效率的异质性分析

一、区域异质性分析

下面检验商业银行金融科技对资源配置效率的影响是否存在区域异质

性,表 7-17 报告了区域异质性检验的回归结果。列(1)～(3)分别为东部、中部和西部地区的回归结果。我们发现 Fintech_C 的系数在列(1)和列(2)中均显著为正,但在列(3)中不显著,说明商业银行金融科技仅能提升东部和中部地区的资源配置效率。这是由于东部和中部地区的银行对金融科技的应用程度较高,金融科技的应用提高了银行贷款发放技术,进而提高了资源配置效率。西部地区的银行对金融科技的应用程度较低,金融科技的应用未显著提高银行贷款发放技术,进而未能显著提高资源配置效率。进一步地,我们发现列(1)中 Fintech_C 的系数大于列(2),说明商业银行金融科技促进技术创新的作用在东部地区要大于中部地区,这是由于东部地区的银行对金融科技的应用程度要高于中部地区。

表 7-17　区域异质性分析

因变量	Efficiency		
	东部地区	中部地区	西部地区
	(1)	(2)	(3)
Fintech_C	0.036***	0.022*	−0.023
	(3.03)	(1.66)	(−1.23)
Control	Y	Y	Y
City_FE, Time_FE	Y	Y	Y
_cons	0.278	−1.329***	−1.477***
	(0.69)	(−3.22)	(−2.78)
N	930	900	590
adj. R^2	0.063	0.006	−0.024

二、城市行政等级异质性分析

下面检验商业银行金融科技对城市全要素生产率的影响是否存在城市行政等级异质性,表 7-18 报告了城市行政等级异质性检验的回归结果。列

(1)、(2)分别为省会城市和非省会城市的回归结果。我们发现 Fintech_C 的系数在列(1)、(2)中均显著为正,但在列(1)中更大,说明相较于非省会城市,商业银行金融科技提高资源配置效率的作用在省会城市中更大。可能的原因是,相较于非省会城市,省会城市的数字经济发展水平更高,有更多的企业完成了数字化转型,为商业银行应用金融科技减少信息不对称积累了更多的数据基础,从而更能发挥商业银行金融科技提高资源配置效率的作用。

表 7-18　城市行政等级异质性分析

因变量	Efficiency	
	省会城市	非省会城市
	(1)	(2)
Fintech_C	0.065***	0.045***
	(2.67)	(3.21)
Control	Y	Y
City_FE，Time_FE	Y	Y
_cons	−0.631***	−0.129***
	(−5.34)	(−3.43)
N	145	1075
adj. R^2	0.429	0.218

三、城市规模异质性分析

下面检验商业银行金融科技对资源配置效率的影响是否存在城市规模异质性,表 7-19 报告了城市规模异质性检验的回归结果。列(1)~(3)分别为大规模城市、中等规模城市和小规模城市的回归结果。我们发现 Fintech_C 的系数在列(1)~(3)中均显著为正,并且逐渐变小。说明商业银行金融科技提升城市资源配置效率的作用在大规模城市中最大,在中等规模城市中次之,在小规模城市中最小。这是由于规模越大的城市,其商业银行金融科技应用水平越高,商业银行贷款技术的提升越明显,商业银行金融科技促进资源配置效率提升的作用越大。

表 7-19　城市规模异质性分析

因变量	Efficiency		
	大规模城市	中等规模城市	小规模城市
	(1)	(2)	(3)
Fintech_C	0.059***	0.023*	0.026*
	(4.75)	(1.79)	(1.82)
Control	Y	Y	Y
City_FE,Time_FE	Y	Y	Y
_cons	−0.342	−0.301**	−0.125***
	(−1.55)	(−2.31)	(−3.40)
N	55	402	763
adj. R^2	0.743	0.202	0.212

四、资源配置效率异质性分析

为检验商业银行金融科技对资源配置效率的影响是否在资源配置效率不同的城市之间存在异质性,本书采用分位数回归法。基于资源配置效率的条件分布,选取 0.1、0.25、0.5、0.75 和 0.9 分位数,考察不同的资源配置效率条件下商业银行金融科技对资源配置效率的影响,回归结果见表 7-20 中的列(1)～(5)。我们可以发现,商业银行金融科技在条件分布的不同位置对资源配置效率的提升作用不同。通过观察列(1)～(5)中 Fintech_C 的系数,我们发现 Fintech_C 的系数均显著,并且从列(1)到列(5)基本是逐渐下降的,说明商业银行金融科技对资源配置效率的作用随着资源配置效率的提升而下降。这是由于资源配置效率越低的城市,其资源配置效率的提升空间越大,商业银行金融科技提升资源配置效率的作用越明显。

表 7-20　资源配置效率异质性分析

因变量	Efficiency				
	0.1 分位数	0.25 分位数	0.5 分位数	0.75 分位数	0.9 分位数
	(1)	(2)	(3)	(4)	(5)
Fintech_C	0.562***	0.280**	0.227***	0.208**	0.212**
	(4.26)	(2.46)	(2.91)	(2.31)	(2.28)
Control	Y	Y	Y	Y	Y
City_FE,Time_FE	Y	Y	Y	Y	Y
_cons	−10.031***	−9.434***	−9.817***	−9.366***	−9.343***
	(−6.08)	(−6.64)	(−10.07)	(−10.68)	(−8.01)
N	1220	1220	1220	1220	1220

第五节　本章小结

本章基于 2011—2015 年中国城市层面的数据和 2011—2015 年中国工业企业的数据,实证检验了商业银行金融科技对资源配置效率的影响,得出如下结论。首先,商业银行金融科技显著提升了资源配置效率,并且这一结论在经过一系列的稳健性检验和内生性问题的处理之后仍然稳健。其次,商业银行金融科技通过强化商业银行的资源配置和信号释放功能,提高了资源配置效率,增加了生产率这一因素对企业信贷获取概率的影响,将信贷资源更多地配置在高生产率企业,促进了高生产率企业成长,降低了高生产率企业退出市场的概率,从而提高了资源配置效率。最后,商业银行金融科技提高资源配置效率的作用在东部最大,在中部次之,在西部不显著;在省会城市中较大;在大规模城市中最大,在中等规模城市中次之,在小规模城市中最小;在资源配置效率低的城市中较大。

第八章　商业银行金融科技影响城市全要素生产率的调节效应分析与检验

本章考察商业银行金融科技影响城市全要素生产率的调节效应。首先,就数字经济发展程度、市场化程度和城市创新能力对商业银行金融科技影响城市全要素生产率的调节作用进行理论分析。其次,对数字经济发展程度、市场化程度和城市创新能力的调节效应进行实证检验。

第一节 商业银行金融科技影响城市全要素生产率的调节效应分析

一、数字经济发展程度调节效应分析

数字经济发展涵盖数字基础设施建设、数字产业化和产业数字化等多个维度。其中,数字基础设施是数字产业化和产业数字化的基础。数字产业化反映数字产业的增长情况,产业数字化反映的是产业内企业的数字化转型情况。

数字经济发展有助于提高商业银行金融科技减少信息不对称的作用。第一,企业数字化转型作为体现数字经济发展水平的其中一个维度,放大了商业银行金融科技减少信息不对称的作用。金融科技赋能商业银行提高了信息搜寻能力,但是这些都建立在企业自身积累了可靠数据的基础上,企业积累的可靠数据越多,商业银行应用金融科技减少信息不对称的作用越大。数字经济发展程度较高的城市,意味着城市内有较大比例的企业完成了数字化转型,并且城市内的企业可以使用更丰富的数字资源和产品,更便利地实施数字化转型(祁怀锦 等,2020)。如果企业完成了数字化转型,那么企业的技术创新、生产经营、内部控制以及产品销售都会形成数据,这些数据具备开放性、透明性、共享性和可验证性(孙凡 等,2018;张学勇 等,2018),能够真实地反映企业的技术创新和生产销售情况。商业银行可以通过数字技术将上述数据接入信贷追踪系统,从而更能发挥商业银行应用金融科技减少信息不对称的作用。因此,数字经济发展程度越高的城市,城市内企业的信息披露质量越高、披露范围越大,商业银行金融科技减少信息不对称的作用越大。第二,数字产业发展和数字基础设施作为体现城市数字经济发展程度的另两个维度,提高了商业银行应用金融科技减少信息不对称的作用。发达的数字产业给企业和商业银行提供了及时高效的信息沟通渠道,例如企业通过在微博上发布信息,可以快速、大范围地传递企业的相关信息(胡军 等,2015;周冬华 等,2016;黄宏斌 等,2020)。完善的数字基础设施使得商业银行与企业之间能够高效地沟通信息,即商业银行与企业之间的信息交互速度更快,可交互的信息量更大(谭松涛 等,2016)。因此,数字经济发展提高了商业银行与企业信息交流的效率,这同样使得商业银行应用金融科技减少信息不对称的作用增强。总之,商业银行应用金融科技减少信息不对称的作用受到数字经济发展程度的调节。

数字经济发展程度正向调节了商业银行金融科技对技术创新和资源配置效率的作用。一方面,数字经济发展在加强商业银行金融科技减少信息不对称作用的基础上,会进一步加强商业银行金融科技促进技术创新的作用。这是由于商业银行金融科技减少信息不对称的作用越大,越有利于商业银行提高贷款技术以扩大信贷供给,进而支持企业技术创新。另一方面,数字经济发展在加强商业银行金融科技减少信息不对称作用的基础上,会进一步加强商业银行金融科技提升资源配置效率的作用。这是由于商业银行金融科技减少信息不对称的作用越大,商业银行搜寻高生产率企业的能力越强,越能将信贷资源配置到高生产率企业,进而商业银行提高资源配置效率的作用越大。

总之,一方面,数字经济发展程度正向调节了商业银行金融科技对技术创新的影响;另一方面,数字经济发展程度正向调节了商业银行金融科技对资源配置效率的影响。由于技术创新能力和资源配置效率的提升是促进城市全要素生产率提升的重要机制，所以最终数字经济发展程度正向调节了商业银行金融科技对城市全要素生产率的影响。

令数字经济发展程度为 ξ，假设 $\xi \in [0,1]$，数字经济发展程度越高，ξ 值越大。数字经济发展程度越高的地区，商业银行金融科技促进技术创新的作用越大，可以表示为：$\dfrac{\partial\left(\dfrac{\partial I_{si}}{\partial \eta}\right)}{\partial \xi} > 0$。数字经济发展程度越高，商业银行金融科技提高资源配置效率的作用越大，可以表示为：$\dfrac{\partial\left(\dfrac{\partial D(\ln\text{TFPR}_{si})}{\partial \eta}\right)}{\partial \xi} > 0$。

对式（3-51）关于 ξ 求偏导，可得：

$$\frac{\partial\left(\dfrac{\partial\ln\text{TFP}_s}{\partial \eta}\right)}{\partial \xi} = \sum_{i=1}^{i=M,} \frac{\partial\ln\text{TFP}_s}{\partial I_{si}} \cdot \frac{\partial\left(\dfrac{\partial I_{si}}{\partial \eta}\right)}{\partial \xi} + \frac{\partial\ln\text{TFP}_s}{\partial D(\ln\text{TFPR}_{si})} \cdot$$

$$\frac{\partial\left(\dfrac{\partial D(\ln\text{TFPR}_{si})}{\partial \eta}\right)}{\partial \xi} > 0 \tag{8-1}$$

由式（8-1）可得，数字经济发展程度越高，商业银行金融科技提升城市全要素生产率的作用越大。

二、市场化程度调节效应分析

由于中国实行的是渐进式的市场化改革，东部地区率先开始，中部地区和西部地区紧随其后，各个地区的市场化程度存在差异（樊纲 等，2011）。市场化程度反映的是市场在资源配置过程中发挥的作用大小。市场化程度高的城市，要素在企业之间的流动较为畅通，企业按照优胜劣汰的竞争机制进入和退出市场，市场在配置资源的过程中发挥了主导作用。樊纲等（2011）

从五个角度衡量了中国各地的市场化水平,包括政府与市场的关系、非国有经济的发展程度、产品市场发育程度、要素市场发育程度以及市场中介组织发育和法律制度环境。

市场化程度正向调节了商业银行金融科技对技术创新的影响。市场化程度高的城市,非国有经济发展程度较高,即民营企业占比较高。在中国金融抑制的背景下,国有企业由于其所有制优势和规模优势,获取资金便利且成本较低,而民营企业由于财务信息不透明和缺乏抵押品,承担的资金成本较高或者面临融资约束(罗来军 等,2016)。商业银行金融科技通过提高商业银行贷款技术增加金融供给,由于民营企业比国有企业面临更为严重的融资约束问题,因此商业银行金融科技缓解企业融资约束的作用在民营企业中更大。盛天翔等(2020)以及张金清等(2022)的研究也证实了商业银行金融科技主要增加了民营企业的贷款可得性。在市场化程度较高的城市,非国有经济占比较高,面临融资约束的民营企业较多,这使得商业银行金融科技缓解企业融资约束的作用更大,进而使得商业银行金融科技通过增加企业贷款可得性从而促进企业技术创新的作用更大。

市场化程度正向调节了商业银行金融科技提升资源配置效率的作用。樊纲等(2021)从五个角度衡量了中国各地的市场化水平,这说明了要发挥市场配置资源的作用,需要从五个方面,即较少的政府干预、发达的非国有经济、较高的产品市场发育程度、较高的要素市场发育程度以及较为完善的中介组织发育与法律体系进行协同。在市场化程度越高的城市,产品市场发育程度越高,政府干预越少,那么提高要素市场发育程度越能协同强化市场配置资源的作用,从而越能提高资源配置效率。要素市场发育程度的其中一个维度是金融业的市场化程度,金融业的市场化程度又可以细分为金融业的市场竞争和信贷资金分配的市场化。樊纲等(2021)采用"金融机构非国有贷款比重"衡量信贷资金分配的市场化,结论表明民营企业获得的贷款越多,信贷资金分配的市场化程度越高。商业银行金融科技主要增加了民营企业的贷款可得性(盛天翔 等,2020;张金清,2022),意味着增加了信贷资金分配的市场化程度,这相当于提高了要素市场的发育程度。

因此,在市场化程度越高的城市,商业银行金融科技提高要素市场发育程度之后,越能协同强化市场配置资源的作用,从而使得商业银行金融科技提升资源配置效率的作用越大。

总之,一方面,市场化程度正向调节了商业银行金融科技对技术创新的影响;另一方面,市场化程度正向调节了商业银行金融科技对资源配置效率的影响。由于技术创新能力和资源配置效率提升是城市全要素生产率提升的重要机制,所以最终市场化程度正向调节了商业银行金融科技对城市全要素生产率的影响。

令市场化程度为 $\varnothing$,假设 $\varnothing \in [0,1]$,市场化程度越高的城市,$\varnothing$ 值越大。市场化程度越高的城市,商业银行金融科技促进技术创新的作用越大,可以表示为: $\dfrac{\partial\left(\dfrac{\partial I_{si}}{\partial \eta}\right)}{\partial \varnothing} > 0$。市场化程度越高的城市,商业银行金融科技提高资源配置效率的作用越大,可以表示为: $\dfrac{\partial\left(\dfrac{\partial D(\ln\mathrm{TFPR}_{si})}{\partial \eta}\right)}{\partial \varnothing} > 0$。

对式(3-51)关于 $\varnothing$ 求偏导,可得:

$$\frac{\partial\left(\dfrac{\partial \ln\mathrm{TFP}_s}{\partial \eta}\right)}{\partial \varnothing} = \sum_{i=1}^{i=M,} \frac{\partial \ln\mathrm{TFP}_s}{\partial I_{si}} \cdot \frac{\partial\left(\dfrac{\partial I_{si}}{\partial \eta}\right)}{\partial \varnothing} + \frac{\partial \ln\mathrm{TFP}_s}{\partial D(\ln\mathrm{TFPR}_{si})} \cdot$$

$$\frac{\partial\left(\dfrac{\partial D(\ln\mathrm{TFPR}_{si})}{\partial \eta}\right)}{\partial \varnothing} > 0 \tag{8-2}$$

由式(8-2)可得,市场化程度越高的城市,商业银行金融科技提升城市全要素生产率的作用越大。

三、市场化程度调节效应分析

学术界目前对城市创新能力还没有统一的定义。本书借鉴 Nicolai (1996)、Furman et al.（2000）、柳卸林等（2002）对城市创新能力的定义,将城市创新能力的内涵界定为:在一定的城市创新环境的支持下,各创新主体有机整合创新要素,产生新技术、新工艺、新服务,并促进经济协同发展的能力。商业银行金融科技通过促进企业技术创新,能够提高企业全要素生产率,进而提升城市全要素生产率。因此,企业技术创新是商业银行金融科技提升城市全要素生产率的中介因素。商业银行金融科技发展使得商业银行对企业的贷款发放增加,有利于企业增加研发投入。由于同样的研发投入在创新能力不同的企业中会产生不同的创新产出,因此,商业银行金融科技提高城市全要素生产率的作用受城市内企业创新能力的调节。

对于创新能力不同的城市:一方面,城市内企业的创新能力存在差异;另一方面,同样的企业在不同的城市中也会显示出不同的创新能力。因此,商业银行金融科技通过促进企业技术创新,进而提升城市全要素生产率的作用,在创新能力不同的城市中存在异质性。

一方面,企业是城市内最主要的创新主体,城市创新能力越强,意味着城市内企业的创新能力越强。商业银行金融科技发展使得商业银行增加了对企业的贷款发放,有利于企业增加研发投入进而获得创新产出。显然,在创新能力强的企业中,商业银行金融科技发展更能有效地促进技术创新,从而使得商业银行金融科技提高城市全要素生产率的作用更大。因此,城市创新能力正向调节了商业银行金融科技提升城市全要素生产率的作用。

另一方面,城市的创新能力越强,意味着创新人才等创新要素越集聚,创新环境越好,这为企业的技术创新营造了良好的环境。相较于创新能力差的城市,在创新能力强的城市中,企业获得贷款之后,能够便利地搜寻到所需的创新人才,能够快速地获取城市内其他企业的技术溢出,进而技术创新更容易获得成功。这也说明,城市创新能力越强,商业银行金融科技越能有效地促进企业技术创新,从而使得商业银行金融科技提高城市全要素生产率的作用越强。因此,城市创新能力正向调节了商业银行金融科技提升城市全要素生产率的作用。

城市创新能力越强的城市,商业银行金融科技促进技术创新的作用越强。令城市的创新能力为 σ,假设 $\sigma \in [0,1]$,城市的创新能力越强,σ 值越大。城市创新能力越强的城市,商业银行金融科技促进技术创新的作用越强,即 $\dfrac{\partial\left(\frac{\partial I_{si}}{\partial \eta}\right)}{\partial \sigma} > 0$。

对式(3-51)关于 σ 求偏导,可得:

$$\frac{\partial\left(\frac{\partial \ln \mathrm{TFP}_s}{\partial \eta}\right)}{\partial \sigma} = \sum_{i=1}^{i=M,} \frac{\partial \ln \mathrm{TFP}_s}{\partial I_{si}} \cdot \frac{\partial\left(\frac{\partial I_{si}}{\partial \eta}\right)}{\partial \sigma} > 0 \tag{8-3}$$

由式(8-3)可得,城市的创新能力越强,商业银行金融科技提升城市全要素生产率的作用越大。

基于第八章第一节的分析,提出如下假设:

假设 8-1:数字经济发展程度正向调节了商业银行金融科技对城市全要素生产率的影响,数字经济发展程度越高,商业银行金融科技提高城市全要素生产率的作用越大。

假设 8-2:市场化程度正向调节了商业银行金融科技对城市全要素生产率的影响,市场化程度越高,商业银行金融科技提高城市全要素生产率的作用越大。

假说 8-3:城市创新能力正向调节了商业银行金融科技对城市全要素生产率的影响,城市创新能力越强,商业银行金融科技提高城市全要素生产率的作用越大。

第二节　商业银行金融科技影响城市全要素生产率的调节效应检验

一、数字经济发展程度调节效应检验

（一）模型建立

理论分析表明数字经济发展程度正向调节了商业银行金融科技对城市全要素生产率的影响。接下来，通过引入交互项对这一调节效应进行检验。设置的模型如下。

$$\text{TFP\_C}_{it} = C + \beta_1 \text{Fintech\_C}_{it} + \beta_2 \text{Fintech\_C}_{it} \times \text{Digitaleconomy} +$$

$$\sum_m \beta_m \text{control}_{it} + \mu_i + u_t + \varepsilon_{it} \tag{8-4}$$

式（8-4）中，$\text{Fintech\_C}_{it} \times \text{Digitaleconomy}$ 为商业银行金融科技与数字经济发展程度的交互项。数字经济发展程度的核算借鉴赵涛等（2020）和缪陆军等（2022）的做法，选取城市每百人中互联网宽带接入用户数、人均电信业务总量、移动电话用户数，以及计算机服务和软件业从业人员占城镇单位从业人员的比重这四个指标，然后采用因子分析法求得综合指数值。如果 β_2 显著大于 0，说明数字经济发展程度越高，商业银行金融科技对城市全要素生产率的作用越大。其余变量和参数的设置参考式（5-1）。

（二）检验结果分析

依据式（8-4）检验商业银行金融科技对城市全要素生产率的影响是否受数字经济发展程度的调节，回归结果见表 8-1。列（2）中 $\text{Fintech\_C}_{it} \times \text{Digi-taleconomy}$ 的系数在 1％的水平上显著为正，说明数字经济发展程度越高的城市,商业银行金融科技提高城市全要素生产率的作用越大。换句话说,数字经济发展程度正向调节了商业银行金融科技对城市全要素生产率的影响。由此,假设 8-1 得证。这是由于数字经济发展程度越高的城市,该城市内企业积累的可靠数据越多,商业银行与企业之间的信息交流效率越高,使得商业银行金融科技减少信息不对称的作用越大,进而提高城市全要素生产率的作用越大。

表 8-1　数字经济发展程度调节效应检验

因变量	TFP_C	
	(1)	(2)
Fintech_C_{it}	0.024 ***	0.021 ***
	(3.07)	(3.33)
Fintech_C_{it}×Digitaleconomy		0.012 ***
		(3.14)
Control	Y	Y
City_FE,Time_FE	Y	Y
_cons	−0.520 **	−0.525 **
	(−2.13)	(−2.17)
N	2460	2460
adj. R^2	0.1048	0.1049

(三)稳健性检验

为了检验数字经济发展程度调节效应检验结果的稳健性,本书采用四种方法进行稳健性检验:第一,替换核心解释变量;第二,替换被解释变量;第三,剔除直辖市的样本;第四,控制金融发展水平。回归结果分别见表 8-2、8-3、8-4和 8-5。回归结果表明,Fintech_C_{it}×Digitaleconomy 的系数显著为正,说明数字经济发展程度正向调节商业银行金融科技对城市全要素生产率的影响这一结论是稳健的。

表 8-2　稳健性检验:替换核心解释变量

因变量	TFP_C	
	（1）	（2）
Fintech_C_{it}	0.018 ***	0.012 ***
	（2.87）	（2.87）
Fintech_C_{it} × Digitaleconomy		0.010 ***
		（3.27）
Control	Y	Y
City_FE, Time_FE	Y	Y
_cons	−0.512 **	−0.526 *
	（−2.09）	（−1.87）
N	2460	2460
adj. R^2	0.1043	0.1046

表 8-3　稳健性检验:替换被解释变量

因变量	TFP_C	
	（1）	（2）
Fintech_C_{it}	0.026 ***	0.022 ***
	（3.33）	（3.21）
Fintech_C_{it} × Digitaleconomy		0.008 **
		（1.98）
Control	Y	Y
City_FE, Time_FE	Y	Y
_cons	−0.489 **	−0.457 *
	（−2.00）	（−1.83）
N	2460	2460
adj. R^2	0.1062	0.1065

表 8-4　稳健性检验:剔除直辖市的样本

因变量	TFP_C	
	(1)	(2)
Fintech_C_{it}	0.024***	0.020***
	(3.06)	(3.06)
Fintech_C_{it}×Digitaleconomy		0.006***
		(3.56)
Control	Y	Y
City_FE,Time_FE	Y	Y
_cons	−0.492**	−0.494**
	(−2.00)	(−1.98)
N	2430	2430
adj. R^2	0.1045	0.1047

表 8-5　稳健性检验:控制金融发展水平

因变量	TFP_C	
	(1)	(2)
Fintech_C_{it}	0.026***	0.022***
	(3.33)	(2.96)
Fintech_C_{it}×Digitaleconomy		0.004**
		(2.21)
Finance	0.017*	0.015*
	(1.82)	(1.77)
Control	Y	Y
City_FE,Time_FE	Y	Y
_cons	−0.489**	−0.443**
	(−2.00)	(−1.98)
N	2460	2460
adj. R^2	0.1062	0.1064

二、市场化程度调节效应检验

(一)模型建立

理论分析表明,市场化程度正向调节了商业银行金融科技对城市全要素生产率的影响。接下来,通过引入交互项对这一调节效应进行检验。设置的模型如下。

$$TFP\_C_{it} = C + \beta_1 Fintech\_C_{it} + \beta_2 Fintech\_C_{it} \times Market +$$
$$\sum_m \beta_m \, control_{it} + \mu_i + u_t + \varepsilon_{it} \tag{8-5}$$

式(8-5)中,$Fintech\_C_{it} \times Market$ 为商业银行金融科技与市场化程度的交互项。市场化程度采用王小鲁等(2021)的研究中的"中国分省市场化指数"来衡量,各个城市的市场化程度为其所在省份的市场化指数。如果 β_2 显著大于 0,说明市场化程度越高的城市,商业银行金融科技提高城市全要素生产率的作用越大。其余的变量和参数的设置参考式(5-1)。

(二)检验结果分析

依据式(8-5)检验商业银行金融科技对城市全要素生产率的影响是否受市场化程度的调节,回归结果见表 8-6。列(2)中 $Fintech\_C_{it} \times Market$ 的系数在 5% 的水平上显著为正,说明市场化程度越高,商业银行金融科技提高城市全要素生产率的作用越大。换句话说,市场化程度正向调节了商业银行金融科技对城市全要素生产率的影响。由此,假设 8-2 得证。这是由于市场化程度越高的城市,民营企业占比越高,商业银行金融科技增加企业贷款可得性的作用越强。在这种情况下,商业银行金融科技提高企业全要素生产率的作用越大,从而提高城市全要素生产率的作用也越大。

表 8-6　市场化程度调节效应检验

因变量	TFP_C	
	(1)	(2)
Fintech_C$_{it}$	0.024***	0.016***
	(3.07)	(2.89)
Fintech_C$_{it}$×Market		0.004**
		(2.08)
Control	Y	Y
City_FE,Time_FE	Y	Y
_cons	−0.520**	−0.514**
	(−2.13)	(−2.34)
N	2460	2460
adj. R^2	0.1048	0.1049

(三)稳健性检验

为检验市场化程度调节效应检验结果的稳健性,本书采用第五章第二节中的四种方法进行稳健性检验:第一,替换核心解释变量;第二,替换被解释变量;第三,剔除直辖市的样本;第四,控制金融发展水平。回归结果分别见表 8-7、8-8、8-9 和 8-10。回归结果表明,Fintech_C$_{it}$×Market 的系数显著为正,说明市场化程度正向调节商业银行金融科技对城市全要素生产率的影响的结论是稳健的。

表 8-7　稳健性检验:替换核心解释变量

因变量	TFP_C	
	(1)	(2)
Fintech_C$_{it}$	0.020***	0.018***
	(3.88)	(2.87)
Fintech_C$_{it}$×Market		0.003**
		(2.15)
Control	Y	Y

续表

因变量	TFP_C	
	(1)	(2)
City_FE,Time_FE	Y	Y
_cons	-0.512**	-0.528*
	(-2.09)	(-1.85)
N	2460	2460
adj. R^2	0.1043	0.1046

表 8-8　稳健性检验:替换被解释变量

因变量	TFP_C	
	(1)	(2)
Fintech_C_{it}	0.026***	0.024***
	(3.33)	(3.33)
Fintech_C_{it}×Market		0.006**
		(1.99)
Control	Y	Y
City_FE,Time_FE	Y	Y
_cons	-0.489**	-0.486**
	(-2.00)	(-2.13)
N	2460	2460
adj. R^2	0.1062	0.1064

表 8-9　稳健性检验:剔除直辖市样本

因变量	TFP_C	
	(1)	(2)
Fintech_C_{it}	0.024***	0.020***
	(3.06)	(2.98)
Fintech_C_{it}×Market		0.003**
		(2.03)
Control	Y	Y

续表

因变量	TFP_C	
	(1)	(2)
City_FE, Time_FE	Y	Y
_cons	-0.492^{**}	-0.490^{**}
	(-2.00)	(-2.18)
N	2430	2430
adj. R^2	0.1045	0.1047

表 8-10　稳健性检验:控制金融发展水平

因变量	TFP_C	
	(1)	(2)
Fintech_C$_{it}$	0.026^{***}	0.021^{**}
	(3.33)	(2.16)
Fintech_C$_{it}$ × Market		0.002^{**}
		(1.96)
Finance	0.017^{*}	0.018^{*}
、	(1.82)	(1.75)
Control	Y	Y
City_FE, Time_FE	Y	Y
_cons	-0.489^{**}	-0.428^{*}
	(-2.00)	(-1.78)
N	2460	2460
adj. R^2	0.1062	0.1063

三、城市创新能力调节效应检验

(一)模型建立

本书的理论分析表明城市创新能力正向调节了商业银行金融科技对城

市全要素生产率的影响。接下来,采用交互项对这一调节效应进行检验。
设置的模型如下。

$$\text{TFP\_C}_{it} = C + \beta_1 \text{Fintech\_C}_{it} + \beta_2 \text{Fintech\_C}_{it} \times \text{Innovation} +$$

$$\sum_m \beta_m \, \text{control}_{it} + \mu_i + u_t + \varepsilon_{it} \tag{8-6}$$

式(8-6)中,$\text{Fintech\_C}_{it} \times \text{Innovation}$ 为商业银行金融科技与城市创新
能力的交互项。城市创新能力采用周天勇等(2019)研究中的"城市创新能
力指标"来衡量。如果 β_2 显著大于 0,说明城市创新能力越强的城市,商业
银行金融科技对城市全要素生产率的作用越大。其余的变量和参数设置参
考式(5-1)的设置。

(二)检验结果分析

依据式(8-6)检验商业银行金融科技对城市全要素生产率的影响是否受
城市创新能力的调节,回归结果见表 8-11。列(2)中 $\text{Fintech\_C}_{it} \times \text{Innovation}$
的系数显著为正,说明城市创新能力越强,商业银行金融科技对城市全要素
生产率的提升作用越大。换句话说,城市创新能力正向调节了商业银行金
融科技对城市全要素生产率的影响。由此,假说 8-3 得证。这是由于创新能
力越强的城市,创新人才等创新要素越集聚,商业银行金融科技促使商业银
行为企业增加的贷款供给越能有效地促进企业技术创新,进而对城市全要
素生产率的提升作用越大。

表 8-11　城市创新能力调节效应检验

因变量	TFP_C	
	(1)	(2)
Fintech_C$_{it}$	0.024***	0.010***
	(3.07)	(2.96)
Fintech_C$_{it}$ × Innovation		0.018*
		(1.76)
Control	控制	控制

续表

因变量	TFP_C	
	(1)	(2)
City_FE,Time_FE	控制	控制
_cons	-0.520^{**}	-0.529^{**}
	(-2.13)	(-2.28)
N	2460	2460
adj. R^2	0.1048	0.1050

(三)稳健性检验

为检验城市创新能力调节效应检验结果的稳健性,本书采用第五章第二节中的四种方法进行稳健性检验:第一,替换核心解释变量;第二,替换被解释变量;第三,剔除直辖市的样本;第四,控制金融发展水平。回归结果分别见表 8-12、表 8-13、表 8-14 和表 8-15。回归结果表明,Fintech_C_{it}×Innovation 的系数显著为正,说明城市创新能力正向调节商业银行金融科技对城市全要素生产率的影响这一结论是稳健的。

表 8-12 稳健性检验:替换核心解释变量

因变量	TFP_C	
	(1)	(2)
Fintech_C_{it}	0.015^{***}	0.013^{***}
	(3.28)	(2.75)
Fintech_C_{it}×Innovation		0.002^{**}
		(2.20)
Control	Y	Y
City_FE,Time_FE	Y	Y
_cons	-0.458^{**}	-0.535^{*}
	(-2.03)	(-1.87)
N	2460	2460
adj. R^2	0.1046	0.1047

表 8-13　稳健性检验：替换被解释变量

因变量	TFP_C	
	（1）	（2）
Fintech_C_{it}	0.022***	0.020***
	（3.21）	（3.01）
Fintech_C_{it} × Innovation		0.006**
		（1.99）
Control	Y	Y
City_FE，Time_FE	Y	Y
_cons	−0.435**	−0.426**
	（−2.04）	（−2.03）
N	2460	2460
adj. R^2	0.1059	0.1061

表 8-14　稳健性检验：剔除直辖市样本

因变量	TFP_C	
	（1）	（2）
Fintech_C_{it}	0.019***	0.016***
	（2.78）	（2.89）
Fintech_C_{it} × Innovation		0.002**
		（2.12）
Control	Y	Y
City_FE，Time_FE	Y	Y
_cons	−0.362**	−0.478**
	（−2.30）	（−2.16）
N	2430	2430
adj. R^2	0.1044	0.1045

表 8-15　稳健性检验:控制金融发展水平

因变量	TFP_C	
	(1)	(2)
Fintech_C_{it}	0.026***	0.015**
	(3.33)	(2.16)
Fintech_C_{it} × Innovation		0.001*
		(1.86)
Finance	0.017*	0.015*
	(1.82)	(1.88)
Control	Y	Y
City_FE,Time_FE	Y	Y
_cons	−0.489**	−0.496*
	(−2.00)	(−1.79)
N	2460	2460
adj. R^2	0.1062	0.1065

第三节　本章小结

　　前面的章节对商业银行金融科技提升城市全要素生产率的作用进行了机理分析和实证检验。但是,商业银行金融科技作用于城市全要素生产率还需要其他条件的支持。比如,需要城市的数字经济发展到一定程度,商业银行才能够利用金融科技在网络上搜寻到更多的信息以减少银企信息不对称。因此,本章进一步探讨商业银行金融科技影响城市全要素生产率的调节性因素。

　　研究发现,数字经济发展程度、市场化程度和城市创新能力是商业银行金融科技影响城市全要素生产率的重要调节因素。首先,数字经济发展程度正向调节了商业银行金融科技对城市全要素生产率的提升作用。数字经济发展程度越高的城市，城市内的企业率先完成了数字化转型，企业的技术创新和生产经营等情况被存储为透明、可共享的信息，企业和商业银行的信息沟通也越高效。在这种情况下，商业银行金融科技减少信息不对称的作用越大，其对城市全要素生产率的提升作用也越大。其次，市场化程度正向调节了商业银行金融科技对城市全要素生产率的提升作用。市场化程度越高的城市，民营企业占比越高，商业银行金融科技通过缓解企业面临的融资约束而对企业全要素生产率产生的提升作用越大，相应地，对城市全要素生产率的提升作用也越大。并且，市场化程度越高的城市，商业银行金融科技在提高信贷资金分配的市场化程度之后，越能协同强化市场配置资源的作用，进而提升资源配置效率的作用越大，从而对城市全要素生产率的提升作用越大。最后，城市创新能力正向调节了商业银行金融科技对城市全要素生产率的提升作用。在创新能力越强的城市中，企业获得贷款之后，越能够便利地搜寻到所需的创新人才，快速地获取城市内其他企业的技术溢出，进而技术创新更容易获得成功。在这种情况下，城市创新能力越强，商业银行金融科技越能有效地促进企业技术创新，进而越能提高企业全要素生产率，从而对城市全要素生产率的提升作用越强。

第九章　商业银行金融科技影响城市全要素生产率的空间溢出效应检验

本章考察商业银行金融科技影响城市全要素生产率的空间溢出效应。首先,对商业银行金融科技影响城市全要素生产率的空间溢出效应进行理论分析。其次,对商业银行金融科技影响城市全要素生产率的空间溢出效应进行实证检验。

第一节　商业银行金融科技影响城市全要素生产率的空间溢出效应分析

商业银行金融科技影响城市全要素生产率的空间溢出效应分析分为两个方面。一方面,某城市商业银行金融科技的应用有助于提高周边城市商业银行对金融科技的应用(姜世超 等,2020),进而提高周边城市的全要素生产率。另一方面,某城市商业银行金融科技的应用有助于促进该城市的技术创新,而技术创新具有空间溢出效应(聂秀华 等,2021b),这使得商业银行金融科技有可能通过技术创新的空间溢出效应提升周边城市的全要素生产率。总之,商业银行金融科技和技术创新的空间溢出效应,使得商业银行金融科技对城市全要素生产率的影响产生了空间溢出效应。具体地,商业银行金融科技对城市全要素生产率产生空间溢出效应的路径如图9-1所示。

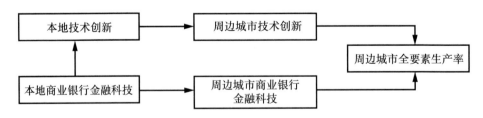

图9-1　商业银行金融科技对城市全要素生产率产生空间溢出效应的路径

基于上述分析,提出如下假设。

假设9-1:某一城市的商业银行金融科技有助于提高周边城市的全要素生产率。

第二节　商业银行金融科技影响城市全要素
生产率的空间效应检验

一、空间计量模型介绍

空间计量模型在传统的计量模型的基础上纳入空间效应,涉及三个方面:一是空间权重矩阵;二是检验变量的空间相关性;三是选择合适的空间计量模型。本小节介绍空间计量的基本原理。

（一）空间权重矩阵的构建

空间权重矩阵的构建是空间计量分析的首要步骤。空间相关性检验和空间计量模型回归都需要先建立空间权重矩阵,用来刻画空间单元的关联度。本节首先介绍现有文献中常用的几种空间权重矩阵。空间权重矩阵的形式为:

$$W = \begin{bmatrix} 0 & w_{12} & \cdots & w_{1N} \\ w_{21} & 0 & \cdots & w_{2N} \\ \vdots & \vdots & \ddots & \vdots \\ w_{N1} & w_{N2} & \cdots & 0 \end{bmatrix} \quad\quad (9\text{-}1)$$

其中,假定(9-1)所示矩阵中每个元素 w_{ij} 都是外生的,被广泛使用的有依赖于地理位置的邻接矩阵和以依赖于距离的空间权重矩阵为基础构建的距离矩阵。

邻接矩阵假定两个空间单元只要具有共同边界,就会发生空间交互作用,可设置为 Rook 邻接、Queen 邻接和距离邻接。

Rook 邻接以两个空间单元是否具有共同边界定义邻接单元,公式为:

$$w_{ij} = \begin{cases} 1, \text{空间单元 } i \text{ 和 } j \text{ 具有共同边界} \\ 0, \text{空间单元 } i \text{ 和 } j \text{ 没有共同边界,或 } i = j \end{cases} \tag{9-2}$$

Queen 邻接以两个空间单元是否具有共同边界及共同顶点定义邻接单元,公式为:

$$w_{ij} = \begin{cases} 1, \text{空间单元 } i \text{ 和 } j \text{ 具有共同边界及共同顶点} \\ 0, \text{空间单元 } i \text{ 和 } j \text{ 没有共同边界,或 } i = j \end{cases} \tag{9-3}$$

距离矩阵认为空间单元之间只要处于一定的距离 D(基于经纬度计算的地表距离,或者以铁路、公路和航运等不同交通方式计算的空间单元之间的距离)之内,都会产生空间效应,公式为:

$$w_{ij}(D) = \begin{cases} 1, \text{空间单元 } i \text{ 和 } j \text{ 的距离 } d_{ij} \leqslant D \\ 0, \text{空间单元 } i \text{ 和 } j \text{ 的距离 } d_{ij} > D \end{cases} \tag{9-4}$$

从邻接矩阵的定义可以看出,邻接矩阵的构建方法简单,容易使用,但也存在一定的不足之处。邻接矩阵假设空间单元之间的关联性仅取决于空间单元是否相邻,并且假设与某一空间单元具有邻接关系的所有单元与该空间单元的空间相关性相同,这偏离了客观事实。此外,邻接矩阵设置的权重是离散的,这也可能导致空间回归模型的系数发生大幅度波动。鉴于此,学者们提出了距离矩阵,认为空间关联性的强弱取决于空间单元之间的距离,距离越近,空间关联性越强,并由此定义了反距离空间权重矩阵,公式为:

$$w_{ij} = \begin{cases} d_{ij}^{-a} \cdot \beta_{ij}^{b}, i \neq j \\ 0, i = j \end{cases} \tag{9-5}$$

其中,d_{ij} 代表空间单元 i 与 j 之间的距离,β_{ij} 为空间单元 i 与 j 共同边界的长度占空间单元 i 总边界长度的比。在实际应用中,常令 $a = 2, b = 0$,即距离平方倒数空间权重矩阵;或令 $a = 1, b = 0$,即距离倒数空间权重矩阵。

（二）空间相关性检验方法

本书采用莫兰指数检验空间单元属性的空间全局相关性，采用莫兰散点图检验空间单元属性的局部相关性。全局莫兰指数为：

$$\text{Moran's I} = \frac{\sum_{i=1}^{n} \sum_{j=1}^{n} w_{ij}(x_i - \bar{x})(x_j - \bar{x})}{S^2 \sum_{i=1}^{n} \sum_{j=1}^{n} w_{ij}} \tag{9-6}$$

其中，$S^2 = \frac{1}{n} \sum_{i=1}^{n} (x_i - \bar{x})^2$，$\bar{x} = \frac{1}{n} \sum_{i=1}^{n} x_i$，$x_i$ 表示第 i 个空间单元的观测值，n 为空间单元的总数，w_{ij} 为空间权重矩阵元素。莫兰指数的取值区间一般为 $[-1,1]$，若大于 0 则表示空间正相关，若小于 0 则表示空间负相关，绝对值越大表示空间相关程度越大，反之则意味着空间相关程度越小。

莫兰指数衡量的是空间单元属性的全局相关性，还需要用莫兰散点图检验局部空间相关性。为方便理解，用 y_i 表示第 i 个地区的城市全要素生产率，将式（9-6）中的求和符号展开（S^2 总是正的，相当于指数对整个式子进行标准化，所以省略），即有：

$$I_i = (y_i - \bar{y})[W_{i1}(y_1 - \bar{y}) + W_{i2}(y_2 - \bar{y}) + \cdots +$$
$$W_{i(i-1)}(y_{i-1} - \bar{y}) + W_{i(i+1)}(y_{i+1} - \bar{y}) + W_{in}(y_n - \bar{y})] \tag{9-7}$$

从式（9-7）可以看出，I_i 的正负取决于 $y_i - \bar{y}$ 的正负和后面中括号部分的正负，$y_i - \bar{y}$ 可反映第 i 个地区的城市全要素生产率水平与整个区域的平均水平之间的高低情况，后者则反映第 i 个地区的周边地区与整个区域水平之间的高低情况。以 $Z_i = y_i - \bar{y}$ 为横坐标、$\sum_{j \neq i}^{n} w_{ij} Z_j$ 为纵坐标的二维图即为莫兰散点图。莫兰散点图的第一象限代表观测值高的区域被高值区域包围（HH）；第二象限代表观测值低的区域被高值区域包围（LH）；第三象限代表观测值低的区域被低值区域包围（LL）；第四象限代表观测值高的区域被低值区域包围（HL）。

（三）空间面板数据模型及其估计

空间面板数据模型在面板数据的基础上考虑了空间单元之间的相关性，因此在当前的经济实证研究中被广泛采用。常用的空间面板数据模型可以分为三种类型：空间面板滞后模型、空间面板误差模型和空间面板杜宾模型。本小节分别介绍这三种模型的设定、估计以及空间面板数据模型的选择。

1.空间面板滞后模型

空间面板滞后模型的形式如下：

$$y_{it} = \rho \sum_{j=1}^{N} w_{ij} y_{jt} + x_{it}\beta + \mu_i + \varepsilon_{it} \tag{9-8}$$

其中：$i = 1,2,\cdots,N$；$t = 1,2,\cdots,T$；w_{ij} 为空间权重矩阵的元素；$\rho \sum_{j=1}^{N} w_{ij} y_{jt}$ 为空间滞后项；μ_i 为个体固定效应。若 μ_i 与 x_{it} 不相关，则为随机效应模型；若相关，则为固定效应模型。通过采用 Hausman（豪斯曼）检验确定数据适应固定效应模型还是随机效应模型。

如果模型(9-8)是固定效应模型，应当先对面板数据进行组内离差变换，再用极大似然法估计；如果模型(9-8)是随机效应模型，应当先对面板数据进行广义离差变换，再用极大似然法估计。

为方便起见，模型(9-8)可以用矩阵形式表示为：

$$y = \rho W_y + X\beta + \mu + \varepsilon$$
$$\varepsilon = (I - \rho W)y - X\beta - \mu$$
$$\varepsilon = Ay - X\beta - \mu \tag{9-9}$$

其中，$A = I - \rho W$，ρ、β、σ 的对数似然函数为：

$$\lg L(y) = |A| - \left(\frac{NT}{2}\right)\ln(2\pi) - \left(\frac{NT}{2}\right)\ln\sigma^2 -$$
$$\frac{1}{2\sigma^2}(AY - X\beta - \mu)'(AY - X\beta - \mu) \tag{9-10}$$

由式(9-10)最大化的一阶条件即可得到 μ 的估计值：

$$\mu = \frac{1}{T}\sum_{T=1}^{T}(y - \beta W y - x\beta) \tag{9-11}$$

将式(9-11)代入式(9-9),再采用组内离差变换可以得到如下公式:

$$\lg L = -\left(\frac{NT}{2}\right)\ln(2\pi\sigma^2) + T\lg|I_N - \rho W| -$$
$$\frac{1}{2\sigma^2}\sum_{i=1}^{N}\sum_{t=1}^{T}\left(y_{it}^* - \rho\sum_{i=1}^{N}w_{ij}y_{it}^* - x_{it}^*\beta\right)^2 \tag{9-12}$$

其中: $y_{it}^* = y_{it} - \frac{1}{T}\sum_{i=1}^{N}y_{it}$, $x_{it}^* = x_{it} - \frac{1}{T}\sum_{i=1}^{N}x_{it}$ 。

由式(9-12)最大化的一阶条件可估计参数 ρ、β、σ。

如果是随机效应模型,则对数似然函数为:

$$\lg L = -\left(\frac{NT}{2}\right)\lg(2\pi\sigma^2) + T\lg|I_N - \rho W| -$$
$$\frac{1}{2\sigma^2}\sum_{i=1}^{N}\sum_{t=1}^{T}\left(\hat{y}_{it} - \rho\sum_{i=1}^{N}w_{ij}\hat{y}_{it}^* - \hat{x}_{it}\beta\right)^2 \tag{9-13}$$

其中, $y_{it}^* = \sum_{i=1}^{N}w_{ij}y_{it}$, $\hat{y}_{it} = y_{it} - (1-\theta)\frac{1}{T}\sum_{t=1}^{T}y_{it}$, $\hat{y}_{it}^* = y_{it}^* - (1-\theta)$

$\frac{1}{T}\sum_{t=1}^{T}y_{it}^*$, $\hat{x}_{it} = x_{it} - (1-\theta)\frac{1}{T}\sum_{t=1}^{T}x_{it}$, θ 为截面最小二乘估计和固定效应估计样本标准差的加权。计算出 θ 之后,即可得到随机效应空间面板滞后模型的对数似然函数,具体公式如下:

$$\lg L = -\frac{NT}{2}\log[e(\theta)'e(\theta)] + \frac{N}{2}\lg\theta^2$$
$$e(\theta) = y_{it} - (1-\theta)\frac{1}{T}\sum_{t=1}^{T}y_{it} - \rho\sum_{j=1}^{N}w_{ij}\left[y_{it} - (1-\theta)\frac{1}{T}\sum_{t=1}^{T}y_{it}\right] -$$
$$\left[x_{it} - (1-\theta)\frac{1}{T}\sum_{t=1}^{T}x_{it}\right]\beta \tag{9-14}$$

同样地,由式(9-14)的最大化一阶条件,即可估计参数 ρ、β、σ。

2.空间面板误差模型

空间面板误差模型的形式如下：

$$y_{it} = x_{it}\beta + \mu_i + \mu_{it}$$

$$\mu_{it} = \lambda \sum_{j=1}^{N} w_{ij}\mu_{jt} + \varepsilon_{it} \tag{9-15}$$

模型(9-15)的估计与空间面板滞后模型类似，固定效应模型的对数似然函数如下：

$$\lg L = -\left(\frac{NT}{2}\right)\ln(2\pi\sigma^2) + T\lg|I_N - \rho W| -$$

$$\frac{1}{2\sigma^2}\sum_{i=1}^{N}\sum_{t=1}^{T}\left[y_{it}^* - \lambda\sum_{j=1}^{N}w_{ij}y_{jt}^* - (x_{it}^* - \lambda\sum_{j=1}^{N}w_{ij}x_{jt}^*)\beta\right]^2 \tag{9-16}$$

其中变量的含义与空间面板滞后模型中的描述相同。

随机效应模型的对数似然函数为：

$$\lg L = -\left(\frac{NT}{2}\right)\ln(2\pi\sigma^2) - \frac{1}{2}\lg|\varphi| + (T-1)\sum_{i=1}^{N}\log|B| -$$

$$\frac{1}{2\sigma^2}e'\left(\frac{1}{T}l_T l_T \otimes \varphi^{-1}\right)e - \frac{1}{2\sigma^2}e'\left(I_T - \frac{1}{T}l_T l_T \otimes \varphi^{-1}\right)\otimes(B'B)e \tag{9-17}$$

其中，l^T 是元素都为 1 的列向量，$\varphi = T\frac{\sigma_\mu^2}{\sigma^2}(B'B)^{-1}$，$B = I_N - \lambda W$，$e = Y - X\beta$。式(9-17)中由于 φ 的存在使得极大似然估计较为困难，可将 φ 转化为 W 的函数，转化后的对数似然函数为：

$$\lg L = -\frac{T}{2}\ln(2\pi\sigma^2) - \frac{1}{2}\lg\left|1 + T\frac{\sigma_\mu^2}{\sigma^2}(1-\lambda\widetilde{w}_i)\right| +$$

$$T\sum_{i=1}^{N}\lg(1-\lambda\widetilde{w}_i) - \frac{1}{2\sigma^2}\tilde{e}\tilde{e} \tag{9-18}$$

其中，$\widetilde{w}_i$ 为 W 的特征根，$\tilde{e} = \widetilde{Y} - \widetilde{X}\beta$。由式(9-18)最大化的一阶条件即可得到参数的估计值。

3.空间面板杜宾模型

无固定效应的空间面板杜宾模型的形式如下：

$$y = \alpha + \rho W y + X\beta + W\overline{X}\gamma + \varepsilon \tag{9-19}$$

其中，$\varepsilon_{it} \sim N(0,\sigma^2)$。可以看出，空间面板杜宾模型在空间面板滞后模型中引入了解释变量的空间滞后项，也就是说，空间面板杜宾模型是强化了的空间面板滞后模型，所以空间面板杜宾模型可转化为空间面板滞后模型。令 $Z = [X, W\overline{X}]$ 和 $\delta = [\beta, \gamma]'$，可将式(9-19)转化为空间面板滞后模型：

$$y = \alpha + \rho W y + Z\delta + \varepsilon \tag{9-20}$$

固定效应空间面板杜宾模型的形式如下：

$$y = \alpha + \mu_i + \rho W y + X\beta + W\overline{X}\gamma + \varepsilon \tag{9-21}$$

其中，$\varepsilon_{it} \sim N(0,\sigma^2)$，$\mu_i$ 为空间固定效应。令 $Z = [X, W\overline{X}]$ 和 $\delta = [\beta, \gamma]'$，可将(9-21)改写为固定效应空间面板滞后模型：

$$y = \alpha + \mu_i + \rho W y + Z\delta + \varepsilon \tag{9-22}$$

可见，可以将空间面板杜宾模型转化为空间面板滞后模型，再对其进行估计。

目前对空间面板模型的建模，大多遵循从一般到具体的思路，从上述模型的介绍中可以看出，空间面板杜宾模型是更为一般的模型，因此，可首先将模型设为空间面板杜宾模型，再用豪斯曼检验统计量确定模型是固定效应模型还是随机效应模型。豪斯曼检验的原理是检验随机变量与解释变量是否零相关，即检验原假设 $H_0: h = 0$，检验统计量为 $h = d^T [\mathrm{Var}(d)]^{-1} d$，其中 $d = [\hat{\beta}^T, \hat{\delta}]_{FE}^T - [\hat{\beta}^T, \hat{\delta}]_{RE}^T{}'$，$\mathrm{Var}(d) = \hat{\sigma}_{RE}^2 (X^T X)^{-1} - \hat{\sigma}_{FE}^2 (X^{*T} X^*)^{-1}$，其中 $X^{\cdot}$ 是经过广义离差变换后的解释变量，X^* 是经过组内离差变换后的解释变量。h 服从自由度为 $K+1$ 的卡方分布，若拒绝原假设，则选择固定效应模型，否则选择随机效应模型。再用 LR 统计量或 Wald 统计量检验空间面板杜宾模型是否退化为空间面板滞后模型或空间面板误差模型。

二、模型建立

托布勒第一定律强调一切事物都相互影响，事物之间距离越近，相互的影响越大（Tobler，1970）。该理论指出，在计量经济学分析中忽略空间相关性可能导致有偏估计量（Anselin et al.，1997）。因此，我们使用空间计量模型来检验商业银行金融科技与城市全要素生产率之间的联系。参考 Lesage et al.(2009)的研究，建立如下模型：

$$\text{TFP\_C}_{it_a} = \alpha + \rho \sum_j w_{ij} \text{TFP\_C}_{it} + \beta_1 \text{Fintech\_C}_{it} +$$

$$\lambda_1 \sum_j w_{ij} \text{Fintech\_C}_{it} + \gamma \text{Control}_{it} +$$

$$\varphi \sum_j w_{ij} \text{Control}_{it} + \upsilon_t + \mu_i + \varepsilon_{it} \qquad (9\text{-}23)$$

w_{ij} 为空间权值矩阵。其他变量和参数的设置参考式(5-1)。参考 You et al.(2018)和 Nan et al.(2022)的研究，利用某一城市与其相邻城市之间的逆欧氏距离构建空间权重矩阵。此外，我们还使用其他空间权重矩阵进行稳健性检验。

三、检验结果分析

（一）空间相关性检验

利用莫兰指数对城市全要素生产率、商业银行金融科技和技术创新的空间相关性进行识别。表 9-1 显示了各年度的莫兰指数检验结果。可以看出，这些核心变量的莫兰指数显著大于零，这意味着核心变量的空间依赖性显著为正。另外，图 9-1、9-2、9-3 分别为 2010—2019 年中国城市全要素生产率、中国城市商业银行金融科技和中国城市技术创新的莫兰散点图。可以看出，点位主要集中在第一象限和第三象限，说明相邻区域的城市全要素生产率、商业银行金融科技和技术创新水平相似。总之，依据检验结果可知，城市全要素生产率、商业银行金融科技和技术创新存在显著的空间相关性。

表 9-1　空间自相关的莫兰指数统计检验

年份	TEP_C	Fintech_C	Innovation_C
2010	0.002*	0.028***	0.123***
2011	0.003*	0.010**	0.130***
2012	0.005*	0.016***	0.131***
2013	0.004*	0.018***	0.133***
2014	0.011*	0.004***	0.139***
2015	0.020***	0.022***	0.142***
2016	0.030***	0.009*	0.143***
2017	0.021***	0.021***	0.140***
2018	0.011***	0.004*	0.139***
2019	0.032***	0.021***	0.143***

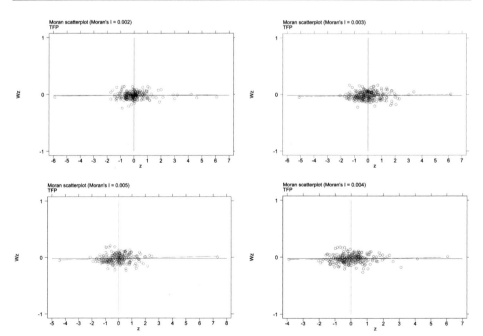

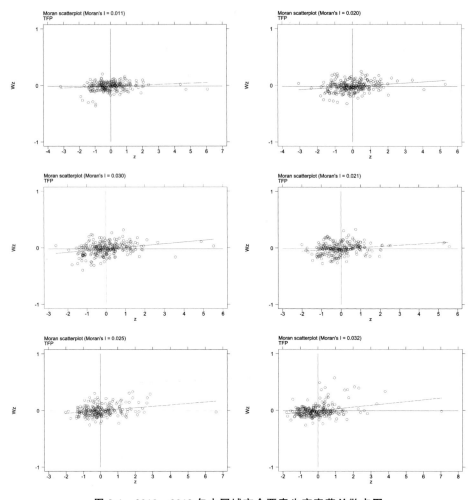

图 9-1　2010—2019 年中国城市全要素生产率莫兰散点图

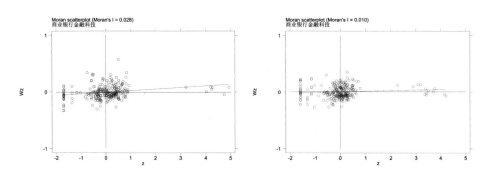

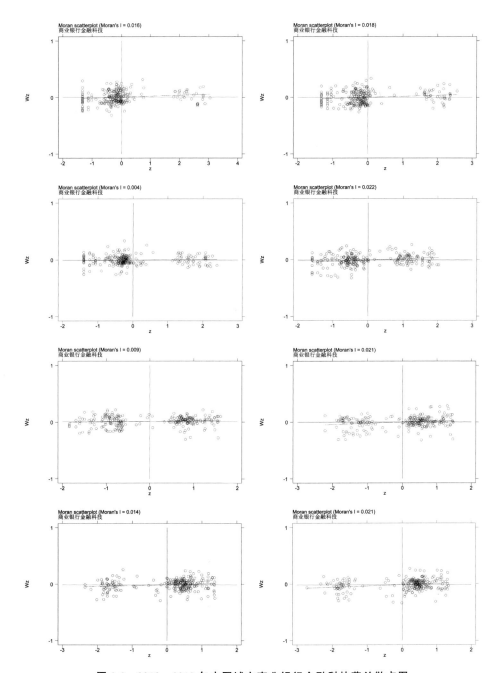

图 9-2　2010—2019 年中国城市商业银行金融科技莫兰散点图

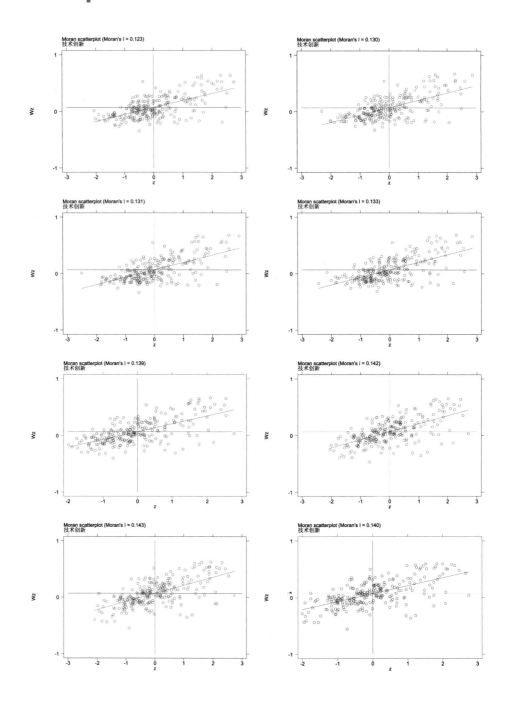

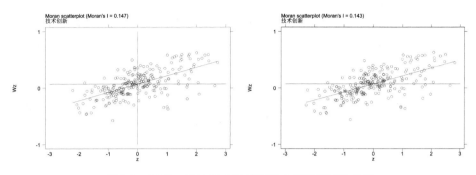

图 9-3　2010—2019 年中国城市技术创新莫兰散点图

资料来源：作者采用 stata 软件基于实证部分相关数据绘制。

（二）模型选择

在估计之前，必须选择最优的空间计量模型（You et al.，2015）。因此，我们测试了空间面板杜宾模型（以下用 SDM 指代）是否可以简化为空间面板滞后模型（以下用 SLM 指代）或空间面板误差模型（以下用 SEM 指代）。测试结果如表 9-2 所示。从表 9-2 可以看出，这两个假设被否定，这意味着 SDM 是最优的。

表 9-2　模型的选择

	x^2	p-value
SDM 与 SLM	35.13	0.0000
SDM 与 SEM	39.72	0.0000

（三）基准回归结果

SDM 的回归结果如表 9-3 的列（1）所示，主效应部分 Fintech_C 的系数显著为正，说明商业银行金融科技对城市全要素生产率的直接效应显著为正，说明商业银行金融科技显著提升商业银行所在城市的全要素生产率。空间溢出效应部分 Fintech_C 的系数显著为正，说明商业银行金融科技对城市全要素生产率的间接效应亦显著为正，即商业银行金融科技显著提高了商业银行所在城市周边城市的全要素生产率。ρ 显著为正，表明城市全要素生产率有明显的空间依赖性，说明某城市全要素生产率的提高有利于促进周边城市全要素生产率的提高。表 9-3 的列（2）、（3）分别列出了 SLM 和 SEM 的回归结果作为参考。

表 9-3　基准回归结果

因变量	TFP_C		
	SDM	SLM	SEM
	（1）	（2）	（3）
主效应			
Fintech_C	0.005**	0.006**	0.007**
	(2.46)	(2.54)	(2.64)
Structure	−0.029	−0.050**	−0.044*
	(−1.15)	(−2.07)	(−1.78)
Information	−0.210	−0.124	−0.173
	(−0.80)	(−0.49)	(−0.67)
Technology	−0.089	0.090	−0.014
	(−0.36)	(0.35)	(−0.06)
Fixedassets	−0.116***	−0.121***	−0.127***
	(−4.62)	(−5.36)	(−5.22)
FDI	−0.012	−0.015	−0.015
	(−0.56)	(−0.71)	(−0.70)
Law	−0.004	−0.004**	−0.004**
	(−1.49)	(−2.07)	(−2.11)
空间溢出效应			
Fintech_C	0.058**		
	(2.51)		
Structure	−0.482***		
	(−3.03)		
Information	−0.011		
	(−0.05)		
Technology	−2.006		
	(−0.85)		
Fixedassets	−0.423***		
	(−2.72)		
FDI	8.201***		
	(3.66)		

因变量	TFP_C		
	SDM	SLM	SEM
	(1)	(2)	(3)
Law	0.004		
	(0.28)		
ρ	0.619 ***	0.701 ***	
	(9.53)	(10.68)	
λ			0.698 ***
			(11.43)
N	2460	2460	2460

　　虽然从 SDM 的回归结果得到了一些信息，但 Fintech_C 的系数并不能准确反映商业银行金融科技对城市全要素生产率的边际效应。商业银行金融科技的直接和间接效应的相关检验结果见表 9-4。直接效应包括商业银行金融科技对商业银行所在城市的全要素生产率的直接影响和反馈效应，即商业银行金融科技影响商业银行所在城市的邻近城市的全要素生产率，进而影响商业银行所在城市的全要素生产率。在表 9-4 中，Fintech_C 的直接效应（LR_Direct）、间接效应（LR_Indirect）和总效应（LR_Total）的系数均在 5% 的水平上显著为正，说明商业银行金融科技促进了商业银行所在城市及周边城市全要素生产率的提升。由此，假设 9-1 得证。可能的原因如下：一是技术创新存在溢出效应，这使得商业银行金融科技通过促进商业银行所在城市的技术创新从而促进周边城市的技术创新，进而提升周边城市的全要素生产率；二是商业银行所在城市的商业银行金融科技本身具备溢出效应，即商业银行所在城市的商业银行金融科技应用水平的提升有利于周边城市的商业银行金融科技应用水平的提升，从而有利于周边城市全要素生产率的提升。此外，需要注意的是，商业银行金融科技的直接效应远小于外溢效应，主要是因为溢出效应是指对周边所有城市的溢出效应的总和。

表 9-4 直接效应、间接效应和总效应

因变量	TFP_C		
	LR_Direct	LR_Indirect	LR_Total
	（1）	（2）	（3）
Fintech_C	0.004**	0.143**	0.147**
	(2.34)	(2.48)	(2.46)
Structure	−0.036	−1.308***	−1.344***
	(−1.48)	(−2.66)	(−2.74)
Information	−0.010	−0.027	−0.037
	(−0.49)	(−0.05)	(−0.07)
Technology	−0.242	−5.761	−6.004
	(−0.96)	(−0.90)	(−0.94)
Fixedassets	−0.122***	−1.285***	−1.407***
	(−5.05)	(−2.63)	(−2.89)
FDI	0.008	21.016***	21.024***
	(0.03)	(3.08)	(3.06)
Law	−0.004	0.006	0.002
	(−1.51)	(0.18)	(0.06)
N	2460	2460	2460

四、稳健性检验

空间权重矩阵是空间计量经济学中模型不确定性的重要来源（Corrado et al.，2012）。为此，我们构造了两个非负的行标准化空间权矩阵来进行稳健性检验，一个是 k-邻近空间权重矩阵，另一个是以距离为界限的空间权重矩阵，检验结果见表 9-5 和 9-6。由结果可知，Fintech_C 的直接效应（LR_Direct）和间接效应（LR_Indirect）的系数仍旧显著为正，这再次证明了基准回归结果是稳健的。

表 9-5　采用 k-邻近空间权重矩阵进行稳健性检验

因变量	TFP_C		
	LR_Direct	LR_Indirect	LR_Total
	(1)	(2)	(3)
Fintech_C	0.004**	0.036**	0.040***
	(2.32)	(2.04)	(2.80)
Structure	−0.029	−0.173***	−0.201***
	(−1.18)	(−3.59)	(−3.95)
Information	−0.007	0.074	0.067
	(−0.36)	(0.99)	(0.84)
Technology	−0.256	−0.784	−1.040
	(−1.04)	(−0.82)	(−1.08)
Fixedassets	−0.124***	−0.121*	−0.245***
	(−4.96)	(−1.94)	(−3.93)
FDI	−0.121	2.412***	2.291***
	(−0.51)	(3.16)	(2.75)
Law	−0.005	0.002	−0.003
	(−1.44)	(0.30)	(−0.83)
N	2460	2460	2460

表 9-6　采用以距离为界限的空间权重矩阵进行稳健性检验

因变量	TFP_C		
	LR_Direct	LR_Indirect	LR_Total
	(1)	(2)	(3)
Fintech_C	0.005**	0.055*	0.059*
	(2.40)	(1.94)	(1.98)
Structure	−0.046*	−0.112	−0.158*
	(−1.95)	(−1.34)	(−1.86)
Information	−0.012	0.118	0.106
	(−0.58)	(1.21)	(1.12)
Technology	−0.279	−1.892	−2.171
	(−1.13)	(−0.72)	(−0.81)

续表

因变量	TFP_C		
	LR_Direct	LR_Indirect	LR_Total
	(1)	(2)	(3)
Fixedassets	−0.137***	0.131	−0.005
	(−5.91)	(1.38)	(−0.05)
FDI	0.049	−3.147	−3.097
	(0.21)	(−1.35)	(−1.33)
Law	−0.004**	−0.001	−0.005
	(−2.13)	(−0.11)	(−0.52)
N	2460	2460	2460

五、内生性处理

(一)采用滞后一期商业银行金融科技作为工具变量

参考 Meng et al.(2018)的方法,为了解决内生性问题,我们采用商业银行金融科技的一阶滞后值(L. Fintech_C)作为商业银行金融科技的代理变量。表 9-7 报告了估计结果。结果表明,L. Fintech_C 的直接和间接效应的系数仍然显著为正,这证实了我们的发现。

表 9-7　采用滞后一期商业银行金融科技作为工具变量

因变量	TFP_C		
	LR_Direct	LR_Indirect	LR_Total
	(1)	(2)	(3)
L. Fintech_C	0.002**	0.408**	0.410**
	(2.16)	(2.11)	(2.10)
Structure	−0.033	−1.445***	−1.478***
	(−1.29)	(−2.59)	(−2.66)
Information	−0.007	0.423	0.417
	(−0.19)	(0.48)	(0.47)

续表

因变量	TFP_C		
	LR_Direct	LR_Indirect	LR_Total
	(1)	(2)	(3)
Technology	−0.347	−9.423	−9.770
	(−1.33)	(−1.21)	(−1.25)
Fixedassets	−0.122***	−1.569***	−1.692***
	(−4.64)	(−2.69)	(−2.92)
FDI	−0.096	25.562***	25.467***
	(−0.38)	(2.80)	(2.78)
Law	−0.004	0.010	0.006
	(−1.50)	(0.26)	(0.16)
N	2460	2460	2460

（二）模型中加入滞后一期城市全要素生产率

由于城市全要素生产率往往是顺序相关的，即前一时期的城市全要素生产率会影响当期的城市全要素生产率。因此，我们在模型中引入城市全要素生产率的一阶滞后值（L. TFP_C），以减少变量缺失带来的内生性问题。表 9-8 报告了估计结果，可以看出结果没有变化，这再次证实了我们的结论。

表 9-8　模型中加入滞后一期城市全要素生产率

因变量	TFP_C		
	LR_Direct	LR_Indirect	LR_Total
	(1)	(2)	(3)
L. TFP_C	0.149***	0.020	0.169
	(3.26)	(0.02)	(0.21)
Fintech_C	0.002**	0.408**	0.410**
	(2.16)	(2.11)	(2.10)
Structure	−0.041	−1.454***	−1.495***
	(−1.56)	(−2.61)	(−2.69)
Information	−0.015	0.401	0.387
	(−0.37)	(0.44)	(0.42)

续表

因变量	TFP_C		
	LR_Direct	LR_Indirect	LR_Total
	(1)	(2)	(3)
Technology	−0.350	−6.966	−7.316
	(−1.36)	(−0.98)	(−1.02)
Fixedassets	−0.134***	−1.648***	−1.783***
	(−4.99)	(−2.71)	(−2.96)
FDI	−0.043	29.787***	29.745***
	(−0.16)	(2.93)	(2.92)
Law	−0.004	0.011	0.007
	(−1.49)	(0.30)	(0.20)
N	2460	2460	2460

第三节　本章小结

由于商业银行金融科技和技术创新本身存在空间溢出效应，因此本章进一步检验了商业银行金融科技对城市全要素生产率是否产生了空间溢出效应。研究发现，商业银行金融科技对城市全要素生产率存在显著的空间溢出效应。一方面，由于技术创新存在溢出效应，这使得商业银行金融科技通过促进商业银行所在城市的技术创新，从而促进周边城市的技术创新，进而提升周边城市的全要素生产率。另一方面，商业银行所在城市的商业银行金融科技本身具备溢出效应，即商业银行所在城市的商业银行金融科技应用水平的提升，有利于促使周边城市金融科技应用水平的提升，从而提高周边城市的全要素生产率。

第十章　商业银行金融科技影响城市全要素生产率的微观证据

本章旨在基于第三章的理论分析,实证检验商业银行金融科技对企业全要素生产率的影响。首先,基于2010—2019年企业层面的数据,选取双向固定效应模型实证检验商业银行金融科技对企业全要素生产率的影响。其次,通过替换核心解释变量、替换被解释变量和更换样本的方式进行稳健性检验,采用工具变量法处理内生性问题。最后,进一步探讨商业银行金融科技影响企业全要素生产率的企业规模异质性、企业所有制异质性、金融科技发展阶段异质性、企业全要素生产率异质性和区域异质性。

第一节 模型、变量与数据

一、模型建立

本章旨在基于企业层面的数据检验商业银行金融科技对企业全要素生产率的影响,设置的模型如下。

$$TFP\_E_{it} = C + \alpha_1 Fintech\_E_{it} + \sum_m \alpha_m \, control_{it} +$$

$$\mu_i + u_t + \varepsilon_{it} \qquad\qquad (10\text{-}1)$$

式(10-1)中,TFP_E_{it} 为企业全要素生产率,$Fintech\_E_{it}$ 为企业层面的商业银行金融科技指数,α_m 为待估参数,μ_i 为企业固定效应,u_t 为时间固定效应,ε_{it} 为残差项。本书以企业全要素生产率为因变量的所有回归均控制了时间固定效应、企业个体固定效应、行业固定效应和地区固定效应,并且对标准误进行了企业个体层面的聚类调整。

二、变量选取

（一）被解释变量

被解释变量为企业全要素生产率 TFP_E。本书参考鲁晓东和连玉君（2012）的研究，分别采用 LP 法和 OP 法在两位数行业层面上分行业估计企业全要素生产率，其中 OP 法的计算结果用于稳健性检验，使用 LP 方法和 OP 方法进行计算的具体步骤见附录 B。计算企业全要素生产率需要确定企业的投入和产出变量，具体包括劳动投入、资本投入、中间投入和产出，这四个指标最后均做对数化处理。劳动投入用各个企业的员工人数表示，资本投入用固定资产净值表示，中间投入用购买商品、接受劳务支付的现金表示，产出用各个企业的营业收入表示。企业的固定资产净值以各省份固定资产投资价格指数进行平减。企业的营业收入以各省份工业品出厂价格指数进行平减。

（二）核心解释变量

核心解释变量是商业银行金融科技（Fintech_E），采用企业申请贷款的商业银行的金融科技应用水平来衡量。本书参考张金清等（2022）的做法构建企业申请贷款的商业银行的金融科技指数，包括两步：第一步，参照第四章第一节中的测度方法计算商业银行金融科技指数；第二步，基于商业银行金融科技指数，计算企业申请贷款的各个商业银行的金融科技指数的加权平均值，该指数即为企业申请贷款的商业银行的金融科技指数，其中以企业当年在各商业银行的贷款比重为权重。

（三）控制变量

本书参照任胜钢等（2019）、于新亮等（2019）和关宇航等（2021）的研究，将如下描述企业重要特征的变量设置为控制变量：资产负债率（ALR）、公司规模（CS）、是否为国有企业（SOE）、资本劳动比（CLR）、营业收入增长率（IRBR）、营业利润率（IBP）、出口强度（OS）、政府补助（GS）、政府补贴变化（GSC）、实际税负变化（ATBC）、管理费用率（BAEOR）和两职合一（DL）。

三、数据来源

本书选取 2010—2019 年上市公司的数据进行实证检验，数据来源于国泰安数据库。为剔除连续变量的异常值，对所有连续变量进行前后各 1% 的缩尾处理，最终共得到 8852 个年份—公司的观测值。变量的描述性统计结果如表 10-1 所示。

表 10-1 变量的描述性统计

变量	观测值	均值	标准差	最小值	最大值
	（1）	（2）	（3）	（4）	（5）
TFP_E	8852	6.366	1.124	−6.020	13.27
Fintech_E	8852	11.23	4.299	0	16.21
ALR	8852	0.459	0.200	0.042	1.036
CS	8852	7.690	1.131	2.565	12.59
SOE	8852	0.308	0.462	0	1
CLR	8852	12.51	1.133	4.835	19.53
IRBR	8852	0.251	1.702	−0.841	140.2
IBP	8852	0.043	0.266	−5.917	0.912
OS	8852	0.125	0.207	0	0.999
GS	8852	16.11	1.710	8.411	20.77
GSC	8852	−0.004	0.211	−15.33	1.154
ATBC	8852	−0.001	0.009	−0.145	0.176
BAEOR	8852	0.107	0.087	0.006	1.070
DL	8852	0.291	0.454	0	1

四、测算特征分析

（一）企业全要素生产率发展趋势分析

表 10-2 为 2010—2019 年企业全要素生产率。图 10-1 为 2010—2019 年企业全要素生产率时间趋势。可见，2010—2012 年企业全要素生产率没有明显的变化，因为这个时期属于"金融科技 2.0"阶段，商业银行对金融科技的应用处在起步阶段，所以对企业全要素生产率产生的影响较小。从 2012 年起，企业全要素生产率保持了稳定上升趋势。这个阶段商业银行逐步开始加大对金融科技的投入，金融科技赋能商业银行增加了对企业的信贷支持，由此提高了企业全要素生产率。需要注意的一点是，企业全要素生产率的发展趋势与城市全要素生产率的发展趋势略有差异，体现在城市全要素生产率从 2013 年开始上升，企业全要素生产率从 2012 年开始上升。这是由于城市全要素生产率的测算包括城市内所有企业，而企业全要素生产率的测算只包括上市公司。上市公司属于所有企业中的优质企业，因此全要素生产率较高，领先城市全要素生产率，呈现增长趋势。

表 10-2　2010—2019 年企业全要素生产率

年份	企业全要素生产率
2010	6.10
2011	6.12
2012	6.07
2013	6.13
2014	6.18
2015	6.26
2016	6.37
2017	6.43
2018	6.48
2019	6.49

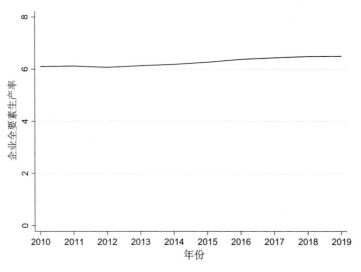

图 10-1　2010—2019 年企业全要素生产率时间趋势

(二)分规模企业全要素生产率分析

表 10-3 为 2010—2019 年分规模企业全要素生产率。图 10-2 为 2010—2019 年分规模企业全要素生产率时间趋势,其中实线为中小企业全要素生产率,虚线为大企业全要素生产率。从横向上看,中小企业的全要素生产率显著低于大企业,这与孙晓华等(2014)的研究结论一致。从纵向上看,2012年之前中小企业和大企业全要素生产率没有显著的变化,2012 年之后中小企业与大企业全要素生产率都保持了上升趋势,2012—2015 年中小企业全要素生产率与大企业全要素生产率的差额有小幅的缩小,2015—2019 年,中小企业全要素生产率与大企业全要素生产率的差额有小幅的扩大。可能的原因是:2012—2015 年处于“金融科技 2.0”阶段,此时以支付宝为代表的互联网科技公司进入金融领域,主要服务的对象是“长尾”市场,而银行对金融科技的应用还处在起步阶段,因此这个阶段中小企业全要素生产率的提升幅度大于大企业。2015—2019 年处于“金融科技 3.0”阶段,此时全国性的商业银行开始大力推进金融科技的应用,提高了贷款技术,增加了对其主要服务对象

（大企业）的信贷支持。而城市商业银行和农村商业银行资金实力较弱，对金融科技的应用程度较低，对其主要服务对象（中小企业）的信贷支持影响较小。因此，这个阶段大企业全要素生产率的提升幅度大于中小企业。

表 10-3　2010—2019 年分规模企业全要素生产率

年份	中小企业全要素生产率	大企业全要素生产率
2010	5.74	6.35
2011	5.79	6.37
2012	5.72	6.38
2013	5.77	6.46
2014	5.84	6.51
2015	5.99	6.52
2016	6.13	6.63
2017	6.20	6.69
2018	6.25	6.74
2019	6.25	6.77

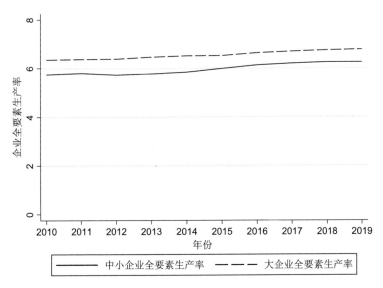

图 10-2　2010—2019 年分规模企业全要素生产率时间趋势

（三）分所有制企业全要素生产率分析

表 10-4 为 2010—2019 年分所有制企业全要素生产率。图 10-3 为 2010—2019 年分所有制企业全要素生产率时间趋势，其中实线为民营企业

全要素生产率,虚线为国有企业全要素生产率。从横向上看,民营企业的全要素生产率显著低于国有企业,这是由于国有企业规模较大,有利于发挥出规模经济效应。从纵向上看,2012 年之前民营企业和国有企业全要素生产率没有显著的变化,2012—2017 年两类企业全要素生产率都保持了上升趋势,2018 年—2019 年两类企业全要素生产率均保持稳定。

表 10-4 2010—2019 年分所有制企业全要素生产率

年份	民营企业全要素生产率	国有企业全要素生产率
2010	5.89	6.32
2011	5.92	6.39
2012	5.88	6.37
2013	5.94	6.44
2014	6.03	6.46
2015	6.15	6.47
2016	6.30	6.52
2017	6.35	6.62
2018	6.40	6.70
2019	6.39	6.73

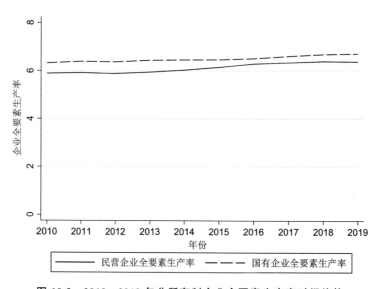

图 10-3 2010—2019 年分所有制企业全要素生产率时间趋势

第二节　商业银行金融科技影响企业全要素
生产率的检验结果

一、基准回归结果

首先利用式(10-1)检验商业银行金融科技对企业全要素生产率的影响,具体结果见表10-5。列(1)仅控制了固定效应,Fintech_E 的系数在5%的水平上显著为正,初步说明了商业银行金融科技显著提升了企业全要素生产率。列(2)加入了企业层面的控制变量,Fintech_E 的系数仍旧在1%的水平上显著为正,说明控制了影响企业全要素生产率的其他因素之后,商业银行金融科技提升企业全要素生产率的作用仍旧是显著的。由此,假设3-6得证。商业银行应用金融科技增强了自身搜寻优质企业和监督企业的能力,增加了对企业的融资支持,加强了对企业的债务治理,由此促进了企业技术创新,提高了企业资本配置效率,进而提升了企业全要素生产率。

在控制变量的回归结果中,资产负债率、营业利润率、营业收入增长率和政府补助对企业全要素生产率有显著的正影响,公司规模、实际税负变化、管理费用率和两职合一对企业全要素生产率有显著的负影响,国有企业的全要素生产率显著高于民营企业。这些结果基本与现有的研究结论一致,此处不再赘述。

表 10-5　商业银行金融科技对企业全要素生产率的影响

因变量	TFP_E	
	(1)	(2)
Fintech_E	0.006 **	0.020 ***
	(2.47)	(11.42)
ALR		0.434 ***
		(6.27)
CS		−0.045 *
		(−1.81)
SOE		0.080 *
		(1.66)
CLR		0.024
		(1.49)
IRBR		0.070 ***
		(5.83)
IBP		0.071 **
		(1.99)
OS		−0.010
		(−0.13)
GS		0.028 ***
		(6.97)
GSC		−0.004
		(−0.16)
ATBC		−1.438 ***
		(−3.00)
BAEOR		−3.354 ***
		(−12.77)
DL		−0.029 *
		(−1.72)
Individual_FE,Time_FE, Industry_FE,City_FE	Y	Y
_cons	5.546 ***	5.132 ***
	(26.80)	(14.47)
N	8852	8852
adj. R^2	0.470	0.620

二、稳健性检验

为检验上述回归结果的稳健性,本书采用以下五种方法进行稳健性检验:第一,替换核心解释变量;第二,替换被解释变量;第三,以工业企业为研究样本进行回归;第四,剔除涉及直辖市和省会城市的样本;第五,控制金融发展水平。

(一)替换核心解释变量

参考第五章第二节中的做法,采用因子分析法构建商业银行金融科技指数。回归结果见表10-6,列(1)以基于OP法计算的企业全要素生产率为因变量,列(2)以基于LP法计算的企业全要素生产率为因变量。回归结果显示,列(1)和列(2)中Fintech_E的系数均在1%的水平上显著为正,说明商业银行金融科技显著提升企业全要素生产率的结论是稳健的。

表 10-6　稳健性检验:替换核心解释变量

因变量	TFP_E(OP 法)	TFP_E(LP 法)
	(1)	(2)
Fintech_E	0.123 ***	0.076 ***
	(13.20)	(9.61)
Control	Y	Y
Individual_FE,Time_FE, Industry_FE,City_FE	Y	Y
_cons	5.769 ***	4.649 ***
	(17.16)	(15.55)
N	8852	8852
adj. R^2	0.641	0.885

(二)替换被解释变量

以用OP法计算的企业全要素生产率为被解释变量,回归结果见表10-7。

列(1)仅控制了固定效应,列(2)中加入了企业层面的控制变量。回归结果显示,列(1)和列(2)中 Fintech_E 的系数均在 1% 的水平上显著为正,说明商业银行金融科技显著提升企业全要素生产率的结论是稳健的。

表 10-7   稳健性检验:替换被解释变量

因变量	TFP_E(OP 法)	
	(1)	(2)
Fintech_E	0.011***	0.013***
	(8.16)	(8.42)
Control	N	Y
Individual_FE,Time_FE, Industry_FE,City_FE	Y	Y
_cons	5.546***	5.132***
	(26.80)	(14.47)
N	8852	8852
adj. R^2	0.470	0.620

(三)以工业企业为样本

相比于上市公司,工业企业数据库包括全国所有规模以上企业,除了包括上市公司,也包括非上市公司。由于上市公司相较于非上市公司而言通常更加优质,因此工业企业数据库样本中包括的公司往往比上市公司样本中包括的公司面临更为严重的融资约束问题。理论部分的论述表明,商业银行金融科技通过缓解企业融资约束,进而产生技术创新效应和资本配置效应,最终提高企业全要素生产率。因此,商业银行金融科技对企业全要素生产率的作用在工业企业样本中应该同样是显著的。以工业企业为样本的回归结果如表 10-8 所示[①],列(1)和列(2)分别以基于 OP 法和 LP 法计算的企业全要素生产率为因变量。列(1)、(2)中 Fintech_E 的系数均在 1% 的水

[①]   由于工业企业数据库中缺少工业企业贷款数据,因此无法测算企业申请贷款的商业银行的金融科技指数。因此,在以工业企业为样本的回归中,将企业层面的数据与城市层面的商业银行金融科技指数进行匹配,然后进行回归。

平上显著,说明商业银行金融科技显著提升企业全要素生产率的结论是稳健的,且商业银行金融科技提升企业全要素生产率的作用不仅仅体现在上市公司中,还体现在非上市公司中。

表 10-8　稳健性检验:以工业企业为样本

因变量	TFP_E(OP 法) (1)	TFP_E(LP 法) (2)
Fintech_E	0.001***	0.002***
	(2.71)	(5.53)
Control	Y	Y
Individual_FE,Time_FE, Industry_FE,City_FE	Y	Y
_cons	2.067***	1.678***
	(21.68)	(25.71)
N	227183	227183
adj. R^2	0.336	0.347

(四)剔除涉及直辖市和省会城市的样本

参考宋敏等(2021)的研究,考虑到直辖市和省会城市的金融科技发展水平较高,对银行贷款技术的影响较大,与企业全要素生产率的因果关系可能比较强,因此将涉及直辖市和省会城市的样本剔除,重新进行回归。剔除直辖市后样本的回归结果以及进一步剔除省会城市后样本的回归结果如表10-9 所示。可以看出,Fintech_E 的系数仍然在1%的水平上显著为正,说明商业银行金融科技显著提高企业全要素生产率的结论在剔除了直辖市和省会城市的样本后仍然是稳健的。

表 10-9   稳健性检验:剔除直辖市和省会城市后的样本

因变量	TFP_E(LP 法)	
	仅剔除直辖市	剔除直辖市和省会城市
	(1)	(2)
Fintech_E	0.020***	0.020***
	(10.75)	(8.71)
Control	Y	Y
Individual_FE,Time_FE, Industry_FE,City_FE	Y	Y
_cons	5.581***	4.908***
	(14.81)	(9.02)
N	7326	5117
adj. R^2	0.655	0.673

(五)控制金融发展水平

金融发展水平的提升会使以银行为主的正规金融机构的数量增加,拓宽企业的融资渠道,缓解企业面临的融资压力。在金融发展较为完善的地区,企业获得融资的审批和监督成本较低,从而对创新起到了积极的推动作用(解维敏 等,2011)。因此,样本期间企业全要素生产率的提升很可能是由地区金融发展水平的提升驱动的,而不是由商业银行金融科技发展驱动的。基于此,本书在控制变量中加入地区金融发展水平(Finance),重新进行回归。表 10-10 报告了回归结果,在控制了地区金融发展水平的影响后,商业银行金融科技对企业全要素生产率仍然有着显著的促进作用,证明了本书核心结论的可靠性。

表 10-10   稳健性检验:控制金融发展水平

因变量	TFP_E(OP 法)	TFP_E(LP 法)
	(1)	(2)
Fintech_E	0.016***	0.010***
	(7.99)	(5.63)

续表

因变量	TFP_E(OP 法) （1）	TFP_E(LP 法) （2）
Finance	0.159***	0.073***
	(6.48)	(3.36)
Control	Y	Y
Individual_FE,Time_FE, Industry_FE,City_FE	Y	Y
_cons	6.134***	4.337***
	(14.55)	(15.10)
N	7224	7145
adj. R^2	0.644	0.884

三、内生性问题的处理

基本结果表明,商业银行金融科技能够提升企业全要素生产率,但上述回归结果可能受内生性问题的干扰。遗漏变量和变量测度误差都可能引起内生性问题。基于此,本书参考第五章第二节中的方法处理内生性问题。首先,采用工具变量法,选取滞后一期商业银行金融科技作为工具变量处理内生性问题。其次,采用广义矩估计法来处理内生性问题。

（一）工具变量法

采用滞后一期商业银行金融科技（L. Fintech_E）作为工具变量。一方面,滞后一期商业银行金融科技与当期商业银行金融科技高度相关,符合工具变量的相关性要求。另一方面,滞后一期商业银行金融科技不会影响本期商业银行贷款发放技术,进而不会影响本期企业全要素生产率,符合工具变量的外生性要求。回归结果见表10-11。第一阶段回归中,L.Fintech_E的系数在1%的水平上显著为正,F值为660.81,远大于临界值10,表明不存在弱工具变量问题。第二阶段回归中,Fintech_E的系数在10%的水平上显著为正,表明商业银行金融科技显著提升企业全要素生产率的结论是稳健的。

表 10-11　内生性问题的处理:以滞后一期商业银行金融科技作为工具变量

因变量	第一阶段回归 Fintech_E (1)	第二阶段回归 TFP_E (2)
Fintech_E		0.047*
		(1.72)
L. Fintech_E	0.5553***	
	(12.45)	
Control	Y	Y
Individual_FE,Time_FE, Industry_FE,City_FE	Y	Y
F 值	660.81***	
_cons	7.8514***	7.834***
	(12.91)	(12.54)
Wald 检验值		2.13e+06
N	8583	8583
adj. R^2	0.3327	0.3322

(二)广义矩估计

考虑到当期企业全要素生产率往往受上一期企业全要素生产率的影响,因此本书使用广义矩估计方法将滞后一期全要素生产率(L. TFP_E)纳入模型进行估计,结果见表 10-12。回归结果显示,AR(1)检验的 P 值小于1%,AR(2)检验的 P 值大于 10%,即模型存在一阶序列相关,但不存在二阶序列相关,表明模型有效地克服了内生性问题。Sargan 检验的 p 值大于0.1,说明模型的工具变量不存在过度识别。Fintech_E 的系数在 5% 的水平上显著为正,说明在考虑了滞后一期企业全要素生产率的影响之后,商业银行金融科技能够显著提升企业全要素生产率的结论是稳健的。

表 10-12　内生性处理:广义矩估计

因变量	TFP_E
Fintech_E	0.002 **
	(1.98)
L. TFP_E	0.046 ***
	(2.85)
Control	Y
Individual_FE,Time_FE, Industry_FE,City_FE	Y
AR(1)	0.000
AR(2)	0.114
Sargan 检验	0.135
N	5459

第三节　商业银行金融科技影响企业全要素生产率的机制检验

　　理论分析表明,商业银行金融科技通过以下两个机制影响企业全要素生产率:(1)商业银行金融科技—企业技术创新—企业全要素生产率;(2)商业银行金融科技—企业资本配置效率—企业全要素生产率。鉴于企业技术创新和企业资本配置效率提升企业全要素生产率的作用既在理论上显而易见又被大量文献证实,因此接下来重点检验"商业银行金融科技—企业技术创新"和"商业银行金融科技—企业资本配置效率"这两个机制。

一、商业银行金融科技影响企业技术创新的实证检验

(一)模型建立

下面检验商业银行金融科技是否能够显著促进企业技术创新,设置的模型如下。

$$\text{Innovation\_E}_{it} = C + \alpha_1 \text{Fintech\_E}_{it} + \sum_m \alpha_m \text{control}_{it} +$$
$$\mu_i + u_t + \varepsilon_{it} \tag{10-2}$$

式(10-2)中,Innovation_E_{it} 为企业技术创新,采用企业三种专利的授权数量再取对数来衡量,其他变量和参数的设置同式(10-1)。

(二)基准回归结果

基准回归结果见表 10-13,可以看出 Fintech_E 的系数在 1% 的水平上显著为正,说明商业银行金融科技能够显著促进企业技术创新。这是由于:第一,商业银行应用金融科技增加了信贷供给,进而增加了对企业创新的融资支持,从而促进企业创新;第二,商业银行应用金融科技提高了信息搜寻能力,更容易发现创新效率高的企业,通过为这类企业提供资金支持,更精准地促进企业技术创新;第三,商业银行应用金融科技增强了对企业的监督能力,减少了企业管理层自利行为对技术创新活动的挤出效应,进而有利于技术创新。因此,商业银行金融科技能够显著地促进企业技术创新,进而提高企业全要素生产率。由此,假设 3-1 得证。

表 10-13　商业银行金融科技对企业技术创新的影响

因变量	Innovation_E
Fintech_E	0.029***
	(5.93)
Control	Y

续表

因变量	Innovation_E
Individual_FE,Time_FE, Industry_FE,City_FE	Y
_cons	-4.545^{***}
	(-5.51)
N	$5195^{①}$
adj. R^2	0.155

(三)稳健性检验

为检验上述回归结果的稳健性,采用以下五种方法进行稳健性检验:第一,替换核心解释变量;第二,替换被解释变量;第三,采用工业企业为研究样本进行回归;第四,剔除涉及直辖市和省会城市的样本;第五,控制金融发展水平。

1.替换核心解释变量

参考第五章第二节中的做法,采用因子分析法构建商业银行金融科技指数。回归结果见表 10-14,结果显示 Fintech_E 的系数在 1% 的水平上显著为正,说明商业银行金融科技显著促进企业技术创新的结论是稳健的。

表 10-14　稳健性检验:替换核心解释变量

因变量	Innovation_E
Fintech_E	0.022^{***}
	(3.23)
Control	Y
Individual_FE,Time_FE, Industry_FE,City_FE	Y
_cons	-0.285
	(-1.12)
N	8852
adj. R^2	0.0304

① 部分上市公司由于没有技术创新活动,其技术创新数据存在缺失。因此,以技术创新为因变量的回归中,样本数量为 5195,小于上市公司的样本数 8852。

2.替换被解释变量

采用替换被解释变量的测度方式进行稳健性检验,以发明专利授权量的对数衡量企业技术创新,回归结果见表 10-15。结果显示,Fintech_E 的系数在 1%的水平上显著为正,说明商业银行金融科技显著促进企业技术创新的结论是稳健的。

表 10-15　稳健性检验:替换被解释变量

因变量	Innovation_E
Fintech_E	0.019***
	(3.12)
control	Y
Individual_FE,Time_FE,Industry_FE,City_FE	Y
_cons	−0.277
	(−1.32)
N	8852
adj. R^2	0.0306

3.以工业企业为样本

相比于上市公司,工业企业数据库包括全国所有规模以上企业,除了包括上市公司,也包括非上市公司。由于上市公司相较于非上市公司而言通常更加优质,因此工业企业数据库样本中包括的公司,往往比上市公司样本中包括的公司面临更为严重的融资约束问题。理论分析表明,商业银行金融科技通过缓解企业融资约束,进而产生技术创新效应。因此,商业银行金融科技对企业技术创新的作用在工业企业样本中应该同样是显著的。以工业企业为样本的回归结果[①]如表 10-16 所示,结果显示 Fintech_E 的系数均在 1%的水平上显著,说明商业银行金融科技显著促进企业技术创新的结论

---

① 因为工业企业数据库中缺少工业企业贷款数据,所以无法测算企业申请贷款的商业银行的金融科技指数。因此,以工业企业为样本的回归中,将企业层面的数据与城市层面的商业银行金融科技指数进行匹配,然后进行回归。

是稳健的,而且商业银行金融科技促进企业技术创新的作用不仅仅体现在上市公司中,还体现在非上市公司中。

表 10-16　稳健性检验:以工业企业为样本

因变量	Innovation_E
	(1)
Fintech_E	0.003***
	(2.88)
Control	Y
Individual_FE,Time_FE,Industry_FE,City_FE	Y
_cons	2.043***
	(20.54)
N	227183
adj. R^2	0.338

4.剔除涉及直辖市和省会城市的样本

参考宋敏等(2021)的研究,考虑到直辖市和省会城市的金融科技发展水平较高,对银行贷款技术的影响较大,与企业技术创新的因果关系可能比较强,因此将涉及直辖市和省会城市的样本剔除,重新进行回归。剔除直辖市后样本的回归结果如列(1)所示,进一步剔除省会城市后样本的回归结果如表 10-17 所示。可以看出,Fintech_E 的系数仍然在 1% 的水平上显著为正,说明商业银行金融科技促进企业技术创新的结论在剔除了直辖市和省会城市样本后仍然是稳健的。

表 10-17　稳健性检验:剔除直辖市和省会城市后的样本

因变量	Innovation_E	
	仅剔除直辖市	剔除直辖市和省会城市
	(1)	(2)
Fintech_E	0.004***	0.002***
	(2.74)	(2.69)
Control	Y	Y

续表

因变量	Innovation_E	
	仅剔除直辖市	剔除直辖市和省会城市
	(1)	(2)
Individual_FE,Time_FE,Industry_FE,City_FE	Y	Y
_cons	−0.357	−0.389
	(−1.07)	(−1.23)
N	7326	5117
adj. R^2	0.1679	0.1676

5.控制金融发展水平

金融发展水平的提升会使以银行为主的正规金融机构数量增加,拓宽企业的融资渠道,缓解融资压力。在金融发展较为完善的地区,企业获得融资的审批和监督成本较低,从而对创新起到了积极的推动作用(解维敏等,2011)。因此,样本期间企业全要素生产率的提升很可能是由地区金融发展水平的提升驱动的,而不是由商业银行金融科技发展驱动的。基于此,本书在控制变量中加入地区金融发展水平(Finance),重新进行回归。表 10-18 报告了回归结果,在控制了地区金融发展水平的影响后,商业银行金融科技对企业技术创新仍然有着显著的促进作用,证明了本书核心结论的可靠性。

表 10-18 稳健性检验:控制金融发展水平

因变量	Innovation_E
Fintech_E	0.027 ***
	(4.33)
Finance	0.124 ***
	(3.67)
Control	Y
Individual_FE,Time_FE,Industry_FE,City_FE	Y

续表

因变量	Innovation_E
_cons	-4.265^{***}
	(-4.29)
N	8852
adj. R^2	0.159

(四)内生性问题的处理

基准回归结果表明,商业银行金融科技能够促进企业技术创新,但上述回归结果可能受内生性问题的干扰。遗漏变量和变量测度误差都可能引起内生性问题。基于此,本书参考第五章第二节中的方法处理内生性问题。首先,采用工具变量法,选取滞后一期商业银行金融科技作为工具变量处理内生性问题。其次,采用广义矩估计法来处理内生性问题。

1.工具变量法

采用滞后一期商业银行金融科技(L. Fintech_E)作为工具变量。一方面,滞后一期商业银行金融科技与当期商业银行金融科技高度相关,符合工具变量的相关性要求。另一方面,滞后一期商业银行金融科技不会影响本期商业银行贷款发放技术,进而不会影响本期企业技术创新,符合工具变量的外生性要求。回归结果见表10-19。第一阶段回归中,L. Fintech_E 的系数在1%的水平上显著为正,F 值为650.77,远大于临界值10,表明不存在弱工具变量问题。第二阶段回归中,Fintech_E 的系数在10%的水平上显著为正,表明商业银行金融科技显著促进企业技术创新的结论是稳健的。

表 10-19　内生性问题的处理:以滞后一期商业银行金融科技作为工具变量

因变量	第一阶段回归 Fintech_E (1)	第二阶段回归 Innovation_E (2)
Fintech_E		0.013^{*}
		(1.77)

续表

因变量	第一阶段回归 Fintech_E (1)	第二阶段回归 Innovation_E (2)
L. Fintech_E	0.5553***	
	(12.45)	
Control	Y	Y
Individual_FE,Time_FE, Industry_FE,City_FE	Y	Y
F 值	650.77***	
_cons	7.8514***	−0.283
	(12.91)	(−1.54)
Wald 检验值		2.13e+06
N	8583	8583
adj. R^2	0.3327	0.3352

2.广义矩估计

考虑到当期企业技术创新往往受上一期企业技术创新的影响,因此本书使用广义矩估计方法,将滞后一期企业技术创新(L. Innovation_E)纳入模型进行估计,结果见表 10-20。回归结果显示,AR(1)检验的 p 值小于 1%,AR(2)检验的 p 值大于 10%,即模型存在一阶序列相关,但不存在二阶序列相关,表明模型有效地克服了内生性问题。Sargan 检验的 p 值大于 0.1,说明模型的工具变量不存在过度识别。Fintech_E 的系数在 10% 的水平上显著为正,说明在考虑了滞后一期企业技术创新的影响之后,商业银行金融科技能够显著促进企业技术创新的结论仍然是稳健的。

表 10-20   内生性问题的处理:广义矩估计

因变量	Innovation_E
Fintech_E	0.013*
	(1.83)
L. Inovation_E	0.046**
	(2.45)

续表

因变量	Innovation_E
Control	Y
Individual_FE,Time_FE,Industry_FE,City_FE	Y
AR(1)	0.000
AR(2)	0.124
Sargan 检验	0.142
N	5459

二、商业银行金融科技影响企业资本配置效率的实证检验

（一）模型建立

企业资本配置效率可以用企业的投资行为对投资机会的敏感程度来衡量,若商业银行金融科技增加了企业投资行为对投资机会的敏感程度,则说明商业银行金融科技提高了企业资本配置效率。基于此,本书借鉴方军雄(2007)、李焰等(2011)、靳庆鲁等(2012)及喻坤等(2014)的处理方法,运用"投资—投资机会"敏感性模型考察商业银行金融科技是否能够显著提升企业资本配置效率,设立的模型如下。

$$\text{Invest}_{it} = C + \alpha_1 \text{Roa}_{it-1} + \alpha_2 \text{Fintech\_E}_{it} + \alpha_3 \text{Roa}_{it-1} \times \text{Fintech\_E}_{it} +$$

$$\sum_m \alpha_m \text{control}_{it} + \mu_i + u_t + \varepsilon_{it} \quad (10\text{-}3)$$

式(10-3)中,Invest_{it} 为企业当期的投资水平,具体的计算公式为:投资＝(资本支出＋并购支出－出售长期资产收入－折旧)/总资产。Roa_{it-1} 为滞后一期资产收益率,反映了企业上一期的盈利能力。通常情况下,企业盈利能力越强,代表投资的边际收益越大,相应地,投资机会越好。因此,Roa_{it-1} 可以用来测度投资机会。其他变量和参数的设置同式(10-1)。

式(10-3)中 $\text{Roa}_{it-1} \times \text{Fintech\_E}_{it}$ 的系数 α_3 反映了商业银行金融科技对

企业资本配置效率的影响。如果 α_3 系数显著为负,表示商业银行金融科技显著降低了企业资本配置效率。反之,则意味着商业银行金融科技显著提高了企业资本配置效率。

（二）基准回归结果

基准回归结果见表 10-21,可以看出,$Roa_{it-1} \times Fintech\_E$ 的系数在 10％的水平上显著为正,说明商业银行金融科技显著提高了企业投资对投资机会的敏感程度。这是由于:第一,商业银行应用金融科技增加了信贷供给,缓解了企业面临的融资约束,避免企业因融资约束而无法把握好的投资机会,从而提高了企业资本配置效率;第二,商业银行应用金融科技提高了信息搜寻能力,更容易发现盈利能力强的企业,通过将信贷资源配置到盈利能力强的企业,有利于增加这类企业下一年度的投资,进而提高企业资本配置效率;第三,商业银行应用金融科技增强了对企业的监督能力,减少了企业管理层如在职消费等的自利行为,促使管理层将资金配置到增值性投资项目上,进而提高企业资本配置效率。因此,商业银行金融科技能够显著地提高企业资本配置效率,进而提高企业全要素生产率。由此,假设 3-2 得证。

表 10-21　商业银行金融科技对资本配置效率的影响

因变量	Invest
Fintech_E	0.002
	(0.26)
$Roa_{it-1} \times Fintech\_E$	0.080*
	(1.86)
Roa_{it-1}	0.645
	(1.45)
Control	Y
Individual_FE,Time_FE,Industry_FE,City_FE	Y
_cons	-3.552^{***}
	(-19.10)
N	5721
adj. R^2	0.105

（三）稳健性检验

为检验上述回归结果的稳健性,本书采用以下五种方法进行稳健性检验:第一,替换核心解释变量;第二,替换被解释变量;第三,采用工业企业为研究样本进行回归;第四,剔除涉及直辖市和省会城市的样本;第五,控制金融发展水平。

1.替换核心解释变量

参考第五章第二节中的做法,采用因子分析法构建商业银行金融科技指数。回归结果见表 10-22,回归结果显示,$\text{Roa}_{it-1} \times \text{Fintech\_E}$ 的系数在 10% 的水平上显著为正,说明商业银行金融科技显著提升企业资本配置效率的结论是稳健的。

表 10-22　稳健性检验:替换核心解释变量

因变量	Invest
Fintech_E	0.002
	(0.26)
$\text{Roa}_{it-1} \times \text{Fintech\_E}$	0.080*
	(1.86)
Roa_{it-1}	0.645
	(1.45)
Control	Y
Individual_FE,Time_FE,Industry_FE,City_FE	Y
_cons	−3.552***
	(−19.10)
N	5721
adj. R^2	0.105

2.替换被解释变量

采用替换被解释变量的测度方式进行稳健性检验,以发明专利授权量的对数作为被解释变量,回归结果见表 10-23。回归结果显示,$\text{Roa}_{it-1} \times \text{Fin-}$

tech_E 的系数在 10% 的水平上显著为正,说明商业银行金融科技显著提升企业资本配置效率的结论是稳健的。

表 10-23　稳健性检验:替换被解释变量

因变量	Invest
Fintech_E	0.001
	(1.22)
$Roa_{it-1} \times Fintech\_E$	0.075*
	(1.76)
Roa_{it-1}	0.531
	(1.43)
Control	Y
Individual_FE,Time_FE,Industry_FE,City_FE	Y
_cons	−3.128***
	(−8.10)
N	5721
adj. R^2	0.126

3.以工业企业为样本

相比于上市公司,工业企业数据库包括全国所有规模以上企业,除了包括上市公司,也包括非上市公司。由于上市公司相较于非上市公司而言通常更加优质,因此工业企业数据库样本中包括的公司往往比上市公司样本中包括的公司面临更为严重的融资约束问题。理论分析表明,商业银行金融科技通过缓解企业融资约束,进而产生资本配置效应。因此,商业银行金融科技对企业全要素生产率的作用在工业企业样本中应该同样是显著的。以工业企业为样本的回归结果[①]如表 10-24 所示,结果显示,$Roa_{it-1} \times$ Fintech_E 系数显著为正,说明商业银行金融科技显著提升企业资本配置效

①　由于工业企业数据库中缺少工业企业贷款数据,因此无法测算企业贷款商业银行的金融科技指数。因此,以工业企业为样本的回归中,将企业层面的数据与城市层面的商业银行金融科技指数进行匹配,然后进行回归。

率的结论是稳健的,而且商业银行金融科技提升企业资本配置效率的作用不仅仅体现在上市公司中,还体现在非上市公司中。

表 10-24　稳健性检验:以工业企业为样本

因变量	Invest
Fintech_E	0.001
	(0.39)
$Roa_{it-1} \times Fintech\_E$	0.055*
	(1.79)
Roa_{it-1}	0.326
	(1.58)
Control	Y
Individual_FE,Time_FE,Industry_FE,City_FE	Y
_cons	−3.126***
	(−5.10)
N	15447
adj. R^2	0.083

4.剔除涉及直辖市和省会城市的样本

参考宋敏等(2021)的研究,考虑到直辖市和省会城市的金融科技发展水平较高,对银行贷款技术的影响较大,与企业资本配置效率的因果关系可能比较强,因而将涉及直辖市和省会城市的样本剔除,重新进行回归,回归结果如表 10-25 所示。剔除直辖市后样本的回归结果如列(1)所示,进一步剔除省会城市后样本的回归结果如列(2)所示。可以看出,$Roa_{it-1} \times Fintech\_E$ 的系数仍然在 10% 的水平上显著为正,说明商业银行金融科技提高企业资本配置效率的结论在剔除了直辖市和省会城市样本后仍然是稳健的。

表 10-25　稳健性检验:剔除直辖市和省会城市后的样本

因变量	Invest	
	(1)	(2)
Fintech_E	0.003	0.002
	(0.24)	(0.33)

续表

因变量	Invest	
	(1)	(2)
$Roa_{it-1} \times Fintech\_E$	0.065*	0.068*
	(1.88)	(1.76)
Roa_{it-1}	0.633	0.659
	(1.32)	(1.28)
Control	Y	Y
Individual_FE, Time_FE, Industry_FE, City_FE	Y	Y
_cons	−3.175***	−3.194***
	(−8.45)	(−7.68)
N	4877	4251
adj. R^2	0.118	0.107

5.控制金融发展水平

金融发展水平的提升会使以银行为主的正规金融机构数量增加,拓宽企业的融资渠道,缓解融资压力。在金融发展较为完善的地区,企业获得融资的审批和监督成本较低,从而对创新起到了积极的推动作用(解维敏 等,2011)。因此,样本期间企业资本配置效率的提升很可能是由地区金融发展水平的提升驱动的,而不是由商业银行金融科技发展驱动的。基于此,在控制变量中加入地区金融发展水平(Finance),重新进行回归。表 10-26 报告了回归结果,结果显示,在控制了地区金融发展水平的影响后,商业银行金融科技发展对企业资本配置效率仍然有着显著的促进作用,证明了本书核心结论的可靠性。

表 10-26　稳健性检验:控制金融发展水平

因变量	Invest
Fintech_E	0.001
	(1.19)

续表

因变量	Invest
$Roa_{it-1} \times Fintech\_E$	0.073^{*}
	(1.79)
Roa_{it-1}	0.473
	(1.62)
Finance	0.012^{***}
	(2.78)
Control	Y
Individual_FE,Time_FE,Industry_FE,City_FE	Y
_cons	-3.143^{***}
	(-6.25)
N	5721
adj. R^{2}	0.114

（四）内生性问题的处理

基准回归结果表明,商业银行金融科技能够提升企业资本配置效率,但上述回归结果可能受内生性问题的干扰。遗漏变量和变量测度误差都可能引起内生性问题。基于此,本书参考第五章第二节中的方法处理内生性问题。首先,采用工具变量法,选取滞后一期商业银行金融科技作为工具变量处理内生性问题。其次,采用广义矩估计法来处理内生性问题。

1.工具变量法

采用滞后一期商业银行金融科技（L. Fintech_E）作为工具变量。一方面,滞后一期商业银行金融科技与当期商业银行金融科技高度相关,符合工具变量的相关性要求。另一方面,滞后一期商业银行金融科技不会影响本期商业银行贷款发放技术,进而不会影响本期企业资本配置效率,符合工具变量的外生性要求。回归结果见表 10-27。$Roa_{it-1} \times$ L. Fintech_E 的系数在10％的水平上显著为正,表明商业银行金融科技显著提升企业资本配置效率的结论是稳健的。

表 10-27　内生性问题的处理：以滞后一期商业银行金融科技作为工具变量

因变量	Invest
L. Fintech_E	0.001
	(1.13)
$Roa_{it-1} \times$ L. Fintech_E	0.053*
	(1.76)
Roa_{it-1}	0.613
	(1.27)
Control	Y
Individual_FE, Time_FE, Industry_FE, City_FE	Y
_cons	-3.164***
	(-6.74)
N	5459
adj. R^2	0.109

2.广义矩估计

考虑到当期企业投资水平往往受上一期企业投资水平的影响，因此本书使用广义矩估计方法，将滞后一期企业投资水平（L. Invest）纳入模型进行估计，结果见表 10-28。回归结果显示，AR(1)检验的 p 值小于 1%，AR(2)检验的 p 值大于 10%，即模型存在一阶序列相关，但不存在二阶序列相关，表明模型有效地克服了内生性问题。Sargan 检验的 p 值大于 0.1，说明模型的工具变量不存在过度识别。$Roa_{it-1} \times$ Fintech_E 的系数在 10% 的水平上显著为正，说明在考虑了滞后一期企业投资水平的影响之后，商业银行金融科技能够显著提升企业资本配置效率的结论仍然是稳健的。

表 10-28　内生性问题的处理：广义矩估计

因变量	Invest
L. Invest	0.004*
	(1.69)
Fintech_E	0.003
	(1.02)

续表

因变量	Invest
$\text{Roa}_{it-1} \times \text{Fintech\_E}$	0.074*
	(1.79)
Roa_{it-1}	0.562
	(1.29)
Control	Y
Individual_FE, Time_FE, Industry_FE, City_FE	Y
_cons	−2.984***
	(−6.75)
AR(1)	0.000
AR(2)	0.174
Sargan 检验	0.164
N	5459

三、进一步讨论

理论分析表明,商业银行金融科技促进企业技术创新和提高企业资本配置效率的机制为融资约束机制和债务治理机制,即商业银行金融科技通过缓解企业融资约束、降低企业代理成本,进而促进企业技术创新和提高企业资本配置效率。因此,接下来检验商业银行金融科技是否显著缓解了企业融资约束,降低了企业代理成本,设置的模型如下。

$$\text{Restraint\_E}_{it} = C + \alpha_1 \text{Fintech\_E}_{it} + \sum_m \alpha_m \text{control}_{it} +$$

$$\mu_i + u_t + \varepsilon_{it} \tag{10-4}$$

$$\text{Agency\_E}_{it} = C + \alpha_1 \text{Fintech\_E}_{it} + \sum_m \alpha_m \text{control}_{it} +$$

$$\mu_i + u_t + \varepsilon_{it} \tag{10-5}$$

式(10-4)中,Restraint_E_{it} 为企业融资约束,参考关宇航等(2021)的研

究,采用利息费用除以固定资产净值来衡量。式(10-5)中,$Agency\_E_{it}$ 为企业代理成本,采用管理费用与营业收入的比率来衡量,这一指标在目前公司治理的相关文献中被广泛用于衡量代理成本。管理费用由经理控制,可用于评估超出预算的支出(Ang et al.,2000)。该指标越高,代理成本越高,因此,这一指标反映了管理者在工作中过度支出所造成的浪费。其他变量的设置同模型(10-1)。

表 10-29 为商业银行金融科技对企业融资约束和代理成本的回归结果。列(1)中,Fintech_E 的系数在 10%的水平上显著为负,说明商业银行金融科技显著缓解了企业面临的融资约束。列(2)中,Fintech_E 的系数在 5%的水平上显著为负,说明商业银行金融科技显著降低了企业代理成本。因此,商业银行金融科技通过缓解融资约束和降低代理成本促进企业技术创新和提高企业资本配置效率的机制是显著的。

表 10-29 商业银行金融科技影响企业技术创新和企业资本配置效率的机制分析

因变量	Restraint_E (1)	Agency_E (2)
Fintech_E	-0.019^{*}	-0.001^{**}
	(-1.80)	(-2.20)
Control	控制	控制
Individual_FE,Time_FE, Industry_FE,City_FE	控制	控制
_cons	4.939^{**}	0.147^{***}
	(2.49)	(4.36)
N	3709	3709
adj. R^2	0.1632	0.0847

第四节　商业银行金融科技影响企业全要素 生产率的异质性分析

一、企业规模异质性分析

本书按照企业规模的中位数将所有企业分为大企业和中小企业两组，然后进行分组检验，回归结果见表10-30。列（1）和列（2）分别为大企业组和小企业组的回归结果。列（1）中 Fintech_E 的系数明显大于列（2），说明商业银行金融科技对中小企业全要素生产率的提升作用小于对大企业全要素生产率的提升作用。这与前述的逻辑推理和研究结论一致。国有商业银行以大企业为主要的信贷服务对象，股份制商业银行以小企业为主要的信贷服务对象。相比于股份制商业银行，国有商业银行通常都是以设立金融科技子公司的模式应用金融科技，这种模式能够更有效地提升国有商业银行的贷款技术。而股份制商业银行通常是通过与科技公司合作的模式应用金融科技，这种模式对股份制商业银行贷款技术的提升效果较差。因此，商业银行金融科技对大企业全要素生产率的提升作用更大。

表 10-30　企业规模异质性分析

因变量	TFP_E	
	大企业	中小企业
	（1）	（2）
Fintech_E	0.022***	0.015***
	(10.56)	(5.54)
Control	Y	Y

续表

因变量	TFP_E	
	大企业	中小企业
	(1)	(2)
Individual_FE,Time_FE,Industry_FE,City_FE	Y	Y
_cons	4.879***	6.502***
	(13.45)	(14.76)
N	4426	4426
adj. R^2	0.578	0.678

二、企业所有制异质性分析

本书按照企业所有制将所有企业分为国有企业和民营企业两组,然后进行分组检验,回归结果表 10-31。列(1)和列(2)分别为国有企业和民营企业的回归结果。列(1)中 Fintech_E 的系数略小于列(2),说明商业银行金融科技对国有企业全要素生产率的提升作用小于对民营企业全要素生产率的提升作用。这与前述的逻辑推理和研究结论一致。这是由于相较于民营企业,国有企业面临的融资约束通常较小,商业银行金融科技通过缓解企业融资约束进而提高企业全要素生产率的作用在国有企业中也相对较小。

表 10-31　企业所有制异质性分析

因变量	TFP_E	
	国有企业	民营企业
	(1)	(2)
Fintech_E	0.019***	0.020***
	(6.31)	(9.04)
Control	Y	Y
Individual_FE,Time_FE,Industry_FE,City_FE	Y	Y

续表

因变量	TFP_E	
	国有企业	民营企业
	(1)	(2)
_cons	5.957***	5.670***
	(8.59)	(12.12)
N	2723	6129
adj. R^2	0.594	0.643

三、金融科技发展阶段异质性分析

下面检验商业银行金融科技对企业全要素生产率的影响在不同的金融科技发展阶段是否存在异质性。参照第五章第三节中的方法对金融科技发展阶段进行划分，回归结果见表10-32。我们发现 Fintech_E 的系数在列(1)和列(2)中均显著为正，但在列(2)中更大。说明商业银行金融科技提升企业全要素生产率的作用在"金融科技 3.0"阶段更能得到充分的发挥。这是由于在"金融科技 2.0"阶段，商业银行主要是将业务从线下迁移到线上，贷款发放技术提升有限，进而对企业全要素生产率的提升作用较小。在"金融科技 3.0"阶段，商业银行开始利用大数据、区块链等技术，贷款发放技术得以明显提升，进而对企业全要素生产率的提升作用较大。

表 10-32　商业银行金融科技异质性分析

因变量	TFP_E	
	"金融科技 2.0"阶段	"金融科技 3.0"阶段
	(1)	(2)
Fintech_E	0.003*	0.011***
	(1.78)	(3.86)
Control	Y	Y

续表

因变量	TFP_E	
	"金融科技 2.0"阶段 (1)	"金融科技 3.0"阶段 (2)
Individual_FE,Time_FE, Industry_FE,City_FE	Y	Y
_cons	4.483 ***	6.433 ***
	(8.10)	(13.82)
N	3042	5810
adj. R^2	0.255	0.279

四、企业全要素生产率异质性分析

为检验商业银行金融科技对企业全要素生产率的影响是否在全要素生产率不同的企业之间存在异质性,本书采用分位数回归法。基于企业全要素生产率的条件分布,选取 0.1、0.25、0.5、0.75 和 0.9 分位数,考察不同的企业全要素生产率下,商业银行金融科技对企业全要素生产率的影响,回归结果见表 10-33。我们可以发现,商业银行金融科技在条件分布的不同位置,对企业全要素生产率的提升作用不同。通过观察列(1)～(5)中 Fintech_E 的系数,我们发现:商业银行金融科技对企业全要素生产率的影响程度随着企业全要素生产率的提升呈现出先下降后上升的趋势,这意味着商业银行金融科技对企业全要素生产率较高和较低的企业影响较大,对企业全要素生产率中等的企业影响相对较小。可能的原因是,企业全要素生产率较低的企业,其全要素生产率的提升空间较大,商业银行金融科技对企业全要素生产率的提升作用较大。而企业全要素生产率高的企业,技术能力通常较强,商业银行金融科技对企业全要生产率的提升作用在这类企业中体现得更加明显。

表 10-33　企业全要素生产率异质性分析

因变量	TFP_E				
	0.1 分位数	0.25 分位数	0.5 分位数	0.75 分位数	0.9 分位数
	（1）	（2）	（3）	（4）	（5）
Fintech_E	0.035***	0.031***	0.032***	0.033***	0.035***
	（9.09）	（12.51）	（13.92）	（11.07）	（8.01）
Control	Y	Y	Y	Y	Y
Individual_FE, Time_FE, Industry_FE, City_FE	Y	Y	Y	Y	Y
_cons	3.915***	3.521***	3.880***	4.921***	5.773***
	（15.51）	（21.12）	（25.38）	（25.04）	（19.82）
N	8852	8852	8852	8852	8852

五、区域异质性分析

下面检验商业银行金融科技对企业全要素生产率的影响是否存在地区异质性，表 10-34 报告了区域异质性检验的回归结果。列（1）～（3）分别为东部、中部和西部地区的回归结果。我们发现 Fintech_E 的系数在列（1）～（3）中均显著为正，但在列（3）中的系数要相对小一些，这说明商业银行金融科技能显著提升所有地区企业的全要素生产率，但是这一作用在东部地区和中部地区要大于西部地区。可能的原因是：相较于西部地区，东部和中部地区的银行对金融科技的应用程度较高，金融科技的应用较大幅度地提高了银行贷款发放技术，进而对企业全要素生产率的提升作用也更大。

表 10-34　区域异质性分析

因变量	TFP_E		
	东部地区	中部地区	西部地区
	(1)	(2)	(3)
Fintech_E	0.018 ***	0.021 ***	0.013 ***
	(7.30)	(5.28)	(2.89)
Control	Y	Y	Y
Individual_FE,Time_FE, Industry_FE,City_FE	Y	Y	Y
_cons	5.888 ***	6.321 ***	4.439 ***
	(11.51)	(6.98)	(6.19)
N	5132	1240	1091
adj. R^2	0.651	0.644	0.673

第五节　本章小结

本章基于 2010—2019 年中国上市公司的数据检验了商业银行金融科技对企业全要素生产率的影响,并且考察了这种影响在不同方面的异质性。首先,商业银行通过应用金融科技强化了自身的融资支持功能,增加了企业对研发活动和增值性项目的投资,强化了自身的债务治理作用,降低了管理者私利行为对研发活动和增值性项目投资的挤出效应,这都有利于促进企业的技术创新,提升企业的资本配置效率,最终提高企业全要素生产率。其次,商业银行金融科技对企业全要素生产率的提升作用在大企业中大于在中小企业中,在民营企业中大于在国有企业中,在金融科技 3.0 阶段大于在"金融科技 2.0"阶段,在全要素生产率中等的企业中大于在全要素生产率较高和较低的企业中,在东部和中部地区大于西部地区。

第十一章　结论与政策建议

第一节　主要结论

本书首先从技术创新和资源配置效率的视角构建了商业银行金融科技影响城市全要素生产率的理论模型。其次,基于 2010—2019 年中国城市层面的数据、2010—2019 年中国上市公司数据和 2011—2015 年中国工业企业数据实证检验了商业银行金融科技对城市全要素生产率的影响及其机制。此外,本书考察了这种影响的区域异质性、城市行政级别异质性、城市规模异质性、金融科技发展阶段异质性和城市全要素生产率异质性,探讨了数字经济发展程度、市场化程度和城市创新能力对这种影响的调节作用,分析了这种影响的空间溢出效应。具体的研究结论如下。

第一,总体效应方面。首先,商业银行金融科技能够显著提升城市全要素生产率。这一结论在一系列的稳健性检验和内生性问题的处理之后仍然稳健。商业银行应用金融科技提高了贷款技术,增强了银行系统支持企业全要素生产率提升和优化资源配置的功能,从而提高了城市全要素生产率。其次,区域异质性分析表明,商业银行金融科技提高城市全要素生产率的作用在东部地区的城市中最大,在中部地区的城市中次之,在西部地区的城市中不显著。因为西部地区市场化程度较低,民营企业的占比较低,商业银行金融科技通过缓解融资约束提高企业全要素生产率的作用较小,导致其提高城市全要素生产率的作用不显著,而东部地区和中部地区市场化程度较高,商业银行金融科技显著提高了城市全要素生产率。再次,城市行政级别异质性分析表明,相较于非省会城市,商业银行金融科技提高城市全要素生产率的作用在省会城市中更大。因为省会城市的数字经济发展程度较高,完成数字化转型的企业较多,企业积累的可靠数据较多,所以商业银行金融科技降低信息不对称程度进而提高城市全要素生产率的作用更大。复次,城市规模异质性分析表明,商业银行金融科技提升城市全要素生产率的作用在大规模城市中最大,在中等规模城市中次之,在小规模城市中最小。规模越大的城市,其商业银行金融科技应用水平较高,贷款技术提升明显,商业银行金融科技对城市全要素生产率的作用较大。从次,金融科技发展阶段异质性分析表明,相比于"金融科技 2.0"阶段,商业银行金融科技对城市全要素生产率的提升作用在"金融科技 3.0"阶段更大。在"金融科技 2.0"阶段,银行主要是将业务从线下迁移到线上,贷款发放技术提升有限,进而对城市全要素生产率的提升作用较小。而在"金融科技 3.0"阶段,银行开始利用大数据、区块链等技术,贷款发放技术得以提升,进而对城市全要素生产率的提升作用较大。最后,城市全要素生产率异质性分析表明,城市全要素生产率越低的城市,商业银行金融科技对其城市全要素生产率的提升作用越大。在城市全要素生产率越低的城市,技术创新面临的金融供给不足问题越严重,资源配置效率越低,技术创新和资源配置效率的提升空间越大。相应地,商业银行金融科技增加技术创新所需的金融支持和提高资源配置效率的作用也越大。

第二,影响机制方面。商业银行金融科技通过促进技术创新和提高资源配置效率,进而提升城市全要素生产率。进一步探讨商业银行金融科技如何促进技术创新和提高资源配置效率,得出如下两点结论。首先,商业银行金融科技通过强化自身的融资支持功能使企业增加对研发项目的投资,通过强化自身的债务治理作用减少了管理者私利行为对研发项目的挤出效应,这都有利于促进技术创新。商业银行金融科技促进技术创新的作用在东部地区最强,在中部地区次之,在西部地区最弱;城市规模越小、城市行政级别越低、城市技术创新水平越低,这种提升作用越强,并且在"金融科技3.0"阶段较大,在"金融科技 2.0"阶段较小。其次,商业银行金融科技通过强化商业银行的资源配置和信号释放功能,将信贷资源更多地配置在高生产率企业,促进了高生产率企业成长,降低了高生产率企业退出市场的概率,从而提高了资源配置效率。并且,商业银行金融科技提高资源配置效率的作用在东部地区最大,在中部地区次之,在西部地区不显著;在大规模城市中最大,在中等规模城市中次之,在小规模城市中最小;在省会城市大于在非省会城市;在资源配置效率低的城市中较大。

第三,调节效应和空间效应方面。首先,数字经济发展程度正向调节了商业银行金融科技提高城市全要素生产率的作用。数字经济发展程度越高的城市,有越大比例的企业完成了数字化转型,企业的技术创新和生产经营等情况被存储为透明、可共享的信息,这为商业银行应用金融科技降低信息不对称程度积累了较多的数据,并且企业和商业银行的信息沟通效率也越高。在这种情况下,商业银行金融科技降低信息不对称程度的作用较大,从而提高城市全要素生产率的作用也较大。其次,市场化程度正向调节了商业银行金融科技提高城市全要素生产率的作用。市场化程度越高的城市,民营企业占比越高,商业银行金融科技通过缓解企业面临的融资约束提高企业全要素生产率的作用越大,从而提高城市全要素生产率的作用越大。并且市场化程度越高的城市,商业银行金融科技提高信贷资金分配的市场化程度之后,越能协同强化市场配置资源的作用,商业银行金融科技提升资源配置效率的作用越大,从而提高城市全要素生产率的作用越大。再次,城市创新能力正向调节了商业银行金融科技提高城市全要素生产率的作用。在创新能力越强的城市中,企业获得贷款之后,越能够更便利地搜寻到所需的创新人才,快速地获取城市内其他企业的技术溢出,进而技术创新越容易获得成功。在这种情况下,城市创新能力越强,商业银行金融科技越能有效地促进技术创新,进而越能提高企业全要素生产率,从而对城市全要素生产率的提升作用越强。最后,商业银行金融科技对城市全要素生产率存在显著的空间溢出效应。一方面,由于技术创新存在溢出效应,这使得商业银行金融科技通过促进本地的技术创新从而促进周边城市的技术创新,进而提升周边城市的全要素生产率。另一方面,本地的商业银行金融科技本身具备溢出效应,即本地的商业银行金融科技应用水平的提升有利于周边城市金融科技应用水平的提升,从而提高周边城市的全要素生产率。

第二节　政策建议

政府作为宏观经济调控的主体,提高城市全要素生产率是其目标之一。对于商业银行而言,虽然其目标并不是提高城市全要素生产率,但是通过应用金融科技提高贷款技术,既能增强自身的盈利能力,又有助于提高城市全要素生产率。因此,在得出上述结论的基础上,本书分别针对政府和商业银行提出政策建议。

一、针对政府的建议

(一)构建信息共享中心以推进涉企信用信息归集共享

商业银行金融科技主要通过减少信息不对称情况,发挥提高资源配置效率和提升企业全要素生产率的作用。政府应当构建信息共享中心以加快推进涉企信用信息归集共享,解决"信息孤岛"造成的银企信息不对称。首先,构建信息共享中心,将企业的纳税信息、生态环境领域信息、不动产信息、行政强制信息、水电气费缴纳信息和科技研发信息等由地方政府负责的信息归集共享。其次,加大政策宣传解读力度,广泛动员企业和个体工商户在信息共享中心实名注册,并主动完善相关信息,扩大市场主体覆盖面。再次,信息共享中心要依法依规向商业银行充分开放信息,要根据不同的数据特点,分类采取授权查询、核验比对等方式与商业银行共享;经企业明确授权允许商业银行查询的信息,应尽可能提供原始明细数据以便于商业银行使用。最后,鼓励信息共享中心与信用服务机构合作,提升"数据清洗加工"能力,创新开发信用报告、信用评价等标准化产品供商业银行使用。

(二)构建一站式贷款服务中心以推进商业银行贷款业务线上化

研究结果表明,商业银行金融科技通过贷款业务线上化降低了贷款发放成本,优化了风险控制模式,从而增加了对城市全要素生产率提升的支持。因此,政府可以构建贷款服务中心,为商业银行线上贷款业务提供一站式服务,推进商业银行贷款业务线上化。贷款服务中心将可以贷款申请、涉企信用信息归集共享、创业担保贷款申请人资质认定、知识产权质押、政府采购合同和应收账款确权、不动产抵押登记等事项进行集成化服务,梳理形成联办事项的业务流程,并构建线上办理渠道。商业银行收到融资需求后主动对接企业,并做好融资服务,相关融资结果通过统一用户空间直接反馈给企业。通过上述措施,实现融资需求和资格认定材料"一口进",以及融资结果"一口出",让企业足不出户就能享受贷款服务中心的一站式服务。

(三)推进区块链和物联网技术在商业银行供应链金融业务中的应用

在商业银行金融科技发挥对城市全要素生产率的提升作用的过程中,区块链和物联网技术对供应链金融业务的改造扮演了重要的角色。因此,政府应当鼓励商业银行对区块链和物联网技术的应用,以充分发挥金融科技提高城市全要素生产率的作用。供应链金融有利于解决由于企业信用缺失、固定资产等抵质押物少、财务信息不透明所造成的企业融资难问题。传统供应链金融模式下,商业银行难以充分挖掘企业数据资产,容易产生信息不对称、确权困难、抵质押物管理风险等问题。商业银行可以通过区块链和物联网技术改造传统供应链金融业务。首先,鼓励企业将基于真实交易产生的各类资产"上链",完成区块链数字资产份额化登记,实现业务规则的智能化管理与自动履约,有效解决实操中出现的票据确权和抵质押物管理等方面的难题,使得企业可以在平台上办理应收款的签发、承兑、支付、转让、质押和兑付等业务,将应收款提前变现或在平台上实现无障碍流转,提高供应链金融服务的效率。其次,鼓励商业银行将物联网技术嵌入交易环节,运用移动感知视频、电子围栏、卫星定位和无线射频识别等技术,对物流及库存商品实施远程监测,提升供应链金融智能风控水平,更有效地管理抵质押物风险。

(四)鼓励中小商业银行加大对金融科技的运用

商业银行层面的金融科技应用水平测度结果表明,相比于全国性的大型商业银行,城市商业银行和农村商业银行这一类地方性的中小商业银行对金融科技的应用程度较低,这会增强大型商业银行的市场势力,破坏银行业的竞争。并且中小商业银行作为商业银行重要的组成部分,在推进商业银行金融科技应用时是不容忽视的一部分。因此,为避免金融科技的应用损坏银行业竞争,推进银行业整体对金融科技的应用,政府应当鼓励中小商业银行对金融科技的应用。一方面,政府应当针对中小商业银行出台鼓励性的政策。对中小商业银行投入金融科技给予一定的税收优惠和财政补贴,以激励中小商业银行应用金融科技。另一方面,政府应为中小商业银行和金融科技公司搭建对接平台,利用金融科技公司助力商业银行优化贷款业务。商业银行可根据自身与金融科技公司各方面的优势,分担贷款业务的营销获客、资金供给、征信审批、风险定价、贷后管理和风险处置等环节的业务,共同完成整个信贷流程。

(五)鼓励企业实施数字化转型以形成可靠的企业数据

研究结论表明,数字经济发展程度正向调节了商业银行金融科技提升城市全要素生产率的作用。企业数字化转型是数字经济发展的重要维度。企业完成数字化转型之后,可以将其技术创新、生产经营、内部控制以及产品销售等情况形成可靠的数据,为商业银行应用金融科技减少银企信息不对称奠定了数据基础。但是,当前由于企业实施数字化转型的投入较高,部分企业数字化转型的积极性较低。因此,政府应当鼓励企业实施数字化转型,具体可从以下三个方面展开。首先,发挥中央财政资金的引导带动作用,鼓励地方政府在政策扶持和优化环境等方面对中小企业数字化转型工作予以倾斜支持。其次,培育一批为企业提供转型咨询、诊断评估、设备改造和软件应用等一揽子数字化服务的平台。最后,通过试点形成一批系统解决方案和产品,提炼一批聚焦细分行业的规范高效、容易复制推广的企业数字化转型典型模式。

二、针对商业银行的建议

(一)商业银行应当继续推进对金融科技的应用

研究结论表明,商业银行金融科技通过增加对企业信贷的支持提高全要素生产率。因此,商业银行应当继续推进对金融科技的应用,以增加对企业的信贷支持。商业银行应当推进金融科技应用的顶层设计和具体实施,整合现有的金融科技人才和技术以改造传统贷款业务。例如,招聘大数据分析人才进入商业银行的信贷审批部门,以提高信贷审批人员搜寻信息和分析信息的能力,从税务部门接入企业的纳税信息以扩大企业相关信息的来源,将区块链技术应用到供应链金融业务以提高交易数据的可靠性,以此提升商业银行的贷款技术,进而持续地扩张信贷业务。

(二)商业银行应当提高数据治理能力以提升贷款技术

区别于互联网金融公司拥有平台内企业的海量交易信息作为贷款发放的依据,商业银行缺乏评估企业信用风险的基础数据。大、中、小商业银行由于金融科技实力和资源存在差异,数据治理能力也各不相同。从全行业来看,大型股份制商业银行在数字化转型上目标清晰,通过自身力量和外部力量结合的方式推进商业银行数据治理,挖掘数据潜力,具备一定优势。而中小型商业银行因为数据积累相对较少且现有团队技术力量薄弱,可以通过引入外部数据治理公司,从而增强竞争优势,提升贷款技术。

(三)商业银行应当继续推进贷款业务线上化和智能化

研究结果表明,商业银行通过应用金融科技,实现了贷款业务线上化和智能化,降低了交易成本,优化了风险控制模式,从而增加了信贷供给,提高了信贷资源配置效率。贷款业务线上化降低了企业贷款的申请成本和等待成本,缩短了贷款审批的时间。贷款业务智能化减少了贷款审批对抵押物的依赖,优化了风险控制模式。因此,商业银行应当进一步推进贷款业务的线上化和智能化。具体地,商业银行应当继续优化授权审批,精简业务环节,简化申请材料,完善审查审批标准,采用智能风控平台,实现客户贷款从申请、审批、支用到贷后和还款的全流程线上化操作。

(四)中小商业银行应当寻求特色化的金融服务

相较于大型商业银行,中小商业银行存在业务规模小、资金实力弱和金融科技人才不足等问题,在金融科技的投入上明显落后于大型商业银行。因此,中小商业银行应当依据自身的资金实力确定对金融科技的投入,避免与大型商业银行进行同质化的竞争,利用自身的区域性优势,在差异化定位的基础上培育核心竞争力。首先,中小商业银行可通过金融科技进一步优化客户风险管理手段,以提升数据信评能力为抓手,服务好中小企业客户。其次,中小商业银行服务对象以长尾客群为主,需要特别重视全流程风控体系,探索出服务新路径。最后,中小商业银行可以金融科技为手段提升个性化客群服务水平,发挥出资产轻量化优势,增强客户黏性,实现产品创新更快、服务更精准的成效。

第三节　研究不足及展望

本书厘清了商业银行金融科技对城市全要素生产率的影响机理,考察了这种影响的区域异质性、城市行政级别异质性、城市规模异质性、金融科技发展阶段异质性和城市全要素生产率异质性,探讨了数字经济发展程度、市场化程度和城市创新能力对这种影响的调节作用,并提供了相应的经验证据。但是,在研究视角、研究内容和实证分析方面还存在局限性,进一步的研究可以从以下三个方面入手。

第一,在研究视角方面,可以进一步探讨商业银行金融科技对绿色经济发展的影响。通过梳理现有文献可以发现,较少有文献探讨商业银行金融科技对实体经济的影响。本书仅分析了商业银行金融科技对城市全要素生产率的影响,结合我国当前提出的绿色经济发展目标,进一步的研究可探讨商业银行金融科技对绿色经济发展的影响。

第二,在研究内容方面,本书探讨了区域异质性影响、城市行政级别异质性影响、城市规模异质性影响、金融科技发展阶段异质性影响,但未探讨金融发展水平等的异质性影响。此外,本书探讨了数字经济发展程度、市场化程度和城市创新能力的调节效应,未探讨产业结构等的调节效应。因此,进一步的研究可从以上两方面入手。

第三,在实证分析方面,可以进一步深化商业银行金融科技对城市全要素生产率的影响这方面的研究。例如,利用面板门槛模型检验商业银行金融科技对城市全要素生产率的影响是否存在门槛,利用分位数回归检验各个分位数上商业银行金融科技对城市全要素生产率的影响。

参考文献

一、中文文献

爱德华·肖.经济发展中的金融深化[M].上海:上海三联书店,1988.

白俊,吴汉利.竞争性银行业结构与企业技术创新[J].软科学,2018,32(2):84-87.

鲍星,李巍,李泉.金融科技运用与银行信贷风险:基于信息不对称和内部控制的视角[J].金融论坛,2022,27(1):9-18.

才国伟,杨豪.外商直接投资能否改善中国要素市场扭曲[J].中国工业经济,2019(10):42-60.

蔡卫星,曾诚.市场竞争、产权改革与商业银行贷款行为转变[J].金融研究,2012(2):73-87.

蔡卫星.银行业市场结构对企业生产率的影响:来自工业企业的经验证据[J].金融研究,2019(4):39-55.

陈敏,高传君.金融科技发展与我国银行风险承担行为[J].学习与实践,2022(1):22-33.

陈启斐,吴建军.金融发展与技术进步:一项来自中国省级数据的研究[J].经济评论,2013(6):98-107.

陈启清,贵斌威.金融发展与全要素生产率:水平效应与增长效应[J].经济理论与经济管理,2013(7):58-69.

陈维涛,严伟涛,庄尚文.进口贸易自由化、企业创新与全要素生产率[J].世界经济研究,2018(8):62-73,136.

陈晓枫,叶李伟.金融发展理论的变迁与创新[J].福建师范大学学报(哲学社会科学版),2007(3):52-57.

陈云松,范晓光.社会学定量分析中的内生性问题测估社会互动的因果效应研究综述[J].社会,2010,30(4):91-117.

池仁勇,朱张帆.软信息与硬信息孰轻孰重:中小企业授信与信用风险视角[J].华东经济管理,2020,34(3):112-118.

杜传忠,金华旺.制造业产融结合、资本配置效率与企业全要素生产率[J].经济与管理研究,2021,42(2):28-40.

杜传忠,张远."新基建"背景下数字金融的区域创新效应[J].财经科学,2020(5):30-42.

杜艳,周茂,李雨浓.贸易自由化能否提高中国制造业企业资源再配置效率:基于中国加入WTO的倍差法分析[J].国际贸易问题,2016(9):38-49.

杜运周,刘秋辰,陈凯薇,等.营商环境生态、全要素生产率与城市高质量发展的多元模式:基于复杂系统观的组态分析[J].管理世界,2022,38(9):127-145.

樊纲,王小鲁,朱恒鹏.中国市场化指数:各地区市场化相对进程2021年报告[M].北京:经济科学出版社,2011.

方一卓,强国令,李钰燕.金融科技与制造业企业创新[J].产经评论,2022,13(3):110-126.

房颖.金融科技赋能究竟如何影响银行小微企业信贷:基于调研数据的实证检验[J].金融监管研究,2021(7):69-85.

封思贤,徐卓.数字金融、金融中介与资本配置效率[J].改革,2021(3):40-55.

冯永琦,张浩琳.金融科技促进创新绩效提升了吗?[J].外国经济与管理,

2021,43(10):50-67.

宫俊涛,孙林岩,李刚.中国制造业省际全要素生产率变动分析:基于非参数Malmquist 指数方法[J].数量经济技术经济研究,2008(4):97-109,130.

龚关,胡关亮.中国制造业资源配置效率与全要素生产率[J].经济研究,2013,48(4):4-15,29.

龚强,班铭媛,张一林.区块链、企业数字化与供应链金融创新[J].管理世界,2021(2):22-34.

顾宁,吴懋,赵勋悦.数字普惠金融对小微企业全要素生产率的影响:"锦上添花"还是"雪中送炭"[J].南京社会科学,2021(12):35-47.

郭峰,熊云军.中国数字普惠金融的测度及其影响研究:一个文献综述[J].金融评论,2021,13(6):12-23,117-118.

郭丽虹,朱柯达.金融科技、银行风险与经营业绩:基于普惠金融的视角[J].国际金融研究,2021(7):56-65.

郭沛瑶,尹志超.小微企业自主创新驱动力:基于数字普惠金融视角的证据[J].经济学动态,2022(2):85-104.

郭晴,陈思宇.数字金融发展对小微企业创新的影响研究:基于融资约束及企业人力资本视角[J].福州大学学报(哲学社会科学版),2022,36(2):73-85.

韩峰,庄宗武,李丹.国内大市场优势推动了中国制造业出口价值攀升吗?[J].财经研究,2020,46(10):4-18.

何欢浪,铁瑛,刘啟仁.中国的银行管制放松促进了资源优化配置吗?[J].财经研究,2019,45(4):83-95.

何婧,吴朦朦.银行业市场竞争对企业技术创新的影响研究[J].财经理论与实践,2017,38(2):17-22.

侯伟凤,田新民.地方政府科技支出和教育支出如何影响城市全要素生产率?[J].经济与管理研究,2021,42(9):93-111.

胡滨,任喜萍.金融科技发展:特征、挑战与监管策略[J].改革,2021(9):

82-90.

胡军,王甄.微博、特质性信息披露与股价同步性[J].金融研究,2015(11):
190-206.

胡俊,李强,刘颖琛,等.商业银行金融科技对零售贷款的影响:基于年报的文本分析[J].管理评论,2021,33(11):298-311.

胡善成,靳来群,刘慧宏.金融结构对技术创新的影响研究[J].中国科技论坛,2019(10):33-42.

胡善成,张彦彦,张云矿.数字普惠金融、资本错配与地区间收入差距[J].财经科学,2022(5):1-14.

黄宏斌,翟淑萍,孙雪娇.自媒体信息披露与融资约束[J].当代财经,2020(7):87-99.

黄瑞芬,邱梦圆.基于 Malmquist 指数和 SFA 模型的我国科技金融效率评价[J].科技管理研究,2016,36(20):43-48.

黄先海,诸竹君,宋学印.中国出口企业阶段性低加成率陷阱[J].世界经济,2016,39(3):95-117.

黄欣然.盈余质量影响资本配置效率的路径:基于融资约束的视角[J].山西财经大学学报,2011,33(5):100-108.

黄益平,邱晗.大科技信贷:一个新的信用风险管理框架[J].管理世界,2021(2):12-21.

惠献波.数字普惠金融发展与城市全要素生产率:来自 278 个城市的经验证据[J].投资研究,2021,40(1):4-15.

简泽,徐扬,吕大国,等.中国跨企业的资本配置扭曲:金融摩擦还是信贷配置的制度偏向[J].中国工业经济,2018(11):24-41.

姜世超,刘畅,胡永宏,等.空间外溢性和区域差异化视角下银行金融科技的影响因素:基于某大型国有商业银行县域数据的研究[J].中央财经大学学报,2020(3):19-32.

解维敏,方红星.金融发展、融资约束与企业研发投入[J].金融研究,2011
(5):171-183.

解维敏,方红星.金融发展、融资约束与企业研发投入[J].金融研究,2011
(5):171-183.

金碚.关于"高质量发展"的经济学研究[J].中国工业经济,2018(4):5-18.

金洪飞,李弘基,刘音露.金融科技、银行风险与市场挤出效应[J].财经研究,
2020,46(5):52-65.

金相郁.中国城市全要素生产率研究:1990—2003[J].上海经济研究,2006
(7):14-23.

赖永剑,贺祥民.银行业竞争有利于降低资本误置吗?:基于连续型倍差法的
实证检验[J].云南财经大学学报,2019,35(3):63-74.

雷日辉,张亚斌,朱豪迪.金融发展、资本配置效率与工业行业出口绩效研究
[J].经济经纬,2015,32(3):54-59.

李春涛,闫续文,宋敏,等.金融科技与企业创新:新三板上市公司的证据[J].
中国工业经济,2020(1):81-98.

李后建,张宗益.金融发展、知识产权保护与技术创新效率:金融市场化的作
用[J].科研管理,2014,35(12):160-167.

李华民,吴非.银行规模、贷款技术与小企业融资[J].财贸经济,2019(9):
84-101.

李建军,姜世超.银行金融科技与普惠金融的商业可持续性:财务增进效应的
微观证据[J].经济学(季刊),2021,21(3):889-908.

李健,辛冲冲.金融发展的城市全要素生产率增长效应研究:基于中国260个
城市面板数据分析[J].当代经济管理,2020,42(9):70-78.

李俊青,寇海洁,吕洋.银行金融科技、技术进步与银行业竞争[J].山西财经
大学学报,2022,44(4):44-56.

李琳.银行业竞争、资本配置与制造业上市企业全要素生产率:基于异质性融

资依赖视角[J].产经评论,2022,13(3):22-39.

李启航,黄璐,张少辉.国家高新区设立能够提升城市全要素生产率吗?:基于261个地级市 TFP 分解数据的路径分析[J].南方经济,2021(3):54-72.

李琴,裴平.银行系金融科技发展与商业银行经营效率:基于文本挖掘的实证检验[J].山西财经大学学报,2021,43(11):42-56.

李青原,李江冰,江春,等.金融发展与地区实体经济资本配置效率:来自省级工业行业数据的证据[J].经济学(季刊),2013,(2):527-548.

李淑萍,徐英杰.互联网金融、系统重要性与商业银行风险承担[J].宏观经济研究,2020(12):38-46,151.

李晓龙,冉光和,郑威.金融要素扭曲如何影响企业创新投资:基于融资约束的视角[J].国际金融研究,2017(12):25-35.

李晓龙,冉光和.数字金融发展、资本配置效率与产业结构升级[J].西南民族大学学报(人文社会科学版),2021,42(7):152-162.

李晓庆,王聪,方佳雯.银行金融科技、商业信用与民营企业出口:基于中国地级市面板数据的实证分析[J].金融经济学研究,2022,37(5):1-18.

李欣泽,刘芳,李成友,等.金融发展优化了部门间资源错配程度吗?:来自1986—2015年中国工业部门的研究证据[J].经济问题,2017(11):56-63.

李学峰,杨盼盼.金融科技、市场势力与银行风险[J].当代经济科学,2021,43(1):45-57.

李学峰,杨盼盼.银行金融科技与流动性创造效率的关系研究[J].国际金融研究,2021(6):66-75.

李逸飞,李茂林,李静.银行金融科技、信贷配置与企业短债长用[J].中国工业经济,2022(10):137-154.

李运达,陈伟,周华东.金融科技、生产率悖论与银行盈利能力[J].财经科学,2020(11):1-16.

李志生,金凌,孔东民.分支机构空间分布、银行竞争与企业债务决策[J].经济研究,2020,55(10):141-158.

廖常文,张治栋.稳定经济增长、产业结构升级与资源错配[J].经济问题探索,2020(11):16-26.

林琳.金融中介发展、利率市场化与县域资本配置效率[J].上海金融,2011(7):21-27.

林毅夫,孙希芳.银行业结构与经济增长[J].经济研究,2008,43(9):31-45.

刘秉镰,李清彬.中国城市全要素生产率的动态实证分析:1990—2006:基于DEA 模型的 Malmquist 指数方法[J].南开经济研究,2009(3):139-152.

刘莉亚,何彦林,王照飞,等.融资约束会影响中国企业对外直接投资吗?:基于微观视角的理论和实证分析[J].金融研究,2015(8):124-140.

刘孟飞,蒋维.金融科技促进还是阻碍了商业银行效率?:基于中国银行业的实证研究[J].当代经济科学,2020,42(3):56-68.

刘孟飞,王琦.金融科技对商业银行绩效的影响:理论与实证研究[J].金融论坛,2021,26(3):60-70.

刘孟飞.金融科技与商业银行系统性风险:基于对中国上市银行的实证研究[J].武汉大学学报(哲学社会科学版),2021,74(2):119-134.

刘培森,温涛.银行业竞争与企业研发投入效应:基于企业异质性的分组检验[J].财经问题研究,2021(4):56-66.

刘胜强,林志军,孙芳城,等.融资约束、代理成本对企业 R&D 投资的影响:基于我国上市公司的经验证据[J].会计研究,2015(11):62-68,97.

刘帅.农业信息化对农业全要素生产率的影响[J].社会科学家,2021(9):79-85.

刘涛雄,徐晓飞.互联网搜索行为能帮助我们预测宏观经济吗?[J].经济研究,2015,50(12):16.

刘婷婷,温雪,邓亚玲.数字化转型视角下数字金融对企业投资效率的影响效应分析[J].财经理论与实践,2022,43(4):51-58.

刘璇,李长英.产业结构变迁、互联网发展与全要素生产率提升[J].经济问题探索,2022(7):124-138.

刘长庚,李琪辉,张松彪,等.金融科技如何影响企业创新?:来自中国上市公司的证据[J].经济评论,2022(1):30-47.

刘征驰,赖明勇.虚拟抵押品、软信息约束与 P2P 互联网金融[J].中国软科学,2015(1):35-46.

刘志洋.金融科技的主要功能、风险特征与规范监管[J].南方金融,2021(10):63-71.

刘忠璐.互联网金融对商业银行风险承担的影响研究[J].财贸经济,2016(4):71-85,115.

柳卸林,胡志坚.中国区域创新能力的分布与成因[J].科学学研究,2002(5):550-556.

卢荻,王天骄.技术创新与金融发展[J].经济问题,2013(5):36-40,99.

鲁晓东,连玉君.中国工业企业全要素生产率估计:1999—2007[J].经济学(季刊),2012,11(2):541-558.

陆剑,柳剑平,程时雄.中国与 OECD 主要国家工业行业技术差距的动态测度[J].世界经济,2014,37(9):25-52.

罗来军,蒋承,王亚章.融资歧视、市场扭曲与利润迷失:兼议虚拟经济对实体经济的影响[J].经济研究,2016,51(4):74-88.

罗良文,孙小宁.金融发展对工业企业全要素生产率的影响:基于研发创新投入的分析[J].江汉论坛,2020(1):31-39.

罗纳德·麦金农.经济发展中的货币与资本[M].上海:上海三联书店,1997.

马光荣,李力行.金融契约效率、企业退出与资源误置[J].世界经济,2014,37(10):77-103.

马林,章凯栋.外商直接投资对中国技术溢出的分类检验研究[J].世界经济,

2008(7):78-87.

马述忠,胡增玺.数字金融是否影响劳动力流动?:基于中国流动人口的微观视角[J].经济学(季刊),2022,22(1):303-322.

马微,惠宁.金融结构对技术创新的影响效应及其区域差异研究[J].经济科学,2018(2):75-87.

米展.金融发展对企业技术创新模式影响研究:基于中国高技术产业的实证分析[J].审计与经济研究,2016,31(6):112-120.

缪陆军,陈静,范天正,等.数字经济发展对碳排放的影响:基于278个地级市的面板数据分析[J].南方金融,2022(2):45-57.

聂秀华,吴青.数字金融对中小企业技术创新的驱动效应研究[J].华东经济管理,2021,35(3):12.

聂秀华,吴青.数字金融驱动区域技术创新水平提升的空间溢出效应研究[J].当代经济管理,2021,43(12):85-96.

祁怀锦,曹修琴,刘艳霞.数字经济对公司治理的影响:基于信息不对称和管理者非理性行为视角[J].改革,2020(4):50-64.

千慧雄,安同良.银行业市场竞争对企业技术创新的影响机制研究[J].社会科学战线,2021(3):83-92.

钱雪松,方胜.《物权法》出台、融资约束与民营企业投资效率:基于双重差分法的经验分析[J].经济学(季刊),2021,21(2):713-732.

钱雪松,康瑾,唐英伦,等.产业政策、资本配置效率与企业全要素生产率:基于中国2009年十大产业振兴规划自然实验的经验研究[J].中国工业经济,2018(8):42-59.

钱雪松,唐英伦,方胜.担保物权制度改革降低了企业债务融资成本吗?:来自中国《物权法》自然实验的经验证据[J].金融研究,2019(7):115-134.

秦宇,邓鑫,周慧.中国科技资源错配及其对产出影响的测算[J].财贸研究,2018,29(9):28-41.

邱晗,黄益平,纪洋.金融科技对传统银行行为的影响:基于互联网理财的视角[J].金融研究,2018(11):17-29.

邱子迅,周亚虹.数字经济发展与地区全要素生产率:基于国家级大数据综合试验区的分析[J].财经研究,2021,47(7):4-17.

任保平,文丰安.新时代中国高质量发展的判断标准、决定因素与实现途径[J].改革,2018(4):5-16.

任胜钢,郑晶晶,刘东华,等.排污权交易机制是否提高了企业全要素生产率:来自中国上市公司的证据[J].中国工业经济,2019(5):5-23.

任曙明,吕镯.融资约束、政府补贴与全要素生产率:来自中国装备制造企业的实证研究[J].管理世界,2014(11):10-23,187.

任宇新,张雪琳,吴敬静,等.政府补贴、研发投入与全要素生产率:中国制造业企业的实证研究[J].科学决策,2022(7):44-62.

邵小快,胡怀国.经济增长实证研究中的内生性[J].经济学动态,2013(3):109-118.

沈悦,郭品.互联网金融、技术溢出与商业银行全要素生产率[J].金融研究,2015(3):160-175.

盛明泉,刘悦.外商直接投资如何影响企业全要素生产率[J].现代经济探讨,2021(6):84-93.

盛天翔,范从来.金融科技、最优银行业市场结构与小微企业信贷供给[J].金融研究,2020(6):114-132.

盛天翔,范从来.金融科技与小微企业信贷供给述评:机制、实践与问题[J].现代经济探讨,2020(6):39-44.

石璋铭,谢存旭.银行竞争、融资约束与战略性新兴产业技术创新[J].宏观经济研究,2015(8):117-126.

宋凯艺,卞元超.银行业竞争对企业投资效率的影响:基于债务治理与融资约束的双重视角[J].北京理工大学学报(社会科学版),2020,22(3):99-110.

宋丽颖,刘源,张伟亮.资源型城市全要素生产率及其影响因素研究:基于财政收支的视角[J].当代经济科学,2017,39(6):17-24,122-123.

宋敏,周鹏,司海涛.金融科技与企业全要素生产率:"赋能"和信贷配给的视角[J].中国工业经济,2021(4):138-155.

粟勤,杨景陆.金融科技、中小银行小微企业信贷供给与风险[J].现代经济探讨,2022(4):43-60.

孙凡,郑济孝.基于"互联网+"的上市公司会计信息质量智能评估研究[J].会计研究,2018(3):86-90.

孙婷,温军.金融中介发展、企业异质性与技术创新[J].西安交通大学学报(社会科学版),2012,32(1):23-28.

孙晓华,王昀.R&D投资与企业生产率:基于中国工业企业微观数据的PSM分析[J].科研管理,2014,35(11):92-99.

孙晓华,王昀.企业规模对生产率及其差异的影响:来自工业企业微观数据的实证研究[J].中国工业经济,2014(5):57-69.

孙焱林,李格,汪小愉.数字金融对劳动力错配的影响及其异质性分析:基于中国地级市面板数据[J].科学学研究,2022,40(1):47-56,138.

孙早,刘李华.信息化提高了经济的全要素生产率吗:来自中国1979—2014年分行业面板数据的证据[J].经济理论与经济管理,2018(5):5-18.

孙早,刘李华.资本深化与行业全要素生产率增长:来自中国工业1990—2013年的经验证据[J].经济评论,2019(4):3-16.

谭松涛,阚铄,崔小勇.互联网沟通能够改善市场信息效率吗?:基于深交所"互动易"网络平台的研究[J].金融研究,2016(3):174-188.

唐嘉励,唐清泉.我国企业R&D投入与R&D资源获取的摩擦力:基于问卷调查的研究[J].当代经济管理,2010,32(7):20-27.

唐世连,肖继辉.第二代金融发展理论述评[J].当代财经,2003(11):50-53,106.

陶长琪,彭永樟.从要素驱动到创新驱动:制度质量视角下的经济增长动力转换与路径选择[J].数量经济技术经济研究,2018,35(7):3-21.

田杰,谭秋云,靳景玉.数字金融能否改善资源错配?[J].财经论丛,2021(4):49-60.

汪可,吴青.金融科技对我国银行业系统性风险影响研究[J].管理现代化,2018,38(3):112-116.

王栋,赵志宏.金融科技发展对区域创新绩效的作用研究[J].科学学研究,2019,37(1):45-56.

王海军,曾博,杨虎,等.金融科技投入能够增进银行业绩吗?:基于不良贷款风险的视角[J].外国经济与管理,2022,44(6):94-109.

王娟,朱卫未.数字金融发展能否校正企业非效率投资[J].财经科学,2020(3):14-25.

王曼怡,朱家乐.金融科技如何影响商业银行盈利能力:基于上市商业银行的实证分析[J].科学决策,2022(6):1-15.

王薇,艾华.政府补助、研发投入与企业全要素生产率:基于创业板上市公司的实证分析[J].中南财经政法大学学报,2018(5):88-96.

王文倩,张羽.金融结构、产业结构升级和经济增长:基于不同特征的技术进步视角[J].经济学家,2022(2):118-128.

王小鲁,胡李鹏,樊纲.中国分省份市场化指数报告[M].北京:社会科学文献出版社,2021.

王小燕,张俊英,王醒男.金融科技、企业生命周期与技术创新:异质性特征、机制检验与政府监管绩效评估[J].金融经济学研究,2019,34(5):93-108.

王勋,黄益平,苟琴,等.数字技术如何改变金融机构:中国经验与国际启示[J].国际经济评论,2022(1):70-85,6.

王彦博,刘曦子,陈进.大数据时代商业银行小微金融客户续贷预测研究[J].浙江社会科学,2017(6):36,44.

王永剑,刘春杰.金融发展对中国资本配置效率的影响及区域比较[J].财贸经济,2011(3):54-60.

王玉泽,罗能生,刘文彬.什么样的杠杆率有利于企业创新[J].中国工业经济,2019(3):138-155.

王争,郑京海,史晋川.中国地区工业生产绩效:结构差异、制度冲击及动态表现[J].经济研究,2006(11):48-59,71.

吴超鹏,唐菂.知识产权保护执法力度、技术创新与企业绩效:来自中国上市公司的证据[J].经济研究,2016,51(11):125-139.

吴晗,贾润崧.银行业如何支持实体经济的供给侧改革?:基于企业进入退出的视角[J].财经研究,2016,42(12):108-118.

吴晗.银行业结构、融资依赖与行业生产率:基于异质性企业动态视角[J].中国经济问题,2017(4):77-87.

吴桐桐,王仁曾.数字金融、银行竞争与银行风险承担:基于149家中小商业银行的研究[J].财经论丛,2021(3):38-48.

武晋,李元.政府干预、财政分权与信贷资源配置[J].改革,2021(7):107-119.

肖兴志,张伟广,朝镛.僵尸企业与就业增长:保护还是排挤?[J].管理世界,2019,35(8):69-83.

谢绚丽,沈艳,张皓星,等.数字金融能促进创业吗?:来自中国的证据[J].经济学(季刊),2018,17(4):1557-1580.

徐浩,冯涛,张蕾.金融发展、政府干预与资本配置效率:基于中国1978—2013年的经验分析[J].上海经济研究,2015(10):40-48.

徐舒,左萌,姜凌.技术扩散、内生技术转化与中国经济波动:一个动态随机一般均衡模型[J].管理世界,2011(3):22-31,187.

徐晓萍,李弘基,戈盈凡.金融科技应用能够促进银行信贷结构调整吗?:基于银行对外合作的准自然实验研究[J].财经研究,2021,47(6):92-107.

薛启航,王慧敏,魏建.金融科技发展是否削弱了国内市场分割?:来自消费品市场和资本品市场的证据[J].改革,2022(5):110-125.

杨飞,孙文远,程瑶.技术赶超是否引发中美贸易摩擦[J].中国工业经济, 2018(10):99-117.

杨浩昌,李廉水,刘军.产业聚集与中国城市全要素生产率[J].科研管理, 2018,39(1):83-94.

杨汝岱.中国制造业企业全要素生产率研究[J].经济研究,2015,50(2): 61-74.

杨望,徐慧琳,谭小芬,等.金融科技与商业银行效率:基于 DEA-Malmquist 模型的实证研究[J].国际金融研究,2020(7):56-65.

杨先明,李波.土地出让市场化能否影响企业退出和资源配置效率?[J].经 济管理,2018,40(11):55-72.

姚耀军,董钢锋.金融发展、金融结构与技术进步:来自中国省级面板数据的 经验证据[J].当代财经,2013(11):56-65.

姚耀军.金融中介发展与技术进步:来自中国省级面板数据的证据[J].财贸 经济,2010(4):26-31.

于新亮,上官熠文,于文广,等.养老保险缴费率、资本:技能互补与企业全要 素生产率[J].中国工业经济,2019(12):96-114.

余超,杨云红.银行竞争、所有制歧视和企业生产率改善[J].经济科学,2016 (2):81-92.

余东华,张鑫宇,孙婷.资本深化、有偏技术进步与全要素生产率增长[J].世 界经济,2019,42(8):50-71.

余泳泽,容开建,苏丹妮,等.中国城市全球价值链嵌入程度与全要素生产率: 来自 230 个地级市的经验研究[J].中国软科学,2019(5):80-96.

袁徽文.数字金融赋能城市全要素生产率:来自 283 个城市的经验研究[J]. 科技管理研究,2021,41(17):152-161.

岳华,王海燕,陈欣媛.金融科技与商业银行盈利能力:冲击抑或助推?:基于银行财报文本挖掘的实证检验[J].东南大学学报(哲学社会科学版),2022,24(4):70-81,147.

张广胜,孟茂源.研发投入对制造业企业全要素生产率的异质性影响研究[J].西南民族大学学报(人文社会科学版),2020,41(11):115-124.

张浩然,衣保中.基础设施、空间溢出与区域全要素生产率:基于中国266个城市空间面板杜宾模型的经验研究[J].经济学家,2012(2):61-67.

张辉,闫强明.外商直接投资对我国工业行业全要素生产率的门槛效应分析:基于28个工业行业的数据分析[J].安徽大学学报(哲学社会科学版),2015,39(6):130-140.

张建清,龚恩泽.中欧班列对中国城市全要素生产率的影响研究[J].世界经济研究,2021(11):106-119,137.

张健华,王鹏,冯根福.银行业结构与中国全要素生产率:基于商业银行分省数据和双向距离函数的再检验[J].经济研究,2016,51(11):110-124.

张金清,李柯乐,张剑宇.银行金融科技如何影响企业结构性去杠杆?[J].财经研究,2022,48(1):64-77.

张锦程.金融科技对银行盈利能力影响的实证检验[J].统计与决策,2022,38(13):179-183.

张军,金煜.中国的金融深化和生产率关系的再检测:1987—2001[J].经济研究,2005(11):34-45.

张军,吴桂英,张吉鹏.中国省际物质资本存量估算:1952—2000[J].经济研究,2004(10):35-44.

张军涛,黎晓峰.中国的城镇化与资源配置效率:基于生产率分布视角的分析[J].经济问题探索,2019(5):1-12.

张凌洁,马立平.数字经济、产业结构升级与全要素生产率[J].统计与决策,2022,38(3):5-10.

张沁琳,沈洪涛.政府大客户能提高企业全要素生产率吗?[J].财经研究,

2020,46(11):34-48.

张庆君,白文娟.科技创新、利用外资与资本配置效率:基于疫情危机和金融危机的分析[J].经济与管理研究,2020,41(11):92-107.

张新民,张婷婷.信贷歧视、商业信用与资本配置效率[J].经济与管理研究,2016,37(4):26-33.

张璇,高金凤,李春涛.银行业竞争与资源错配——来自中国工业企业的证据[J].国际金融研究,2020(6):54-63.

张璇,刘贝贝,汪婷,等.信贷寻租、融资约束与企业创新[J].经济研究,2017,52(5):161-174.

张学勇,吴雨玲.基于网络大数据挖掘的实证资产定价研究进展[J].经济学动态,2018(6):129-140.

张友棠,常瑜洺.数字金融对科技型企业投资效率影响的实证检验[J].统计与决策,2020,36(16):179-183.

张羽瑶,张冬洋.商业信用能够提高企业全要素生产率吗?:基于中国企业的融资约束视角[J].财政研究,2019(2):116-128.

张志强.金融发展、研发创新与区域技术深化[J].经济评论,2012(3):82-92.

张治栋,赵必武.互联网产业集聚能否缓解地区资源错配:基于长三角41个城市的经验分析[J].科技进步与对策,2021,38(13):46-54.

赵娜,李光勤,李香菊.财政纵向失衡对资本错配的影响研究:基于我国266个地级市的面板数据[J].湖南大学学报(社会科学版),2021,35(5):86-95.

赵奇伟.金融发展、外商直接投资与资本配置效率[J].财经问题研究,2010(9):47-51.

赵涛,张智,梁上坤.数字经济、创业活跃度与高质量发展:来自中国城市的经验证据[J].管理世界,2020,36(10):65-76.

赵勇,雷达.金融发展与经济增长:生产率促进抑或资本形成[J].世界经济,2010,33(2):37-50.

赵振智,程振,吕德胜.国家低碳战略提高了企业全要素生产率吗?:基于低碳城市试点的准自然实验[J].产业经济研究,2021(6):101-115.

郑宏运,李谷成.数字普惠金融发展对县域农业全要素生产率增长的影响:基于异质性视角[J].当代经济管理,2022,44(7):81-87.

郑文风,王凤荣.存量改革视域下的企业并购与资本配置效率:基于目标公司融资约束缓解的实证研究[J].山东大学学报(哲学社会科学版),2018(2):118-132.

钟腾,汪昌云.金融发展与企业创新产出:基于不同融资模式对比视角[J].金融研究,2017(12):127-142.

仲深,杜磊.市场化程度、政府干预与地区资本错配[J].哈尔滨商业大学学报(社会科学版),2019(2):32-46.

周冬华,赵玉洁.微博信息披露有利于降低股价同步性吗?[J].当代财经,2016(8):109-120.

周耿,阮东喆,范从来.信息不对称下信贷市场的惜贷与挤出效应[J].金融论坛,2021,26(1):25-36.

周强,史薇.市政基础设施投资对城市全要素生产率的影响:2004—2017[J].兰州学刊,2021(11):65-82.

周天勇,赵滑濮,刘正山,等.中国城市创新报告(2019)[M].北京:社会科学文献出版社,2019.

周煊,程立茹,王皓.技术创新水平越高企业财务绩效越好吗?:基于16年中国制药上市公司专利申请数据的实证研究[J].金融研究,2012(8):166-179.

周忠民,李佳威,秦艺芳,等.财政科技支出对全要素生产率的影响及其机理分析[J].经济地理,2022,42(1):108-116.

二、英文文献

AGHION P, HOWITT P. The economics of growth [M]. The MIT Press, 2009.

ALLEN F, SANTOMERO A M. The theory of financial intermediation[J]. Journal of banking & finance, 1997.

ALLEN F, GALE D. Diversity of opinion and financing of new technologies [J]. European economic of review, 1999, 39: 179-209.

ALLEN FRANKLIN, SANTOMERO ANTHONY M. The theory of financial intermediation [J]. Journal of banking & finance, 1998, 21: 1461-1485.

ALMEIDA H, WOLFENZON D. The effect of external finance on the equilibrium allocation of capital[J]. Journal of financial economics, 2005, 75: 133-164.

ALMEIDA H, WOLFENZON D. Should business groupsbe dismantled? The equilibrium costs of efficient international capital markets [J]. Journal of financial economics, 2006, 79(1): 99-144.

AMORE M D, SCHNEIDER C, ALDOKAS A. Credit supply and corporate innovation[J]. Journal of financial economics, 2013, 109(3):835-855.

ANG J S, COLE R A, LIN J W. Agency costs and ownership structure[J]. The journal of finance, 2000, 55(1): 81-106.

ANSELIN L, VARGA A, ACS Z. Local geographic spillovers between university research and high technology innovations[J]. Journal of urban economics, 1997, 42, (3): 422-448.

AOKI S. A simple accounting framework for the effect of resource misallocation on aggregate productivity[J]. Journal of the Japanese and international economies, 2012, 26(4):473-494.

ARIZALAF, CAVALLO E, GALINDO A. Financial development and TFP growth: cross-country and industry-level evidence[J]. Research department publications, 2009.

AW B Y, ROBERTS M J, XU D Y. R&D investments, exporting, and the evolution of firm productivity[J]. American economic review, 2008, 98.

AZIZ J, DUENWALD C. Growth-finance intermediation nexus in China[J]. IMF working papers, 2002, 2(194).

BAUMANN J, KRITIKOS A S. The Link between R&D, innovation and productivity: are micro firms different? [J]. Research policy, 2016, 45 (6): 1263-1274.

BAYSINGER B D, KOSNIK R D, TURK T A. Effects of board and ownership structure on corporateR&D strategy[J]. The academy of management journal, 1991, 34(1):205-214.

BECK T, LEVINE R, LOAYZA N V. Finance and the sources of growth [J]. Journal of financial economics, 2000, 58(2).

BECK T, LEVINE R. Industry growth and capital allocation: does having a market- or bank-based system matter? [J]. Journal of financial economics, 2002,64:147-180.

BENCIVENGA V R, SMITH B D. Financial intermediation and endogenous growth[J]. Review of economic studies, 1991(2):195-209.

BENFRATELLO L, SCHIANTARELLI F, SEMBENELLI A. Banks and innovation: microeconometric evidence on Italian firms [J]. Boston College working papers in economics, 2007, 90(2):197-217.

BERG T, BURG V, GOMBOVIC' A, et al. On the rise of fin techs:

credit scoring using digital footprints[J]. The review of financial studies, 2020, 33(7): 2845-2897.

BERGERA N, UDELL G F. The institutional memory hypothesis and the procyclicality of bank lending behavior[J]. Journal of financial intermediation, 2004, 4(13): 458-495.

BESANKO D, THAKOR A V. Banking deregulation: allocational consequences of relaxing entry barriers[J]. Journal of banking and finance, 1992, 16(5): 909-932.

BLACKBURNK, HUNG V. A theory of growth, financial development and trade[J]. Economica, 1998, 65(257):107-124.

BMER M, MAXIN H. Why fintechs cooperate with banks: evidence from Germany [J]. Zeitschrift für die gesamte versicherungswissenschaft, 2018, 107(3):1-28.

BOYD J H, PRESCOTT E C. Financial intermediary-coalitions[J]. Journal of economic theory, 1986, 38(2):211-232.

BRANDT L, BIESEBROECK J V, ZHANG Y. Creative accounting or creative destruction? Firm-level productivity growth in Chinese manufacturing[J]. Journal of development economics, 2012, 97(2):339-351.

BRANDT L, TOMBE T, ZHU X. Factor market distortions across time, space and sections in China[J]. Review of economic dynamics, 2013, 16 (1): 39-58.

BREALEY R, LELAND H E, PYLE D H. Pyle. Informational asymmetries, financial structure, and financial intermediation[J]. Journal of finance, 1977, 32: 371-387.

BUERA FRANCISCO J, SHIN Y. Financial frictions and the persistence of history: a quantitative exploration. [J]. Journal of political economy,

2013，121(2)：221-272.

CAVES D W，CHRISTENSEN L R，DIEWERT W. The economic theory of index numbers and the measurement of input, output, and productivity[J]. Econometrica: journal of the econometric society,1982, 50(6)：1393-1414.

CHAN Y S. On the positive role of financial intermediation in allocation of venture capital in a market with imperfect information[J]. Journal of finance，1983，38:1543-1568.

CHANG C，LIAO G M，YU X Y，et al. Information from relationship lending: evidence from loan defaults in China[J]. Journal of money credit & banking，2014，46(6):1225-1257.

CHEN K C. Implications of Fintech developments for traditional banks[J]. International journal of economics and financial issues，2020:10.

CHEN M，GUARIGLIA A. Internal financial constraints and firm productivity in China: do liquidity and export behavior make a difference? [J]. Journal of comparative economics，2013，41(4):1123-1140.

CHENG M，QU Y. Does bank FinTech reduce credit risk? Evidence from China[J]. Pacific-Basin finance journal，2020:63.

CLAESSENS S，LAEVEN L. Financial development，property rights，and growth[J]. Journal of finance,2003,58(6):2401-2436.

COHEN W M，LEVINTHAL D. Absorptive capacity: a new perspective on learning and innovation[J]. Administrative science quarterly，1990: 128-152.

CORNÉE S. The relevance of soft information for predicting small business credit default: evidence from a social bank[J]. Journal of small business management，2019,(57)：699-719.

CORRADO L，FINGLETON B. Where is the economics in spatial econometrics? [J]. Journal of regional science，2012，52(2)：210-239.

DEMIRGUC K A，LEVINE R. Financial structure and economic growth：a cross-country comparison of banks，markets，and development[M]. Boston：the MIT Press，2001.

DIAMOND D W. Financial intermediation and delegated monitoring[J]. Review of economic studies，1984(3)：393-414.

DJANKOV S，MURRELL P. Enterprise restructuring in transition：a quantitative survey[J]. Journal of economic literature，2002，40(3)：739-792.

DYCK A，ZINGALES L. Private benefits of control：an international comparison[J]. Journal of finance，2004，59(2)：537-600.

ERKENS D H，SUBRAMANYAM K R，ZHANG J. Affiliated banker on board and conservative accounting[J]. Accounting review，2014，89(5)：1703-1728.

EYSENBACH G. Infodemiology and infoveillance：framework for an emerging set of public health informatics methods to analyze search，communication and publication behavior on the internet[J]. Journal of medical internet research，2009，11(1)：e11.

FARE R，GROSSKOPF S，NORRIS M. Productivity growth，technical progress，and efficiency change in industrialized countries：reply[J]. American economic review，1994：66-83.

FENG Z，WU Z.Technology investment，firm performance and market value：evidence from banks[R].Working Paper，2018.

FOSS N J. Higher-order industrial capabilities and competitive advantage [J]. Journal of industry studies，1996，(1)：1-20.

FOSTER L，HALTIWANGER J，KRIZAN C J. Market selection，reallo-cation，and restructuring in theu. s. retail trade sector in the 1990s[J]. The review of economics and statistics，2006：88.

FREIXAS X，ROCHET J C. Microeconomics of banking[M]. Boston：the MIT Press，1997.

FROST J，GAMBACORTA L，HUANG Y，et al. BigTech and the chan-ging structure of financial intermediation[J]. Economic policy，2019，34 (100)：761-799.

FUENTE A D L，MARIN J M. Innovation，bank monitoring，and endoge-nous financial development[J]. Journal of monetary economics，1995，38 (2)：269-301.

FURMAN J L，PORTER M E，STERN S. The determinants of national innovative capacity[J]. Research Policy，2002：31.

GOLDSTEIN I，JIANG W，KAROLYI G A. To FinTech and beyond[J]. The review of financial studies，2019，32(5)：1647-1661.

GOMBER P，KAUFFMAN R J，PARKER C，et al. On the Fintech revo-lution：interpreting the forces of innovation，disruption，and transforma-tion in financial services [J]. Journal of management information systems，2018，35(1)：220-265.

GORODNICHENKO Y，SCHNITZER M. Financial constraints and inno-vation：why poor countries don't catch up[J]. Journal of the European e-conomic association，2013，11(5)：1115-1152.

GREENWOOD J，JOVANOVIC B. Financial development，growth，and the distribution of income[J]. Journal of political economy，1990，98(5)：1076-1107.

GUZMAN M G. Bank structure，capital accumulation and growth：a simple macroeconometric model[J]. Economic theory，2000，16(2)：421-455.

HALL B H，LERNER J. The financing of R&D and innovation[J]. Handbook of the economics of innovation，2010，1：609-639.

HANLEY A，LIU W H，VAONA A. Credit depth，government intervention and innovation in China：evidence from the provincial data[J]. Eurasian business review，2015，5(1)：73-98.

HAUSWALD R B H，MARQUEZ R S. Information technology and financial services competition[J]. Review of financial studies，2003，16(3)：921-948.

HOWITT P，AGHION P. A model of growth through creative destruction [J]. Econometrica，1992，60(2)：323-351.

HUANG H C，LIN S C. Non-linear finance-growth nexus[J]. Economics of transition，2009：17.

HUANG Y，ZHANG L，LI Z，et al. Fintech credit risk assessment for SMEs：evidence from China[J]. IMF Working Papers，2020，20(193).

JENSEN M C，MECKLING W H. Theory of the firm：managerial behavior，agency costs and ownership structure[J]. Journal of financial economics，1976，3(4)：305-360.

JENSEN M C. Agency costs of free cash flow，corporate finance，and takeovers[J]. American economic review，1986，76(2)：323-329.

JIANG F，KIM K A. Corporate governance in China：a modern perspective [J]. Journal of corporate finance，2015，32：190-216.

JOHN K L，LITOV B Y. Corporate governance and risk taking[J]. Journal of finance，2008，63(4)：1679-1728.

KANWAR S，EVENSON R. On the strength of intellectual property protection that nations provide[J]. Journal of development economics，2009，

90(1):50-56.

KAPLAN S N, LUIGI Z. Do investment-cash flow sensitivities provide useful measures of financing constraints? [J]. Quarterly journal of economics, 1997(1):169-215.

KENNEDY C, GURLEY J G, SHAW E S, et al. Money in a theory of finance[J]. The economic journal, 1960, 70(279):568.

KHANDANI A E, KIM A J, LOA W. Consumer credit-risk models via machine-learning algorithms[J]. Journal of banking & finance, 2010, 34 (11): 2767-2787.

KING R G, LEVINE R. Finance and growth:schumpeter might be right [R]. Policy research Working Paper, 1993, 108(3): 717-737.

KING R G, LEVINE R. Finance, entrepreneurship and growth: theory and evidence[J]. Journal of monetary economics, 1993, 32(3):513-542.

KLENOW H P J. Misallocation and manufacturing TFP in China and India [J]. Quarterly journal of economics, 2009(4):1403-1448.

KSHETRI N. Blockchain's roles in meeting key supply chain management objectives[J]. International journal of information management, 2018, 39: 80-89.

KUMBHAKAR S C, MAVROTAS G. Financial sector development and productivity growth[J]. Wider Working Paper, 2005.

LA PORTA R, LOPEZ-DE-SILANES F, SHLEIFER A, et al. Investor protection and corporate governance[J]. Journal of financial economics, 2000, 58(1-2): 3-27.

LAPAVITSAS C, SANTOS P. Globalization and contemporary banking: on the impact of new technology[J]. Contributions to political economy, 2008, 27: 30-56.

LEE C C, LI X, YU C H, et al. Does Fintech innovation improve bank efficiency? Evidence from China's banking industry[J]. International review of economics & finance, 2021(4):468-483.

LEE I, SHIN Y J. Fintech: ecosystem, business models, investment decisions, and challenges[J]. Business horizons, 2018,61(1): 35-46.

LESAGE J P, FISCHER M M. Spatial growth regressions: model specification, estimation and interpretation[J]. Spatial economic analysis,2008, 3 (3): 275-304.

LEVINE R. Financial development and economic growth: views and agenda [J]. Journal of economic literature, 1997,35(2): 688-726.

LEVINE R. Stock markets, growth, and tax policy[J]. Journal of finance, 1991, 46(4):1445-1465.

LIBERTI J M. Initiative, incentives, and soft information[J]. Management science, 2018,64:3714-3734.

LIN C, LIN P, SONG F M, et al. Managerial incentives, CEO characteristics and corporate innovation in China's private sector[J]. Journal of comparative economics, 2011, 39(2): 176-190.

LIN M, PRABHALA N R, VISWANATHAN S. Judging borrowers by the company they keep: friendship networks and information asymmetry in online peer-to-peer lending[J]. Management science, 2013, 59(1): 17-35.

LIODAKIS G. Finance and intellectual property rights as the two pillars of capitalism changes[J]. London:Palgrave Macmillan, 2008.

MALMQUIST S. Index numbers and indifference surfaces[J]. Trabajos de estadística, 1953, 4(2): 209-242.

MARCONI D, UPPER C. Capital misallocation and financial development: a sector-level analysis[R]. BIS Working Papers, 2017.

MARSCHAK J，ANDREWS W. Random simultaneous equations and the theory of production[J]. Economometrica，1944，12(3-4)：143-205.

MCKINNON R I. Money and capital in economic development[J].American political science review,1973，68(4)：1822-1824.

MCKINNON R，SCHNABL G. China's financial conundrum and global imbalances[J]. Bis Working Papers，2009，68(4)：65-77.

MILGROM P，ROBERTS J. The economics of modern manufacturing：technology，strategy and organization[J]. American economic review，1990，80(3)：511-528.

MYERS S C，MAJLUF N. Corporate financing and investment decisions when firms have information that investors don't have[J]. Journal of financial economics，1984，13(2)：187-221.

NAN S J，HUO Y C，YOU W H，et al. Globalization spatial spillover effects and carbon emissions：what is the role of economic complexity？[J]. Energy economics ,2022，112：106184.

NANDA R，NICHOLAS T. Did bank distress stifle innovation during the great depression[J]. Journal of financial economics，2014，114(2)：273-292.

OLLEY S，PAKES A. The dynamics of productivity in the telecommunications equipment industry[J]. Economometrica，1996，64(6)：1263-1297.

PARENTE S L，PRESCOTT E C. Barriers to technology adoption and development[J]. Journal of political economy，1994.

PETERSEN M A，RAJAN R G. The effect of credit market competition on lending relationships[J]. Quarterly journal of economics，1995，110(2)：407-443.

PETRIN A，POI B P，LEVINSOHN J. Production function estimation in stata using inputs to control for unobservables[J]. Stata journal，2004，4（2）：113-123.

PHILIPPE A，PETER H，DAVID M F. The effect of financial development on convergence：theory and evidence[J]. Quaterly journal of economics，2005（1）：173-222.

RAJAN R G，ZINGALES L. Financial dependence and growth [J]. American economic review，1996，88(3)：387-432.

RESTUCCIA D，ROGERSON R. Policy distortions and aggregate productivity with heterogeneous plants[J]. Review of economic dynamics，2008，11(4)：707-720.

RICHARDSON S. Over-investment of free cash flow[J].Review of accounting studies，2006，11(2)：159-189.

RIPBERGER J T. Capturing curiosity：using internet search trends to measure public attentiveness[J]. Policy studies journal，2011，39(2)：239-259.

ROMER P M. Endogenous technological change[J]. Journal of political economy，1990，98：71-102.

SAINT-PAUL G. Technological choice，financial markets and economic development[J]. European economic review，1990，36(4)：763-781.

SCHINDLER J W. FinTech and financialinnovation ：drivers and depth[J]. Finance & economics discussion，2017.

SCHUMPETER J，BACKHAUS U. The theory of economic development [M]. Boston：Springer，2003.

SHAHROKHI M. E-finance：status，innovations，resources and future challenges[J]. Managerial finance，2008，34(6)：365-398.

STEIN J C. Agency，information and corporate investment[J]. Handbook of the economics of finance，2003，1(Part A)：111-165.

STIGLITZ J E，WEISS A. Credit rationing in markets with imperfect information[J]. American economic review，1981，71(3)：393-410.

TADESSE S. Financial development and technology[J]. William Davidson Institute Working Papers Series，2007(879).

TOBLER W R. A computer movie simulating urban growth in the detroit region[J]. Economic geography，1970，46(sup1)：234-240.

UGHETTO E. Does internal finance matter for R&D? New evidence from a panel of Italian firms[J]. Cambridge journal of economics，2008，32(6)：907-925.

WONGLIMPIYARAT J. Analysis of FinTech in the banking industry[J]. International journal of business innovation and research，2019，19(1)：125-138.

WORLD BANK. World bank development report：digital dividends[R]. Washington，D.C.：World Bank，2016.

WRIGHT P，FERRIS S P，SARIN A，et al. Impact of corporate insider，blockholder，and institutional equity ownership on firm risk taking[J]. The academy of management journal，1996，39(2)：441-458.

WURGLER J. Financial markets and the allocation of capital[J]. Journal of financial economics，2000，58(1)：187-214.

YANG W A，SUI X B，QI Z C. Can Fintech improve the efficiency of commercial banks?：An analysis based on big data[J]. Research in international business and finance，2020：55.

YOU W H，ZHU H M，YU K，et al. Democracy，financial openness，and global carbon dioxide emissions：heterogeneity across existing emission levels[J]. World Development，2015，66：189-207.

YOU W，LV Z. Spillover effects of economic globalization on CO2 emissions：a spatial panelapproach[J]. Energy economics，2018，73：248-257.

ZHU C. Big data as a governance mechanism[J]. The review of financial studies，2019，32(5)：2021-2061.

ZHU X D. Understanding China's growth：past，present，and future[J]. Journal of economic perspectives，2012，26(4)：103-124.

附 录

附录 A

假定 A 和 TFPR 都服从联合对数正态分布。由联合正态分布函数性质,假定 $\lg(X_i) \sim N(\mu_x, \delta_x^2)$,那么 X_i 的期望均值为:

$$\int X_i d_i = E(X_i) = \exp\left(\mu_x + \frac{1}{2}\delta_X^2\right)$$

将式(3-43)两边取对数后,获得:

$$\lg \mathrm{TFP}_S = \frac{\delta}{\delta-1}\lg\left\{\sum_{i=1}^{M_s}\left[\frac{A_{si}(1-\tau_{Ysi})}{(1+\tau_{Ksi})^{a_s}}\right]^{\delta-1}\right\} - a_s\lg\left[\sum_{i=1}^{M_s}\frac{A_{si}^{\delta-1}(1-\tau_{Ysi})^{\delta}}{(1+\tau_{Ksi})^{a_s(\delta-1)+1}}\right] -$$

$$(1-a_s)\lg\left[\sum_{i=1}^{M_s}\frac{A_{si}^{\delta-1}(1-\tau_{Ysi})^{\delta}}{(1+\tau_{Ksi})^{a_s(\delta-1)}}\right]$$

根据中心极限定理,当 $M^s \to \infty$,上式变为:

$$\lg \mathrm{TFP}_S = \frac{\delta}{\delta-1}\log\int\left[\frac{A_{si}(1-\tau_{Ysi})}{(1+\tau_{Ksi})^{a_s}}\right]^{\delta-1} - {}_s\log\int\frac{A_{si}^{\delta-1}(1-\tau_{Ysi})^{\delta}}{(1+\tau_{Ksi})^{a_s(\delta-1)+1}} - (1-$$

$$a_s)\log\int\frac{A_{si}^{\delta-1}(1-\tau_{Ysi})^{\delta}}{(1+\tau_{Ksi})^{a_s(\delta-1)}} \tag{A1}$$

假设 A_{si}、$1-\tau_{Ysi}$ 和 $1+\tau_{Ksi}$ 都是联合对数正态分布,那么:

$$\lg\int\left[\frac{A_{si}(1-\tau_{Ysi})}{(1+\tau_{Ksi})^{a_s}}\right]^{\delta-1} = (\delta-1)E(\lg A) + \frac{(\delta-1)^2}{2}\mathrm{var}(\lg A) + (\delta-1)$$

$$E[\lg(1-\tau_{Ysi})] + \frac{(\delta-1)^2}{2}\mathrm{var}[\lg(1-\tau_{Ysi})] - a_s(\delta-1)E[\lg(1+\tau_{Ksi})] +$$

$$\frac{(\delta-1)^2 a_s^2}{2}\mathrm{var}[\lg(1+\tau_{Ksi})] + (\delta-1)^2\mathrm{cov}[\lg A_{si},\lg(1-\tau_{Ksi})] - a_s(\delta-$$

$$1)^2\mathrm{cov}[\lg A_{si},\lg(1+\tau_{Ksi})] - a_s(\delta-1)^2\mathrm{cov}[\lg(1-\tau_{Ysi}),\lg(1+\tau_{Ksi})]$$

$$\text{(A2)}$$

$$\lg\int\frac{A_{si}^{\delta-1}(1-\tau_{Ysi})^{\delta}}{(1+\tau_{Ksi})^{a_s(\delta-1)+1}} = (\delta-1)E(\lg A) + \frac{(\delta-1)^2}{2}\mathrm{var}(\lg A) + \delta E[\lg(1-$$

$$\tau_{Ysi})] + \frac{\delta^2}{2}\mathrm{var}[\lg(1-\tau_{Ysi})] - [1+a_s(\delta-1)]E[\lg(1+\tau_{Ksi})] +$$

$$\frac{[1+(\delta-1)a_s]^2}{2}\mathrm{var}[\lg(1-\tau_{Ksi})] + (\delta-1)\delta\mathrm{cov}[\lg A,\lg(1-\tau_{Ysi})] - (\delta-1)$$

$$[1+a_s(\delta-1)]\mathrm{cov}[\lg A,\lg(1+\tau_{Ksi})] - \delta[1+a_s(\delta-1)]\mathrm{cov}[\lg(1-\tau_{Ysi}),$$

$$\lg(1+\tau_{Ksi})]$$

$$\text{(A3)}$$

$$\lg\int\frac{A_{si}^{\delta-1}(1-\tau_{Ysi})^{\delta}}{(1+\tau_{Ksi})^{a_s(\delta-1)}} = (\delta-1)E(\lg A) + \frac{(\delta-1)^2}{2}\mathrm{var}(\lg A) + \delta E[\lg(1-$$

$$\tau_{Ysi})] + \frac{\delta^2}{2}\mathrm{var}[\lg(1-\tau_{Ysi})] - a_s(\delta-1)E[\lg(1+\tau_{Ksi})] +$$

$$\frac{[1+(\delta-1)a_s]^2}{2}\mathrm{var}[\lg(1+\tau_{Ksi})] + (\delta-1)\delta\mathrm{cov}[\lg A,\lg(1-\tau_{Ysi})] - (\delta-$$

$$1)a_s(\delta-1)\mathrm{cov}[\lg A,\lg(1+\tau_{Ksi})] - \delta a_s(\delta-1)\mathrm{cov}[\lg(1-\tau_{Ysi}),\lg(1+\tau_{Ksi})]$$

$$\text{(A4)}$$

将(A2),(A3)和(A4)代入(A1)后,获得:

$$\lg\mathrm{TFP}_s = E\lg A_{si} + \frac{\delta-1}{2}\mathrm{var}\lg A_{si} - \frac{\delta}{2}\mathrm{var}[\lg(1-\tau_{Ysi})] -$$

$$\frac{a_s+a_s^2(\delta-1)}{2}\mathrm{var}[\lg(1+\tau_{Ksi})] + \delta a_s\mathrm{cov}[\lg(1-\tau_{Ysi}),\lg(1+\tau_{Ksi})] \quad \text{(A5)}$$

又由于 $\mathrm{TFP}_s^e = \left[\sum_{i=1}^{M_s}(A_{si})^{1-\sigma}\right]^{\frac{1}{1-\sigma}}$, $\mathrm{TFPR}_{si} = \frac{P_{si}Y_{si}}{K_{si}L_{si}} = P_{si}A_{si} = \frac{\sigma}{\sigma-1}$

$$\frac{(1+\tau_{Ksi})^{\alpha_s}}{(1-\tau_{Ysi})}\left(\frac{R}{\alpha_s}\right)^{\alpha_s}\left(\frac{\omega}{1-\alpha_s}\right)^{1-\alpha_s}$$，故将上述两式两边取对数，获得：

$$\lg TFP_s^e = \frac{1}{1-\sigma}\lg\sum_{i=1}^{M_s}(A_{si})^{1-\sigma} = \frac{1}{1-\sigma}\lg\int(A_{si})^{1-\sigma} = E\lg A_{si} +$$

$$\frac{\delta-1}{2}var\lg A_{si}\lg TFPR_{si} = \lg\frac{\delta}{\delta-1} + a_s\lg(1+\tau_{Ksi}) - \lg(1-\tau_{Ysi}) + a_s\lg\frac{R}{a_s} +$$

$$(1-a_s)\lg\left(\frac{\omega}{1-a_s}\right) \tag{A6}$$

故 $var(\lg TFPR_{si}) = a_s^2 var[\lg(1+\tau_{Ksi})] + var[\lg(1-\tau_{Ysi})] - 2a_s cov[\lg(1+\tau_{Ksi}),\lg(1-\tau_{Ysi})]$ (A7)

所以上式最终可以简化为：

$$\lg TFP_s = \lg TFP_s^e - \frac{\delta}{2}var[\lg TFPR_{si}] - \frac{a_s(1-a_s)}{2}var[\lg(1+\tau_{Ksi})]$$

$$\tag{A8}$$

式（A8）便为式（3-47）。

附录 B

1.OP 估计方法

估计微观企业全要素生产率首先面临的一个问题就是设定生产函数的形式。部分研究采用柯布道格拉斯生产函数,部分研究采用超越对数生产函数。超越对数生产函数形式灵活,放松了常替代弹性假设,理论上能避免由函数形式设定错误引起的估计偏差(王争 等,2006)。但是,柯布道格拉斯生产函数结构简单,容易使用,被较多地采用。具体形式如下:

$$Y_{it} = A_{it} K_{it}^{\alpha} L_{it}^{\beta} \tag{B1}$$

对式(B1)取对数,可以得出:

$$y_{it} = \alpha k_{it} + \beta l_{it} + \varepsilon_{it} \tag{B2}$$

其中,y_{it} 为企业增加值取对数,k_{it} 为企业投入的资本取对数,l_{it} 为企业投入的劳动取对数,ε_{it} 是误差项。

如果对式(B2)进行简单的线性回归,则首先要面临生产决策的同时性问题。这是因为影响当期生产率的误差项 ε_{it} 包括两部分,一部分是可观测的,另一部分是不可观测的。在生产过程中,企业生产管理者会根据观测到的生产率调整要素的投入,以达到利润最大化。由于被观测到的误差项影响了企业的要素投入,此时误差项和回归项相关,这会产生内生性问题,导致普通最小二乘估计结果产生偏误(Marschak,1994)。针对这一问题,对式(B2)的残差项进行分拆:

$$y_{it} = \alpha k_{it} + \beta l_{it} + \omega_{it} + e_{it} \tag{B3}$$

其中,ω_{it} 为可被观测到的残差项,会影响企业的要素投入,e_{it} 为不可观测到的残差项,对企业的要素投入无影响。

OP 方法和 LP 方法克服了生产决策的同时性问题,能够得到一致的估计值,得到广泛的应用。本书采用 OP 方法和 LP 方法测度企业全要素生产率。接下来对这两种方法进行详细的介绍。OP 方法由 Olley 和 Pakes (1996)提出,具体的思路是:假设企业将当前生产率当作调整要素投入的决策依据,如果当前生产率高则增加要素投入,如果当前生产率低则减少要素投入。因此,可以将企业当期投资视为不可观测生产率冲击的代理变量,从而解决生产决策的同时性问题。具体步骤如下:

企业当前资本存量可以表示为:

$$k_{it+1} = (1-\delta)k_{i,t} + i_{it} \tag{B4}$$

其中 K 表示企业资本存量,i 代表当期投资,δ 表示折旧率。

投资函数可以表示为:

$$i_{it} = i(\omega_{it}, k_{it}) \tag{B5}$$

投资函数的反函数可以表示为:

$$\omega_{it} = h_t(i_{it}, k_{it}) \tag{B6}$$

将式(B6)代入式(B3)可得:

$$y_{it} = \beta l_{it} + \gamma k_{it} + h_t(i_{it}, k_{it}) + e_{it} \tag{B7}$$

式(B7)中,βl_{it} 代表劳动的贡献,$\gamma k_{it} + h_t(i_{it}, k_{it})$ 代表资本的贡献。令 $\varphi_{it} = \gamma k_{it} + h_t(i_{it}, k_{it})$,式(B7)可以改写为:

$$y_{it} = \beta l_{it} + \varphi_{it} + e_{it} \tag{B8}$$

通过对式(B8)进行估计,可以得到劳动 l_{it} 的一致无偏估计系数 β。然后,采用 β 来拟合 $\tilde{\varphi}$ 的值。

接下来估计资本 k_{it} 的系数,令 $V_{it} = y_{it} - \hat{\beta} l_{it}$,然后估计以下方程:

$$V_{it} = \gamma k_{it} + g(\varphi_{t-1} + \gamma k_{it-1}) + \mu_{it} + e_{it} \tag{B9}$$

其中 $g(\cdot)$ 是一个包含 φ 和资本存量滞后期的函数。实际的估计过程中,因为式(B9)中同时含有资本存量 k 的当期和滞后期,所以要求资本存量的估计系数始终保持一致,否则将无法得到资本的一致无偏估计系数。

对式(B9)进行估计,可以获得资本 k_{it} 的一致无偏估计系数 γ,将资本和劳动的估计系数代入式(B1),获得的残差即为全要素生产率。

2.LP 估计方法

由于 OP 方法采用企业投资作为不可观测到的生产率冲击的代理变量,那么投资额为 0 的样本就无法被估计。并且,企业通常无法在当期快速调整投资,使得投资无法完全且及时地反映生产率的变动,从而影响估计结果。为了克服上述问题,Levinsohn 和 Petrin(2003)提出了 LP 方法。该方法采用中间产品作为不可观测到的生产率冲击的代理变量。由于几乎每一家企业都有中间产品投入,所以因中间产品投入数据缺失而损失的样本较少,并且企业的中间产品投入比投资更为灵活,能够更加快速充分地反映生产率变动,因此能够更加准确地测算全要素生产率。此外,Levinsohn 和 Petrin(2003)进一步拓宽了代理变量的选择范围,使得研究者能够依据数据的可得性灵活选择代理变量。